www.ingramcontent.com/pod-product-compliance
Lightning Source LLC
LaVergne TN
LVHW010203070526
838199LV00062B/4487
* 9 7 8 9 3 6 9 0 8 4 0 8 1 *

تفسیر ابن مسعود

حصہ دوم، مائدہ تا القصص

تالیف فی العربیۃ: محمد احمد عیسوی

اردو ترجمہ: مولانا شمس الدین

مرتّبہ اعجاز عبید

© Taemeer Publications LLC

Tafseer Ibn Masood – Part:2 *(Quran Urdu Commentary)*
by: Maulana Shamsuddin
Edition: April '2025
Publisher :
Taemeer Publications LLC (Michigan, USA / Hyderabad, India)

ISBN 978-93-6908-408-1

9 789369 084081

مترجم یا مرتب یا ناشر کی پیشگی اجازت کے بغیر اس کتاب کا کوئی بھی حصہ کسی بھی شکل میں بشمول ویب سائٹ پر اَپ لوڈنگ کے لیے استعمال نہ کیا جائے۔ نیز اس کتاب پر کسی بھی قسم کے تنازع کو نمٹانے کا اختیار صرف حیدرآباد (تلنگانہ) کی عدلیہ کو ہو گا۔

© تعمیر پبلی کیشنز

کتاب	:	**تفسیر ابن مسعود** (سورہ مائدہ تا القصص)
مترجم	:	**مولانا شمس الدین**
جمع و ترتیب	:	اعجاز عبید
عربی تالیف	:	محمد احمد عیسوی
صنف	:	تفسیر قرآن
ناشر	:	تعمیر پبلی کیشنز (حیدرآباد، انڈیا)
سالِ اشاعت	:	۲۰۲۵ء
صفحات	:	۲۲۲

فہرست

۵۔ سورۃ المائدہ 3

۶۔ سورۃ الانعام 24

۷۔ سورۃ الاعراف 38

۸۔ سورۃ الانفال 55

۹۔ سورۃ التوبہ 63

۱۰۔ سورۃ یونس 77

۱۱۔ سورۃ ہود 84

۱۲۔ سورۃ یوسف 94

۱۳۔ سورۃ الرعد 101

۱۴۔ سورۃ ابراہیم 104

1

١٥ـ سورة الحجر	109
١٦ـ سورة النحل	116
١٧ـ سورة الإسراء	126
١٨ـ سورة الكهف	144
١٩ـ سورة مريم	149
٢٠ـ سورة طه	165
٢١ـ سورة الأنبياء	168
٢٢ـ سورة الحج	176
٢٣ـ سورة المؤمنون	183
٢٤ـ سورة النور	188
٢٥ـ سورة الفرقان	204
٢٦ـ سورة الشعراء	208
٢٧ـ سورة النمل	211
٢٨ـ سورة القصص	213

۵۔ سورۃ المائدہ

یا ایہا الذین امنوا اوفوا بالعقود۔

ا۔ علامہ بغوی نے معالم ۳/۲میں لکھا ہے حضرت ابن مسعودؓ نے فرمایا: عقود سے ایمان اور قرآن مجید کے وعدے مراد ہیں۔

وَ تَعَاوَنُوْا عَلَى الْبِرِّ وَ التَّقْوٰى ۪ وَ لَا تَعَاوَنُوْا عَلَى الْاِثْمِ وَ الْعُدْوَانِ۔

اور آپس میں مدد کرو نیک کام پر اور پرہیزگاری پر اور نہ مدد کر گناہ پر اور زیادتی پر۔

ا۔ حضرت امام احمد بن حنبل نے اپنی مسند ۲۴/۶ ا میں حضرت ابن مسعودؓ کی یہ روایت نقل فرمائی ہے حضرت ابن مسعودؓ فرماتے ہیں رحمت کائنات صلی اللہ علیہ وآلہ وسلم نے فرمایا: جس نے کسی ظلم والے کام میں اپنی قوم کا ساتھ دیا وہ ایسے ہی جیسے کنوئیں میں گرنے والے اونٹ کو اس کی دم سے پکڑ کر کھینچ رہا ہو۔

۲۔ علامہ ابن کثیر نے اپنی تفسیر ۳/۱۱ میں لکھا ہے حضرت ابن مسعودؓ فرماتے ہیں ہادی برحق صلی اللہ علیہ وآلہ وسلم نے فرمایا: بھلائی کی طرف راہنمائی کرنے والا اس بھلائی کے کرنے والے کی طرح ہے۔

حُرِّمَتْ عَلَيْكُمُ الْمَيْتَةُ وَ الدَّمُ وَ لَحْمُ الْخِنْزِيْرِ وَ مَآ اُهِلَّ لِغَيْرِ اللّٰهِ بِهٖ وَ الْمُنْخَنِقَةُ وَ الْمَوْقُوْذَةُ وَ الْمُتَرَدِّيَةُ وَ النَّطِيْحَةُ وَ مَآ اَكَلَ السَّبُعُ اِلَّا مَا ذَكَّيْتُمْ۔

حرام ہوا تم پر مردہ اور لہو اور گوشت سور کا اور جس چیز پر نام پکارا اللہ کے سوا کا اور جو مر گیا گھٹ کر یا چوٹ سے یا گر کر یا سینگ مارے سے اور جس کو کھایا پھاڑنے والے نے مگر جو تم نے ذبح کر لیا۔

۱۔ امام بخاریؒ نے اپنی صحیح ۷/۶۸ میں ذکر کیا ہے کہ حضرت ابن مسعودؓ کے خاندان کے ایک آدمی کا گدھا اس کے کنٹرول سے باہر ہو گیا تو آپؓ نے فرمایا جہاں آسانی سے ضرب لگ سکتی ہے لگاؤ جو گر جائے اسے چھوڑ دو اور باقی کھا لو! (مراد جنگلی گدھا ہے)

وَ طَعَامُ الَّذِيْنَ اُوْتُوا الْكِتٰبَ حِلٌّ لَّكُمْ ۪ وَ طَعَامُكُمْ حِلٌّ لَّهُمْ

۱۔ ابن جوزی نے زاد ۲/۲۹۵ میں لکھا ہے حضرت ابن عباسؓ سے عرب کے عیسائیوں کے ذبیحہ کھانے کے بارے پوچھا گیا تو آپ نے فرمایا: کوئی حرج نہیں۔ اور حضرت علی المرتضیٰؓ اور حضرت ابن مسعودؓ سے مروی ہے کہ دوسرے علاقوں کے عیسائیوں کا ذبیحہ حلال نہیں ہے۔

يَاَيُّهَا الَّذِيْنَ اٰمَنُوْٓا اِذَا قُمْتُمْ اِلَى الصَّلٰوةِ فَاغْسِلُوْا وُجُوْهَكُمْ وَ اَيْدِيَكُمْ اِلَى الْمَرَافِقِ وَ امْسَحُوْا بِرُءُوْسِكُمْ وَ اَرْجُلَكُمْ اِلَى الْكَعْبَيْنِ ؕ وَ اِنْ كُنْتُمْ جُنُبًا فَاطَّهَّرُوْا۔

اے ایمان والو جب تم اٹھو نماز کو تو دھو لو اپنے منہ اور ہاتھ کہنیوں تک اور مل لو اپنے سر کو اور پاؤں ٹخنوں تک اور اگر تم کو جنابت ہو تو خوب طرح پاک ہو۔

۱۔ سیوطی نے الدر ۲/۲۶۲ میں لکھا ہے کہ عبدالرزاق اور طبرانی نے یہ روایت نقل کی ہے۔ حضرت ابن مسعودؓ نے فرمایا اللہ تعالیٰ کے فرمان وارجلکم الی الکعبین میں پاؤں دھونے کی بات ہے۔

۲۔ قرطبی نے احکام ۶/۹۹ میں لکھا ہے حضرت ابن مسعودؓ نے فرمایا: ہاتھوں سے قبل اگر پاؤں سے وضو کی ابتدا کر لی جائے تو کوئی حرج نہیں۔

۳۔ طبری نے جامع ۱۰/۷۲ میں لکھا ہے حضرت ابن مسعودؓ نے فرمایا: ہاتھوں سے قبل اگر پاؤں سے وضو کی ابتدا کر لی جائے تو کوئی حرج نہیں۔

۳۔ طبری نے جامع ۱۰/۷۲ میں لکھا ہے حضرت ابن مسعودؓ نے فرمایا انگلیوں کے درمیان پانی کے ساتھ خلال کیا کرو تو ان کے درمیان آگ نہیں پہنچے گی۔

۳۔ حاکم نے مستدرک ۱/۱۵۰ میں لکھا ہے حضرت انس بن مالکؓ فرماتے ہیں: اللہ کے رسول صلی اللہ علیہ وآلہ وسلم نے وضو فرمایا تو کانوں کی دونوں طرف مسح فرمایا: حضرت انس فرماتے ہیں حضرت ابن مسعودؓ بھی یوں ہی کرنے کا حکم دیا کرتے تھے۔

ولقد اخذ اللہ میثاق بنی اسرائلی و بعثنا منہم اثنی عشر نقیبا۔

اور لے چکا ہے اللہ عہد بنی اسرائیل کا اور اٹھائے ہم نے ان میں بارہ سردار۔

ا۔ امام احمد بن حنبل نے اپنی مسند ۵/۲۹۴ میں یہ روایت نقل فرمائی ہے۔ حضرت مسروق فرماتے ہیں ہم حضرت ابن مسعودؓ کی خدمت میں حاضر تھے آپ ہمیں قرآن مجید پڑھا رہے تھے کہ ایک آدمی نے آپ سے کہا کیا آپ لوگوں نے جناب رسالت مآب صلی اللہ علیہ وآلہ وسلم سے پوچھا تھا کہ اس امت میں کتنے خلیفہ ہوں گے۔ حضرت عبداللہ بن مسعودؓ نے فرمایا میں جب سے عراق آیا ہوں تم سے پہلے کسی نے مجھ سے یہ سوال نہیں کیا۔ پھر آپؓ نے فرمایا ہم نے اس کے متعلق آپ صلی اللہ علیہ وآلہ وسلم سے دریافت کیا تھا تو آپ صلی اللہ علیہ وآلہ وسلم نے فرمایا تھا بارہ ہوں گے جیسا کہ بنی اسرائیل کے نقیب بارہ تھے۔

یحرفون الکم عن مواضعہ ونسوا حظا مما ذکروا بہ۔

بدلتے ہیں کلام کو اپنے ٹھکانے سے اور بھول گئےَ ایک فائدہ لینا اس نصیحت سے جو ان کو لی تھی۔

ا۔ ابن حجر عسقلانی نے کافی ۵۴ میں لکھا ہے ابن المبارک نے یہ روایت نقل فرمائی ہے کہ حضرت ابن مسعودؓ نے فرمایا میں خیال کرتا ہوں کہ آدمی سیکھا ہوا علم کسی گناہ کے ارتکاب کی وجہ سے بھول جاتا ہے۔

وَاتْلُ عَلَيْهِمْ نَبَأَ ابْنَيْ آدَمَ بِالْحَقِّ إِذْ قَرَّبَا قُرْبَانًا فَتُقُبِّلَ مِنْ أَحَدِهِمَا وَلَمْ يُتَقَبَّلْ مِنَ الآخَرِ قَالَ لأَقْتُلَنَّكَ قَالَ إِنَّمَا يَتَقَبَّلُ اللَّهُ مِنَ الْمُتَّقِينَ (٢٧) لَئِنْ بَسَطْتَ إِلَيَّ يَدَكَ لِتَقْتُلَنِي مَا أَنَا بِبَاسِطٍ يَدِيَ إِلَيْكَ لأَقْتُلَكَ إِنِّي أَخَافُ اللَّهَ رَبَّ الْعَالَمِينَ (٢٨) إِنِّي أُرِيدُ أَنْ تَبُوءَ بِإِثْمِي وَإِثْمِكَ فَتَكُونَ مِنْ أَصْحَابِ النَّارِ وَذَلِكَ جَزَاءُ الظَّالِمِينَ (٢٩) فَطَوَّعَتْ لَهُ نَفْسُهُ قَتْلَ أَخِيهِ فَقَتَلَهُ فَأَصْبَحَ مِنَ الْخَاسِرِينَ (٣٠) فَبَعَثَ اللَّهُ غُرَابًا يَبْحَثُ فِي الأَرْضِ لِيُرِيَهُ كَيْفَ يُوَارِي سَوْأَةَ أَخِيهِ قَالَ يَا وَيْلَتَا أَعَجَزْتُ أَنْ أَكُونَ مِثْلَ هَذَا الْغُرَابِ فَأُوَارِيَ سَوْأَةَ أَخِي فَأَصْبَحَ مِنَ النَّادِمِينَ (٣١)

اور سنا ان کو احوال تحقیق آدم کے دو بیٹوں کا جب نیاز کی دونوں نے کچھ نیاز پھر قبول ہوئی ایک سے اور نہ قبول ہوئی دوسرے سے کہا میں تجھ کو مار ڈالوں گا۔ بول کہ اللہ قبول کرتا ہے تقوی والوں سے۔ اگر ہاتھ چلاوے گا مجھ پر مارنے کو میں نہ ہاتھ چلاؤں گا تجھ پر مارنے کو میں ڈرتا ہوں اللہ سے جو صاحب کا سب جہان کا۔ میں چاہتا ہوں کہ تو حاصل کرلے میرا گناہ اور اپنا گناہ پھر ہو دوزخ والوں میں سے اور یہی سزا بے انصافوں کی۔ پھر اس کو راضی کرلیا اس کے نفس نے خون پر اپنے بھائی کے پھر اس کو مار ڈالا تو ہو گیا زیان والوں میں۔ پھر بھیجا اللہ نے ایک کوا کرید تا زمین کو کہ اس کو دکھاوے کس طرح چھپاتا ہے عیب کو اپنے بھائی کا بولا اے خرابی کہ مجھ سے اتنا نہ ہو سکا کہ ہوں برابر اس کوے کے کہ چھپاؤں عیب اپنے بھائی کا پھر لگا پچھتانے۔

ا۔ علامہ طبری نے جامع ۱۰/۲۰۶۔۲۰۷ میں حضرت ابن عباس، حضرت ابن مسعودؓ اور چند دیگر صحابہ کرامؓ سے یہ روایت نقل فرمائی ہے، رحمت دو عالم ﷺ نے فرمایا: حضرت آدمؑ کے ہاں جب بھی بچہ پیدا ہوتا تو بچے کے ساتھ ایک بچی بھی پیدا ہوتی، پھر آپؑ پہلے حمل

سے پیدا ہونے والے لڑکے کا نکاح دوسرے حمل سے پیدا ہونے والی لڑکی سے کروا دیتے اور پہلے حمل سے پیدا ہونے والی لڑکی کا نکاح دوسرے حمل سے پیدا ہونے والے لڑکے سے کروا دیتے۔ آپؑ کے ہاں دو لڑکے ہوئے۔ انہیں قابیل اور ہابیل کہا جاتا ہے۔

قابیل کھیتی باڑی کرتا تھا اور ہابیل اونٹوں والا تھا۔ قابیل ان میں سے بڑا تھا۔ اس کی بہن ہابیل کی بہن سے زیادہ خوبصورت تھی۔ ہابیل نے مطالبہ کیا کہ وہ قابیل کی بہن سے نکاح کرے گا۔ قابیل نے ایسا کرنے سے انکار کر دیا اور کہا وہ میری بہن ہے۔ میرے ساتھ پیدا ہوئی تھی اور وہ تیری بہن سے زیادہ خوبصورت ہے میں اس کا زیادہ حقدار ہوں۔ حضرت آدمؑ نے بھی اسے کہا کہ اس کا نکاح ہابیل سے کروا دو مگر وہ نہیں مانا۔ ان دونوں نے یہ دیکھنے کے لیے کہ اس لڑکی کا حقدار کون ہے اللہ عزوجل کی بارگاہ میں قربانی کی۔ حضرت آدمؑ اس دن وہاں موجود نہیں تھے۔ آپ مکہ مکرمہ میں بیت اللہ کی زیارت کے لیے گئے ہوئے تھے۔ اللہ عزذکرہ نے حضرت آدمؑ سے پوچھا تھا کہ آپ کو علم ہے کہ زمین میں میرا ایک گھر ہے؟ حضرت آدمؑ نے عرض کیا اے اللہ! مجھے کوئی علم نہیں۔ تو اللہ نے فرمایا میرا گھر مکہ میں ہے آپ وہاں تشریف لے جائیے۔ حضرت آدمؑ نے آسمان سے کہا میری اولاد کی ایمانداری کے ساتھ حفاظت کرو وہ نہ مانا آپ نے زمین سے کہا وہ بھی نہ مانی پھر آپ نے پہاڑوں سے فرمایا وہ بھی نہ مانے۔ آپ نے قابیل سے فرمایا تو وہ مان گیا اور کہا آپ تشریف لے جائیے اور جب واپس آئیں گے تو اپنی اولاد کو ایسا پائیں گے کہ آپ خوش ہو جائیں گے۔ جب حضرت آدمؑ تشریف لے گئے تو ان دونوں نے قربانی کی۔ قابیل ہابیل پر

فخر کیا کرتا اور کہتا کہ میں اس لڑکی کا زیادہ حقدار ہوں وہ میری بہن ہے اور میں تجھ سے بڑا بھی ہوں اور میرے والد سب کچھ مجھے سونپ کر گئے ہیں۔ جب انہوں نے قربانی کی تو ہابیل نے ایک موٹا تازہ اونٹ ذبح کیا اور قابیل نے خوشوں کا ایک گٹھا قربان کیا اور وہ بھی یوں کہ اس گٹھے میں ایک خوشہ ذرا بڑا دیکھا تو اسے ہاتھ سے مل کر کھا گیا۔

آسمان سے آگ اتری تو ہابیل کی قربانی کھا گئی اور قابیل کی قربانی چھوڑ گئی۔ قابیل غصے سے بھر گیا اور کہنے لگا میں تجھے قتل کر دوں گا تاکہ تو میری بہن سے نکاح نہ کر سکے۔ ہابیل نے کہا اللہ تعالیٰ پرہیزگاروں کی قربانی قبول کیا کرتا ہے۔ اگر تو نے مجھے قتل کرنے کے لیے ہاتھ بڑھایا تو میں تو اپنا ہاتھ نہیں بڑھاؤں گا یوں اس کے نفس نے اسے اپنے بھائی کے قتل پر برانگیختہ کر دیا۔ تو اس نے اسے قتل کرنے کے لیے بلایا۔

ہابیل اس سے بھاگ کر پہاڑوں پر چلا گیا۔ مگر قابیل ایک دن وہاں بھی آ پہنچا جبکہ ہابیل بکریاں چراتے چراتے سو گیا تھا۔ قابیل نے ایک بڑا پتھر اٹھایا اور اس سے ہابیل کا سر کچل دیا۔ یوں وہ فوت ہو گیا تو یہ اسے یوں ہی کھلے میدان میں چھوڑ کر چلا آیا۔ اسے پتہ نہیں تھا کہ اسے دفن کیسے کرنا ہے چنانچہ اللہ تعالیٰ نے دو کوے بھیجے، ان میں سے ایک نے دوسرے کو مار دیا پھر ایک گڑھا کھود کر اسے اس میں رکھ کر اوپر سے مٹی ڈال دی۔ قابیل نے جب یہ سب کچھ دیکھا تو کہا (اے خرابی کہ مجھ سے اتنا نہ ہو سکا کہ ہوں برابر اس کوے کے کہ چھپاؤں عیب اپنے بھائی کا) یہ بات اللہ تعالیٰ کے اس ارشاد میں ہے (پھر بھیجا اللہ نے ایک کوا کریدتا زمین کو اس کو دکھا دے کس طرح چھپاتا عیب اپنے بھائی کا۔ حضرت آدمؑ جب واپس

تشریف لائے تو دیکھا کہ ان کے بیٹے نے اپنا بھائی قتل کر دیا ہے۔ اس کے حوالے سے اللہ تعالیٰ کا ارشاد ہے (ہم نے دکھائی امانت آسمان اور زمین اور پہاڑوں کو) آیت مبارکہ کے آخر تک (یہ ہے بڑا بے ترس نادان) (الاحزاب/۷۲) مراد یہ ہے کہ قابیل نے حضرت آدمؑ کی دی ہوئی امانت لے تو لی مگر اس کی حفاظت کا حق ادا نہ کر سکا۔

۲۔ علامہ طبری نے جامع ۱/۲۱۵ میں لکھا ہے حضرت ابن عباسؓ، حضرت ابن مسعودؓ اور چند دیگر صحابہ کرامؓ اللہ تعالیٰ کے اس ارشاد انی ارید ان تبوء باثمی واثمک کی تفسیر میں فرماتے ہیں کہ مراد یہ ہے میرے قتل کا گناہ اپنے دیگر گناہوں سے ملا لے تاکہ تو جہنمی بن جائے۔

مِنْ أَجْلِ ذَلِكَ كَتَبْنَا عَلَى بَنِي إِسْرَائِيلَ أَنَّهُ مَنْ قَتَلَ نَفْسًا بِغَيْرِ نَفْسٍ أَوْ فَسَادٍ فِي الأَرْضِ فَكَأَنَّمَا قَتَلَ النَّاسَ جَمِيعًا وَمَنْ أَحْيَاهَا فَكَأَنَّمَا أَحْيَا النَّاسَ جَمِيعًا۔

اسی سبب سے لکھا ہم نے بنی اسرائیل پر کہ جو کوئی مار ڈالے ایک جان سوائے بدلے جان کے یا فساد کرنے پر ملک میں تو گویا مار ڈالا سب لوگوں کو اور جس نے جلایا ایک جان کو تو گویا جلایا سب لوگوں کو۔

۱۔ حضرت امام احمد بن حنبلؒ نے اپنی مسند ۵/۲۲۶۔۲۲۷ میں حضرت ابن مسعودؓ فرماتے ہیں۔ اللہ جل جلالہ کے پیغمبر صلی اللہ علیہ وآلہ وسلم نے فرمایا: مظلومیت کے ساتھ قتل ہونے والے ہر بندے کا گناہ حضرت آدمؑ کے اس پہلے بیٹے کے سر ہے کیونکہ اس نے قتل کی رسم بد جاری کی ہے۔

۲۔ طبری نے جامع ۱۰/۲۳۳۔ ۲۳۴ میں لکھا ہے حضرت ابن عباس، حضرت ابن مسعودؓ اور چند دیگر صحابہ کرامؓ اجمعین اللہ تعالیٰ کے ارشاد من قتل نفسا بغیر نفس او فساد فی الارض فکانما قتل الناس جمیعا کی تفسیر میں فرماتے ہیں کہ مقتول کے نکتہ نظر سے گویا اس نے پوری انسانیت کر دی ہے۔ گناہ کے لحاظ سے یہ اتنا بڑا عمل ہے اور ومن احیاھا کی تفسیر میں فرماتے ہیں جس نے کسی کو ہلاک ہونے سے بچا لیا اس نے گویا ساری انسانیت کو بچا لیا۔ یہ بھی ہلاکت سے بچ جانے والے کے نکتہ نظر کے لحاظ سے ہے۔

وَالسَّارِقُ وَالسَّارِقَةُ فَاقْطَعُوا أَيْدِيَهُمَا جَزَاءً بِمَا كَسَبَا۔

اور جو کوئی چور ہو مرد یا عورت تو کاٹ ڈالو ان کے ہاتھ سزا ان کی کمائی کی۔

۱۔ امام نسائیؒ نے اپنی سنن ۸/۸۲ میں یہ روایت درج فرمائی ہے۔ حضرت ابن مسعودؓ فرماتے ہیں۔ کوئی شک نہیں کہ اللہ جل جلالہ کے نبی صلی اللہ علیہ وآلہ وسلم نے پانچ رہم مالیت کی چیز چوری کرنے پر چوری کی یہ سزا نافذ فرمائی تھی۔

۲۔ امام ترمذی نے اپنی صحیح ۶۔ ۲۲۶ میں یہ روایت درج فرمائی ہے۔ حضرت ابن مسعودؓ فرماتے ہیں۔ ایک دینار یا دس درہم مالیت کی چوری میں ہاتھ کاٹنے کی سزا نہیں دی جائے گی۔

یہ حدیث مرسل ہے۔ قاسم بن عبدالرحمن نے اسے حضرت ابن مسعودؓ سے روایت کیا ہے۔

سَمَّاعُونَ لِلْكَذِبِ أَكَّالُونَ لِلسُّحْتِ

بڑے جاسوس جھوٹ کہنے کو اور بڑے حرام کھانے والے۔

۱۔ طبری نے جامع ۱۰/۳۱۹۔ ۳۲۰ میں لکھا ہے حضرت ابن مسعودؓ نے فرمایا: السحت سے مراد رشوت ہے۔

۲۔ طبری نے جامع ۱۰/۳۲۰ میں لکھا ہے حضرت مسروق فرماتے ہیں میں نے حضرت ابن مسعودؓ سے السحت کے بارے میں دریافت کیا تو آپ نے فرمایا کوئی آدمی کسی سے کوئی کام کرنے کو کہتا ہے۔ وہ اس کا کام کر دیتا ہے۔ اب یہ اسے کوئی تحفہ دیتا ہے تو وہ یہ تحفہ قبول کرلیتا ہے۔ یہ سحت ہے۔

وَمَنْ لَمْ يَحْكُمْ بِمَا أَنْزَلَ اللَّهُ فَأُولَئِكَ هُمُ الْكَافِرُونَ۔

اور جو کوئی حکم نہ کرے اللہ کے اتارے پر سو وہی لوگ ہیں منکر۔

۱۔ طبری نے جامع ۱۰/۳۲۱ میں لکھا ہے حضرت مسروق اور حضرت علقمہ نے حضرت ابن مسعودؓ سے رشوت کے بارے میں دریافت کیا تو آپ نے فرمایا سحت ہی رشوت ہے۔ ان دو حضرات نے پوچھا جبکہ یہ سحت کسی امر کا فیصلہ کرنے میں لی جائے؟ آپ نے فرمایا یہ تو کفر ہے۔ پھر آپ نے یہ آیت مبارکہ تلاوت فرمائی۔ ومن لم یحکم بما انزل اللہ فاولئک ھم الکافرون۔

۲۔ علامہ زمخشری نے کشاف ۱/ ۳۴۱ میں لکھا ہے۔ حضرت ابن مسعودؓ فرماتے ہیں یہ کام یہودی اور دیگر لوگ بہت کرتے تھے۔

وَالْجُرُوحَ قِصَاصٌ فَمَنْ تَصَدَّقَ بِهِ فَهُوَ كَفَّارَةٌ لَهُ۔

اور زخموں کا بدلہ برابر۔ پھر جس نے بخش دیا تو اس سے وہ پاک ہوا۔

۱۔ علامہ زمخشری نے حضرت ابن مسعودؓ اور حضرت ابن عمرؓ کے حوالے سے لکھا ہے۔ جتنا کوئی کسی کو معاف کرے گا اتنے ہی اس کے گناہ ختم ہوں گے۔

يَا أَيُّهَا الَّذِينَ آمَنُوا مَنْ يَرْتَدَّ مِنْكُمْ عَنْ دِينِهِ فَسَوْفَ يَأْتِي اللَّهُ بِقَوْمٍ يُحِبُّهُمْ وَيُحِبُّونَهُ أَذِلَّةٍ عَلَى الْمُؤْمِنِينَ أَعِزَّةٍ عَلَى الْكَافِرِينَ يُجَاهِدُونَ فِي سَبِيلِ اللَّهِ وَلَا يَخَافُونَ لَوْمَةَ لَائِمٍ۔

اے ایمان والو جو کوئی تم میں پھرے گا اپنے دین سے تو اللہ آگے لاوے گا ایک لوگ کہ ان کو چاہتا ہے اور وہ اس کو چاہتے ہیں نرم دل ہیں مسلمانوں پر اور زبردست ہیں کافروں پر۔ لڑتے ہیں اللہ کی راہ میں اور ڈرتے نہیں کسی کے الزام سے۔

۱۔ علامہ بغوی نے معالم ۲/ ۵۳ میں لکھا ہے صحابہ کرامؓ نے زکوٰۃ روک لینے والوں سے قتال ناپسند فرمایا مگر سیدنا صدیق اکبرؓ نے تلوار گلے میں لٹکالی۔ حضرت ابن مسعودؓ فرماتے ہیں شروع شروع میں ہمیں یہ کام ناپسند تھا مگر آخر کار ہمیں حضرت ابو بکر صدیقؓ کی اس سلسلہ میں تعریف کرنا پڑی۔

قُلْ هَلْ أُنَبِّئُكُمْ بِشَرٍّ مِنْ ذَلِكَ مَثُوبَةً عِنْدَ اللَّهِ مَنْ لَعَنَهُ اللَّهُ وَغَضِبَ عَلَيْهِ وَجَعَلَ مِنْهُمُ الْقِرَدَةَ وَالْخَنَازِيرَ۔

توکہہ میں بتاؤں ان میں کسی کی بری جزا ہے اللہ کے ہاں وہی جس کو اللہ نے لعنت دی اور اس پر غضب ہوا اور بعضے ان میں بندر کیے اور سؤر۔

۱۔ حضرت امام احمد بن حنبلؒ نے اپنی مسند ۶/۱۲۔ ۱۳ میں یہ روایت درج فرمائی ہے۔

حضرت ابن مسعودؓ فرماتے ہیں۔ ایک آدمی نے دریافت کیا۔ اے اللہ کے رسول ﷺ یہ جو بندر اور سؤر ہیں کیا یہ انہی مسخ شدہ بندروں اور سؤروں کی نسل سے ہیں؟

نبی اکرم ﷺ نے فرمایا: اللہ تعالیٰ جب کسی قوم کو مسخ فرماتے ہیں یا تباہ کرتے ہیں تو پھر ان کی نسل باقی نہیں رکھتے بلاشبہ یہ بندر اور سؤر تو اس واقعہ سے پہلے بھی موجود تھے۔

لُعِنَ الَّذِينَ كَفَرُوا مِنْ بَنِي إِسْرَائِيلَ عَلَى لِسَانِ دَاوُدَ وَعِيسَى ابْنِ مَرْيَمَ ذَلِكَ بِمَا عَصَوْا وَكَانُوا يَعْتَدُونَ (۷۸) كَانُوا لَا يَتَنَاهَوْنَ عَنْ مُنْكَرٍ فَعَلُوهُ لَبِئْسَ مَا كَانُوا يَفْعَلُونَ (۷۹)۔

لعنت کھائی منکروں نے بنی اسرائیل میں سے داؤد کی زبان پر اور عیسیٰ بیٹے مریم کی۔ یہ اس سے کہ گنہگار تھے اور حد پر نہ رہتے تھے۔ آپس میں منع نہ کرتے تھے برے کام سے جو کر رہے تھے۔ کیا برا کام ہے جو کرتے تھے۔

۱۔ طبری نے جامع ۱۰/۴۹۳ میں یہ روایت درج کی ہے۔ حضرت ابن مسعودؓ فرماتے ہیں۔

رحمت کائنات ﷺ نے فرمایا: بنی اسرائیل میں جب کوئی برائی ہونے لگتی اور کوئی آدمی

اپنے بھائی، ہمسایہ اور ساتھی کو وہ برائی کرتے دیکھتا تو اسے اس سے منع کرتا۔ پھر یہ ہوتا کہ وہ ہم نوالہ و ہم پیالہ اور دوست ہونے کی وجہ سے منع کرنا چھوڑ دیتا تو اللہ تعالیٰ نے ان کے دل ایک جیسے کر دیے اور حضرت داؤد اور حضرت عیسیٰ (علیہما السلام) کی زبانی ان پر لعنت کی گئی۔ (ذلک بما عصو و کانو یعتدون سے فاسقون) تک

حضرت عبد اللہ بن مسعودؓ فرماتے ہیں۔ رحمت مجسم ﷺ اس وقت تکیہ لگائے بیٹھے تھے کہ اٹھ کر بیٹھ گئے آپ سلی اللہ علیہ وسلم کو غصہ آگیا اور فرمایا تم قسم بخدا برائی سے منع کرنا نہ چھوڑنا یہاں تک کہ تم ظالم کا ہاتھ پکڑ کر اسے حق بات کی طرف لے جانا۔

يَا أَيُّهَا الَّذِينَ آمَنُوا لا تُحَرِّمُوا طَيِّبَاتِ مَا أَحَلَّ اللَّهُ لَكُمْ وَلا تَعْتَدُوا

اے ایمان والو مت ٹھہراؤ ستھری چیزیں جو اللہ نے تم کو حلال کیں اور حد سے نہ بڑھو۔

۱۔ حاکم نے مستدرک ۲/۳۱۳۔ ۳۱۴ میں لکھا ہے۔ حضرت مسروق فرماتے ہیں۔ ایک کھیری حضرت عبد اللہ بن مسعودؓ کی خدمت میں پیش کی گئی۔ آپؓ نے سب سے فرمایا قریب ہو جاؤ۔ سب کھانے لگے۔ ان میں سے ایک آدمی دور کونے میں بیٹھا رہا۔ حضرت عبد اللہ بن مسعودؓ نے اسے فرمایا نزدیک ہو جاؤ۔ اس نے عرض کیا میں اسے کھانا نہیں چاہتا۔ آپؓ نے دریافت فرمایا کیوں؟ اس نے عرض کیا میں کھیری اپنے اوپر حرام کی ہوئی ہے۔

حضرت عبد اللہ بن مسعودؓ نے فرمایا یہ حلال کو حرام کر لینا شیطان کی چالوں میں سے ہے۔

اس کے بعد آپ نے یہ آیت مبارکہ تلاوت فرمائی۔ يَا أَيُّهَا الَّذِينَ آمَنُوا لا تُحَرِّمُوا

طَيِّبَاتِ مَا أَحَلَّ اللَّهُ لَكُمْ وَلا تَعْتَدُوا إِنَّ اللَّهَ لا يُحِبُّ الْمُعْتَدِينَ۔ اور اسے فرمایا نزدیک آ جاؤ اور کھاؤ اور اپنی قسم کھا کفارہ ادا کر دینا۔ بلاشبہ یوں حلال کو حرام کر لینا شیطان کی چالوں میں سے ایک چال ہے۔

۲۔ طبری نے جامع ۱۰/۵۵۵۔۵۵۶ میں لکھا ہے حضرت مسروق فرماتے ہیں حضرت معقل بن مقرن حضرت ابن مسعودؓ کی خدمت میں آئے اور عرض کیا میں نے قسم کھالی ہے کہ بیویوں کے پاس نہ جاؤں گا اور نہ بستر پر سوؤں گا۔ حضرت عبداللہ بن مسعودؓ نے یہ آیت مبارکہ تلاوت فرمائی یا ایها الذين آمنوا لاتحرموا طيبات ما احل الله لكم ولا تعتدوا ان الله لا يحب المعتدين۔ حضرت مسروق فرماتے ہیں۔ حضرت معقل نے عرض کیا میں نے بھی آپ سے اسی لیے مسئلہ پوچھا ہے کہ آج رات ہی میں نے یہ آیت مبارکہ تلاوت کی ہے۔ حضرت عبداللہ بن مسعودؓ نے فرمایا۔ بیویوں کے پاس بھی جاؤ اور بستر پر بھی آرام کرو۔ اور ایک غلام آزاد کرو کیونکہ تم مالدار آدمی ہو۔

يَا أَيُّهَا الَّذِينَ آمَنُوا إِنَّمَا الْخَمْرُ وَالْمَيْسِرُ وَالأَنْصَابُ وَالأَزْلامُ رِجْسٌ مِنْ عَمَلِ الشَّيْطَانِ فَاجْتَنِبُوه۔

اے ایمان والو یہ جو ہے شراب اور جوا اور بت اور پانسے گندے کام ہیں شیطان کے سوا ان سے بچتے رہو۔

۱۔ علامہ سیوطی نے الدر ۲/ ۱۳۷ میں لکھا ہے حضرت عبداللہ بن مسعودؓ فرماتے ہیں سورۃ بقرہ میں جو شراب کے متعلق آیت اتری ہے لوگ اس کے بعد بھی شراب پیا کرتے تھے اور جو آیت شراب کے حوالے سورۃ نساء میں ہے۔ اس کے نازل ہونے کے بعد بھی لوگ شراب پیا کرتے تھے۔ مگر جب سورۃ مائدہ کی یہ آیت مبارکہ اتری تو لوگوں نے شراب مکمل طور پر چھوڑ دی۔

۲۔ طبری نے جامع ۴/ ۳۲۲ میں لکھا ہے۔ حضرت ابن مسعودؓ نے فرمایا: یہ جو تم فال لینے کے لیے سرکنڈے کھیلتے ہو۔ یہ چھوڑ دو کیونکہ یہ بھی جوا ہے۔

لَيْسَ عَلَى الَّذِينَ آمَنُوا وَعَمِلُوا الصَّالِحَاتِ جُنَاحٌ فِيمَا طَعِمُوا إِذَا مَا اتَّقَوْا وَآمَنُوا وَعَمِلُوا الصَّالِحَاتِ ثُمَّ اتَّقَوْا وَآمَنُوا ثُمَّ اتَّقَوْا وَأَحْسَنُوا۔

جو لوگ ایمان لائے اور کام نیک کیے ان پر نہیں گناہ جو کچھ پہلے کھا چکے جب آگے ڈرے اور ایمان لائے اور عمل نیک کیے پھر ڈرے اور یقین کیا پھر ڈرے اور نیکی کی۔

۱۔ حاکم نے مستدرک ۴/ ۱۴۳۔ ۱۴۴ میں لکھا ہے حضرت ابن مسعودؓ فرماتے ہیں جب شراب کی حرمت والی آیت مبارکہ نازل ہوئی تو یہودیوں نے اعتراض کیا کہ تمہارے فوت ہو جانے والے بھائیوں کا کیا بنے گا جو شراب پیا کرتے تھے۔ تو اللہ تعالیٰ نے یہ آیت مبارکہ نازل فرمائی لیس علی الذین آمنوا وعملوا الصالحات جناح فیما طعموا۔

۲۔ امام مسلمؒ نے اپنی صحیح ۴/۱۹۱۰ میں یہ روایت نقل فرمائی ہے۔ حضرت ابن مسعودؓ فرماتے ہیں جب یہ آیت مبارکہ لیس علی الذین آمنوا وعملوا الصالحات جناح فیما طعموا اذا ماتقوا وآمنوا نازل ہوئی تو رحمت دو عالم صلی اللہ علیہ وآلہ وسلم نے مجھے فرمایا ابن مسعود! مجھے بتایا گیا ہے کہ تم بھی انہی میں سے ہو۔

لا تَقْتُلُوا الصَّيْدَ وَأَنْتُمْ حُرُمٌ وَمَنْ قَتَلَهُ مِنْكُمْ مُتَعَمِّدًا فَجَزَاءٌ مِثْلُ مَا قَتَلَ مِنَ النَّعَمِ يَحْكُمُ بِهِ ذَوَا عَدْلٍ مِنْكُمْ هَدْيًا بَالِغَ الْكَعْبَةِ أَوْ كَفَّارَةٌ طَعَامُ مَسَاكِينَ أَوْ عَدْلُ ذَلِكَ صِيَامًا۔

نہ مارو شکار جس وقت تم ہو احرام میں اور جو کوئی تم میں اس کو مارے جان کر تو بدلہ ہے اس مارے کے برابر مواشی میں سے وہ ٹھہرا دیں دو معتبر تمہارے کہ نیاز پہنچا دے کعبہ تک یا گناہ کا اتار ہے کئی محتاج کا کھانا یا اس کے برابر روزے۔

۱۔ امام شافعیؒ نے مسند ۱/۳۳۱ میں لکھا ہے۔ حضرت ابن مسعودؓ نے چوہے کے مشابہ ایک جانور کے مارنے میں فیصلہ فرمایا کہ اس کے عوض بکری کا چار ماہ کا بچہ دیا جائے۔

۲۔ امام شافعیؒ نے مسند ۱/۳۲۸۔ ۳۲۹ میں لکھا ہے حضرت ابو موسیٰ اشعریؓ نے شتر مرغ کے انڈے کے بارے میں جبے کسی محرم نے توڑ دیا ہو یہ فیصلہ فرمایا کہ وہ ایک دن کا روزہ رکھے یا پھر ایک مسکین کو کھانا کھلائے۔

حضرت ابن مسعودؓ سے یوں ہی مروی ہے۔

يَا أَيُّهَا الَّذِينَ آمَنُوا لا تَسْأَلُوا عَنْ أَشْيَاءَ إِنْ تُبْدَ لَكُمْ تَسُؤْكُمْ۔

اے ایمان والو مت پوچھو بہت چیزیں کہ اگر تم پر کھولے تو تم کو بری لگیں۔

۱۔ علامہ سیوطی نے الدر ۲/۳۳۵ میں میں لکھا ہے۔ حضرت ابن مسعودؓ نے فرمایا: رحمت کائنات صلی اللہ علیہ وآلہ وسلم نے فرمایا: اللہ نے تم پر حج فرض فرمایا ہے۔ ایک آدمی نے عرض کیا یا رسول اللہ صلی اللہ علیہ وآلہ وسلم کیا ہر سال؟ آپ صلی اللہ علیہ وآلہ وسلم نے اعراض فرمایا۔ پھر ارشاد فرمایا۔ اس ذات کی قسم جن کے قبضہ قدرت میں میری جان ہے اگر میں ہاں کہہ دیتا تو یہ فرض ہو جاتا اور اگر فرض ہو جاتا تو تم اس کی طاقت نہ رکھتے اور اگر تم اسے چھوڑ دیتے تو کافر بن جائے۔ چنانچہ اس موقع پر اللہ تعالیٰ نے یہ آیت مبارکہ نازل فرمائی۔ یا ایھا الذین امنوا لا تسئلوا عن اشیاء۔۔ الایۃ۔

مَا جَعَلَ اللّٰهُ مِنْ بَحِيرَةٍ وَلا سَائِبَةٍ وَلا وَصِيلَةٍ وَلا حَامٍ۔

نہیں ٹھہرایا اللہ نے بحیرہ اور نہ سائبہ اور نہ وصیلہ اور نہ حامی۔

۱۔ امام بخاریؒ نے اپنی صحیح ۸/۵۴ا میں یہ روایت نقل فرمائی ہے۔ حضرت ابن مسعودؓ نے فرمایا۔ اہل اسلام کا وطیرہ یہ نہیں کہ وہ ایک خاص عمر کے اونٹ بیکار کھلے چھوڑ دیں یہ تو جاہلیت کے لوگ کیا کرتے تھے۔

۲۔ مسند احمد ۶/۱۳۰۔ ۱۳۱ میں یہ روایت درج ہے کہ حضرت ابن مسعودؓ نے فرمایا: رحمت دو عالم صلی اللہ علیہ وآلہ وسلم نے فرمایا:

جانور بیکار کھلے چھوڑنے کی ریت ڈالنے والا اور بتوں کی عبادت شروع کرنے والا ابو خزاعہ عمرو بن عامر ہے۔ میں نے اسے دیکھا کہ جہنم میں اپنی آنتیں گھسیٹتا پھر رہا ہے۔

۳۔ ابن جوزی نے زاد ۲/ ۴۳۹ میں لکھا ہے۔ حام کی تفسیر یہ ہے، جب کسی نر کے نطفہ سے دس بچے پیدا ہو جاتے تو لوگ کہتے کہ اب اس کی پیٹھ محفوظ ہو گئی ہے۔ پھر اسے اپنے بتوں کے نام پر چھوڑ دیتے اور اس پر سواری نہ کی جاتی۔ حضرت ابن مسعودؓ اور حضرت ابن عباسؓ نے یوں ہی فرمایا۔

يَا أَيُّهَا الَّذِينَ آمَنُوا عَلَيْكُمْ أَنْفُسَكُمْ لَا يَضُرُّكُمْ مَنْ ضَلَّ إِذَا اهْتَدَيْتُمْ۔

اے ایمان والو تم پر لازم ہے فکر اپنی جان کی۔ تمہارا کچھ نہیں بگاڑتا جو کوئی بہکا جب تم ہوئے راہ پر۔

۱۔ طبری نے جامع ۱۱/ ۱۴۱ میں لکھا ہے۔ کسی آدمی نے اس آیت کریمہ کے بارے میں حضرت ابن مسعودؓ سے دریافت کیا تو آپ نے فرمایا اس آیت کریمہ کا حکم آج کل کے بارے میں نہیں۔ آج کل تو نیکی کا کہا جائے تو بات مان لی جاتی ہے لیکن ایک زمانہ آئے گا کہ تم نیکی کا کہو گے تو تمہاری بات نہیں مانی جائے گی اس زمانے میں یہ بات ہو گی کہ علیکم انفسکم لا یضرکم من ضل۔

۲۔ طبری نے جامع ۱۱/ ۱۴۳۔ ۱۴۴ میں لکھا ہے حضرت ابو العالیہ اس آیت کریمہ کی تفسیر کے حوالے سے ایک واقعہ نقل کرتے ہیں کہ لوگ حضرت ابن مسعودؓ کی خدمت میں بیٹھے تھے دو آدمی جھگڑ پڑے۔ حضرت ابن مسعودؓ کے پاس بیٹھے لوگوں میں سے ایک کہنے لگا کیا میں جا کر ان دونوں کو نیکی کا نہ کہوں اور برائی سے روک نہ دوں تو ایک اور آدمی نے اسے کہا تجھے پرائی

کیا پڑی تو اپنی نبیڑ کیونکہ اللہ تعالیٰ کا ارشاد ہے علیکم انفسکم لا یضرکم من ضل ازا اھتدیتم۔

۳۔ حضرت ابن مسعودؓ نے یہ بات سنی تو فرمایا ٹھہرو۔ اس آیت مبارکہ کی مراد بعد کے زمانہ میں سامنے آئے گی، قران مجید ایسے نازل ہوا ہے کہ اس کی کچھ آیات کی مراد ان کے نازل ہونے سے پہلے سامنے چکی تھی، کچھ آیات کی مرا زمانہ نبوی علی صاجبھا الصلوٰۃ والسلام میں سامنے آگئی، کچھ آیات کی مراد رحلت نبوی ﷺ کے کچھ ہی بعد سامنے آگئی، کچھ آیات کی مراد آج کل سامنے آرہی ہے، کچھ آیات کی مراد قیامت کے قریب سامنے آئے گی، جن میں کہ قیامت کا ذکر ہے، کچھ آیات مراد حساب کے دن سامنے آئے گی جن میں کہ حساب، جنت اور دوزخ کا تذکرہ ہے۔ پس جب تک تمھارے دلوں میں اتفاق ہے، تمھاری خواہشات انتشار کا شکار نہیں، تم فرقوں میں نہیں بٹے اور باہم دیگر دست و گریبان نہیں ہوئے اس وقت تک امر و نہی کا فریضہ اکرتے رہو گے اور جب دلوں اور خیالات میں اختلاف ہو جائے گا۔ تم فرقہ بندی کا شکار ہو جاؤ گے اور آپس میں لڑ پڑو گے تو یہ ہو گا کہ بندہ جانے اور بندے کا کام۔ یہ زمانہ ہو گا اس آیت مبارکہ مراد سامنے آنے کا۔

يَا أَيُّهَا الَّذِينَ آمَنُوا شَهَادَةُ بَيْنِكُمْ إِذَا حَضَرَ أَحَدَكُمُ الْمَوْتُ حِينَ الْوَصِيَّةِ اثْنَانِ ذَوَا عَدْلٍ مِنْكُمْ أَوْ آخَرَانِ مِنْ غَيْرِكُمْ۔

اے ایمان والو گواہ تمھارے اندر جب پہنچے کسی تم میں موت جب لگے وصیت کرنے دو شخص معتبر چاہئیں تم میں سے یا اور ہوں تمھارے سوائے۔

۱۔ ابن جوزی نے زاد ۲/ ۴۴۵۔ ۴۴۶ میں لکھا ہے۔ اس آیت میں مذکور گواہی سے مراد وصیت کے معاملات میں حکام کے سامنے گواہی ہے۔

حضت ابن مسعودؓ اور حضرت ابن عباسؓ وغیرہ کا یہی ارشاد ہے۔

اور اللہ تعالیٰ کے ارشاد منکم سے مراد ہے کہ تمہارے دین اور تمہاری ملت والوں میں سے۔ حضرت ابن مسعودؓ نے یہی ارشاد فرمایا ہے۔

۲۔ ابن کثیر نے اپنی تفسیر ۳/ ۲۱۲ میں لکھا ہے حضرت ابن مسعودؓ سے اس آیت کریمہ کے حوالے سے پوچھا گیا تو آپؓ نے فرمایا:

ایک آدمی سفر پر روانہ ہوا، اس کا مال بھی اس کے پاس تھا اسے اجل نے آگھیرا تو اس نے دو مسلمان مرد پائے اور اپنا ترکہ ان کے حوالے کر دیا۔ اور دو انصاف پسند مسلمانوں کو ان دونوں پر گواہ بنا دیا۔ ابن ابی حاتم نے یہ واقعہ روایت کیا ہے۔

۳: سیوطی نے الدر ۲/ ۳۴۲۔ ۳۴۳ میں لکھا ہے کہ ابو حاتم اور ابو الشیخ نے ابن مسعودؓ سے روایت کی ہے کہ ان سے آیت اثنان زوا عدل منکم، کے متعلق دریافت کیا گیا تو فرمایا کتاب میں کوئی چیز ایسی نہیں جس پر کوئی راہنما چیز نہ ملی ہو سوائے اس آیت کے اور اگر میں تم کو اس کی اطلاع نہ دوں تو پھر میں غسل جمعہ کے تارک سے بھی بڑھ کر ناواقف ہوں گا۔ یہ شخص سفر میں گیا اور اس کے پاس مال تھا۔ دوران سفر تقدیر نے آلیا اس نے دو مسلمان مرد پا کر ان کو مال حوالے کر دیا اور دو اور مسلمانوں کو ان پر گواہ بنا دیا۔

اگر بالفرض مسلمان گواہ نہ ملیں تو دو کتابی گواہ بنائے۔ اگر وہ مال ادا کر دیا جائے جب کہ ادا کرنا مناسب ہے اور اگر وہ انکار کر دیں تو نماز کے بعد اللہ تعالیٰ کی قسم اٹھوائی جائے گی کہ چیز میرے حوالے کی گئی میں نے اس میں سے کوئی شئے غائب نہیں کی حلف کے بعد بری الذمہ شمار ہوں گے۔ جب اس کے بعد رقعہ والے کوئی چیز پالیں۔ اور اس کے خلاف خیانت کی گواہی دیں پھر مال والے لوگ نام لے کر اپنی اشیاء کا دعوی کریں تو ورثا کی قسم گواہی کے ساتھ ہوگی پھر اس کے حق وصول کریں گے۔

اس کا تذکرہ اس آیت میں فرمایا ذوا عدل منکم او آخران من غیرکم

* * *

۶۔ سورۃ الانعام

وَأَنْذِرْ بِهِ الَّذِينَ يَخَافُونَ أَنْ يُحْشَرُوا إِلَى رَبِّهِمْ لَيْسَ لَهُمْ مِنْ دُونِهِ وَلِيٌّ وَلا شَفِيعٌ لَعَلَّهُمْ يَتَّقُونَ (۵۱) وَلا تَطْرُدِ الَّذِينَ يَدْعُونَ رَبَّهُمْ بِالْغَدَاةِ وَالْعَشِيِّ يُرِيدُونَ وَجْهَهُ مَا عَلَيْكَ مِنْ حِسَابِهِمْ مِنْ شَيْءٍ وَمَا مِنْ حِسَابِكَ عَلَيْهِمْ مِنْ شَيْءٍ فَتَطْرُدَهُمْ فَتَكُونَ مِنَ الظَّالِمِينَ (۵۲)

اور خبر دار کر دے اس قرآن سے جن کو ڈر ہے کہ جمع ہوں گے اپنے رب کے پاس ان کا کوئی اس کے سوائے حمایتی نہ سفارش والا شاید وہ بچتے رہیں اور نہ ہانک ان کو جو پکارتے ہیں اپنے رب کو صبح اور شام چاہتے ہیں اس کا منہ تجھ پر نہیں ان کے حساب میں کچھ اور نہ تیرے حساب میں سے ان پر ہے کچھ کہ تو ان کو ہانک دے پھر ہووے بے انصافوں میں۔

ا۔ امام احمد بن حنبلؒ نے اپنی مسند ۳۶/۶۔۳۷ میں یہ روایت درج کی ہے :

حضرت ابن مسعودؓ فرماتے ہیں۔ قریش کے سر دار سر دار دو عالم صلی اللہ علیہ وآلہ وسلم کے پاس سے گزرے ، حضرت خباب ، حضرت صہیب ، حضرت بلال اور حضرت عمارؓ آپ صلی اللہ علیہ وآلہ وسلم کی خدمت میں حاضر تھے۔ قریشی سر داروں نے کہا۔ اے محمد صلی اللہ علیہ وآلہ وسلم آپ نے یہ لوگ پسند کیے

ہیں؟ توان کے بارے میں آیت مبارکہ وانذر بہ الذین یخافوان یحشروا لی ربھم سے واللہ اعلم بالظالمین تک نازل ہوئی۔

وَعِنْدَهُ مَفَاتِحُ الْغَيْبِ لا يَعْلَمُهَا إِلا هُوَ

اور اسی کے پاس کنجیاں ہیں غیب کی ان کو کوئی نہیں جانتا اس کے سوائے۔

ا۔ طبری نے جامع ۱۱/۴۰۱ میں لکھا ہے۔ حضرت ابن مسعودؓ نے فرمایا: تمہارے نبی صلی اللہ علیہ وآلہ وسلم کو غیب کی کنجیوں کے سوا سب کچھ عطا کیا گیا۔

ثُمَّ رُدُّوا إِلَى اللَّهِ مَوْلاهُمُ الْحَقِّ

پھر پہنچائے جاویں گے اللہ کی طرف جو مالک ان کا ہے تحقیق۔

ا۔ سیوطی نے الدر ۳/۱۶ میں لکھا ہے۔ ابن ابی حاتم نے یہ روایت نقل کی ہے کہ حضرت عثمان بن عفانؓ حضرت ابن مسعودؓ کے پاس تشریف لائے توان سے پوچھا کیسا محسوس کر رہے ہو؟ حضرت ابن مسعودؓ نے فرمایا۔ اپنے سچے مولا کی طرف لوٹ کر جانا ہے۔ تو حضرت عثمانؓ نے فرمایا۔ آپ اچھے رہے۔

قُلْ هُوَ الْقَادِرُ عَلَى أَنْ يَبْعَثَ عَلَيْكُمْ عَذَابًا مِنْ فَوْقِكُمْ أَوْ مِن تَحْتِ أَرْجُلِكُمْ أَوْ يَلْبِسَكُمْ شِيَعًا وَيُذِيقَ بَعْضَكُمْ بَأْسَ بَعْضٍ۔

توکہہ اسی کو قدرت ہے کہ بھیجے تم پر عذاب اوپر سے یا تمہارے پاوں کے نیچے سے یا ٹھہرا دے تم کوئی فرقے کراور چکھا دے ایک لڑائی ایک کی۔

ا۔ طبری نے جامع ۱۱/ ۴۱۷میں لکھا ہے، حضرت زید اس آیت مبارکہ کی تفسیر میں فرمایا کرتے کہ حضرت ابن مسعودؓ مجلس میں ہوتے یا منبر پر بلند آواز سے فرمایا کرتے تھے۔ لوگو! یہ آیت تمہارے بارے میں نازل ہوئی۔ اللہ تعالیٰ فرماتے ہیں۔قل ھو القادر علی ان یبعث علیکم عذابا من فوقکم۔ اگر آسمان سے عذاب آیا تو تم میں سے کوئی نہیں بچے گا او من تحت ارجلکم اگر تم زمین میں دھنسا دئیے گئے تو تباہ ہو جاوٴگے کوئی نہیں بچے گا۔او یلبسکم شیعا و یذیق بعضکم باس بعض (یا تم کو گروہوں میں بانٹ دے اور ایک دوسرے کی لڑائی کا مزا چکھا لے) سنو! یہ تمہارے بارے میں ہی اتری ہے اور یہ تینوں عذابوں میں برا عذاب ہے۔

كَالَّذِي اسْتَهْوَتْهُ الشَّيَاطِينُ فِي الأَرْضِ حَيْرَانَ لَهُ أَصْحَابٌ يَدْعُونَهُ إِلَى الْهُدَى ائْتِنَا قُلْ إِنَّ هُدَى اللَّهِ هُوَ الْهُدَى۔

جیسے ایک شخص کو بھلا دیا جنوں نے جنگل میں بہتکتا، اس کے رفیق پکارتے ہیں راہ کی طرف کہ آ ہمارے پاس توکہہ اللہ نے راہ بتائی سو وہی راہ ہے۔

ا۔ طبری نے جامع ۱۱/۴۵۵میں لکھا ہے۔ حضرت مجاہد فرماتے تھے کہ حضرت ابن مسعودؓ نے یہ آیت مبارکہ یوں قرأت فرمائی ہےلہ اصحاب یدعونہ الی الھدی بیناً۔

حضرت مجاہد نے فرمایا۔ الھدی ۔ راستہ کو کہتے ہیں اور وہ واضح ہی ہوتا ہے۔

وَلَهُ الْمُلْكُ يَوْمَ يُنْفَخُ فِي الصُّورِ

اور اسی کی سلطنت ہے جس دن پھونکا جاوے صور۔

ا۔ سیوطی نے الدر ۳/۲۲ میں لکھا ہے، حضرت ابن مسعودؓ نے فرمایا: صورت سینگ کی شکل کا ہے۔ اس کے اندر پھونک ماری جائے گی۔

الَّذِينَ آمَنُوا وَلَمْ يَلْبِسُوا إِيمَانَهُمْ بِظُلْمٍ أُولَئِكَ لَهُمُ الأَمْنُ وَهُمْ مُهْتَدُونَ۔

جو لوگ یقین لائے اور ملائی نہیں اپنے یقین میں کچھ تقصیر انہی کو ہے خاطر جمع اور وہی ہیں راہ پائے۔

ا۔ امام احمد بن حنبلؒ نے اپنی مسند ۵/۲۷۰ میں یہ روایت درج فرمائی ہے۔ حضرت ابن مسعودؓ فرماتے ہیں جب یہ آیت مبارکہ الذین آمنوا ولم یلبسوا ایمانھم بظلم نازل ہوئی تو صحابہ کرامؓ بڑے پریشان ہوئے اور عرض کیا اے اللہ جل جلالہ کے رسول ﷺ ہم میں سے کون ہے جو کچھ نہ کچھ گناہ نہ کرتا ہوں؟ رحمت کائنات ﷺ نے فرمایا:۔ آیت مبارکہ کی یہ مراد نہیں۔ تم نے سنا نہیں نیک آدمی (حضرت لقمان) نے کیا فرمایا تھا۔ (یا بنی لاتشرک باللہ ان الشرک لظلم عظیم۔ لقمان/۱۳۹)

تو بات یہ ہے کہ الظلم سے مراد شرک ہے۔

۲۔ ابن کثیرؒ نے اپنی تفسیر ۲/۲۸۸ میں لکھا ہے حضرت ابن مسعودؓ نے فرمایا جب یہ آیت مبارکہ الذین امنوا ولم یلبسوا ایمانہم بظلم نازل ہوئی تو رحمت دو عالم ﷺ نے مجھ سے فرمایا آپ بھی ان لوگوں میں سے ہیں۔

وَمَنْ أَظْلَمُ مِمَّنِ افْتَرَى عَلَى اللَّهِ كَذِبًا أَوْ قَالَ أُوحِيَ إِلَيَّ وَلَمْ يُوحَ إِلَيْهِ شَيْءٌ۔

اور اس سے ظالم کون جو باندھے اللہ پر جھوٹ یا کہے مجھ کو وحی آئی اور اس کو وحی کچھ نہیں آئی۔

۱۔ سیوطی نے الدر ۲/۳۰ میں لکھا ہے حضرت ابن مسعودؓ نے فرمایا: قرآن مجید میں جو کچھ ہے اس پر یا تو تم سے پہلے لوگوں نے عمل کیا ہے پھر تمہارے بعد والے اس پر عمل کریں گے حتیٰ کہ میں تمہیں یہ کہتا ہوں کہ اس ایت مبارکہ پر بھی عمل ہوگا۔ ومن اظلم ممن افتری علی اللہ کذبا او قال اوحی الی ولم یوح الیہ شیء۔

وَهُوَ الَّذِي جَعَلَ لَكُمُ النُّجُومَ لِتَهْتَدُوا بِهَا فِي ظُلُمَاتِ الْبَرِّ وَالْبَحْرِ

اور اسی نے بنا دیے تم کو تارے کہ ان سے راہ پاؤ اندھیوں میں جنگل کے اور دریا کے۔

۱۔ سیوطی نے الدر ۳/۳۵ میں لکھا ہے۔ طبرانی، ابو نعیم اور خطیب نے یہ روایت نقل کی ہے۔ حضرت ابن مسعودؓ نے فرمایا رحمت کائنات ﷺ نے فرمایا: جب میرے صحابہ کا غیر مناسب تذکرہ کیا جائے تو تم اس میں حصہ نہ لو۔ جب تقدیر کے حوالے سے غیر ضروری

بحث مباحثہ ہونے لگے۔ تو تم گفتگو نہ کرو اور جب ستاروں کا غیر حقیقی تذکرہ چھڑ جائے تو تم خاموش رہو۔

وَهُوَ الَّذِي أَنْشَأَكُمْ مِنْ نَفْسٍ وَاحِدَةٍ فَمُسْتَقَرٌّ وَمُسْتَوْدَعٌ۔

اور اسی نے تم کو نکالا ایک جان سے پھر کہیں تم کو ٹھہراؤ ہے اور کہیں سپر د رہنا۔

۱۔ طبری نے جامع ۱۱/۵۶۳ میں لکھا ہے حضرت ابن مسعودؓ نے فرمایا مستقر سے مراد رحم مادر ہے اور مستودع سے مراد وہ جگہ ہے جہاں بندے نے مرنا ہے۔

۲۔ ابن ماجہؒ نے اپنی سنن ۲/۱۴۲۴ میں یہ روایت درج فرمائی ہے۔

حضرت ابن مسعودؓ فرماتے ہیں نبی اکرم ﷺ نے فرمایا: جب تم میں سے کسی کا وقت آخر آ جاتا تو کوئی ضرورت اسے اس جگہ لے جاتی ہے۔ جب وہ اپنی جگہ پر پہنچ جاتا ہے تو اللہ سجانہ اس کی روح قبض کر لیتے ہیں۔ یہ زمین قیامت کے دن کہے گی اے میرے رب آپ نے جو امانت مجھے سونپی تھی وہ یہ ہے۔

۳۔ طبری نے جامع ۱۱/۵۶۵ میں لکھا ہے حضرت ابن مسعودؓ نے فرمایا۔ مستقر سے مراد دنیا میں رہنے والی جگہ ہے اور مستودع سے مراد آخرت میں رہنے والی جگہ ہے۔

۴۔ ابن کثیر نے اپنی تفسیر ۳/۲۹۹ میں لکھا ہے حضرت ابن مسعودؓ اور حضرت ابن عباسؓ وغیرہ نے فرمایا مستقر سے مراد رحم مادر میں ٹھکانہ ہے اور انہوں یا ان سے زیادہ تعداد میں علماء نے فرمایا مستودع سے مراد مرد کی پیٹھ میں رہنے کی جگہ ہے۔

حضرت ابن مسعودؓ اور علماء کا ایک گروہ اس کے بر عکس رائے رکھتا ہے۔

وَكَذٰلِكَ جَعَلْنَا لِكُلِّ نَبِيٍّ عَدُوًّا شَيَاطِينَ الإِنْسِ وَالْجِنِّ۔

اور اس طرح رکھے ہیں ہم نے ہر نبی کے دشمن شیطان آدمی اور جن۔

ا۔ سیوطی نے الدر ۳/۳۹ میں لکھا ہے حضرت ابن مسعودؓ نے فرمایا: غیب کی خبریں بتانے کا دعوی کرنے والے نجومی انسانی شیطان ہیں۔

:اللّٰہُ أَعْلَمُ حَيْثُ يَجْعَلُ رِسَالَتَهُ۔

اللہ بہتر جانتا ہے جہاں بھیجے اپنے پیام۔

ا۔ امام احمد بن حنبلؒ نے اپنی مسند ۲۱۱/۵ میں یہ روایت درج فرمائی ہے۔

حضرت ابن مسعودؓ نے فرمایا: بلاشبہ اللہ تعالیٰ نے بندوں کے دلوں پر نگاہ ڈالی تو تمام بندروں کے دلوں جناب محمد رسول صلی اللہ علیہ وآلہ وسلم کا دل بہتر پایا چنانچہ اسے اپنے لیے خاص کر لیا اور آپ صلی اللہ علیہ وآلہ وسلم اپنی رسالت کے ساتھ مبعوث فرمایا: پھر دوبارہ آپ صلی اللہ علیہ وآلہ وسلم کے علاوہ بندروں کے لیے دیکھے تو آپ صلی اللہ علیہ وآلہ وسلم کے صحابہ کرامؓ کے دل سب سے بہتر پائے چنانچہ انہیں اپنے نبی صلی اللہ علیہ وآلہ وسلم کا وزیر بنا دیا۔ وہ اللہ تعالیٰ کے دین کے تحفظ کے لیے جہاد کرتے ہیں۔ پس جسے مسلمان اچھا نہ سمجھے وہ اللہ تعالیٰ کے نزدیک بھی اچھی نہیں۔

فَمَنْ يُرِدِ اللَّهُ أَنْ يَهدِيَهُ يَشْرَحْ صَدْرَهُ لِلإسْلام۔

سوجس کو اللہ چاہے کہ راہ دے کھول دے اس کا سینہ حکم برداری۔

ا۔ طبری نے جامع ۱۲/۱۰۰ میں لکھا ہے۔ حضرت ابن مسعودؓ فرماتے ہیں۔ جب یہ آیت مبارکہ نازل ہوئی فمن یرد اللہ ان یشرح صدرہ للاسلام۔ تو صحابہ کرامؓ نے رحمت کائنات صلی اللہ علیہ وآلہ وسلم سے اس کی تشریح کی درخواست کی۔ چنانچہ آپ صلی اللہ علیہ وآلہ وسلم نے ارشاد فرمایا: جب نور دل میں داخل ہوتا ہے تو دل کھلا اور کشادہ ہو جاتا ہے، صحابہ کرامؓ نے عرض کیا اس کی کوئی علامت ہے؟ آپ صلی اللہ علیہ وآلہ وسلم نے ارشاد فرمایا: ہمیشگی کے گھر (آخرت) کی طرف مکمل توجہ، دھوکے کے گھر (دنیا) سے کامل کنارہ کشی اور موت سے پہلے پہلے موت کی تیاری کرنا اس کی نشانی ہے۔

وَمِنَ الأَنْعَامِ حَمُولَةً وَفَرْشًا كُلُوا مِمَّا رَزَقَكُمُ اللَّهُ۔

اور پیدا کیے مواشی میں لانے والے اور دے۔ کھاؤ اللہ کے رزق میں سے۔۔

ا۔ طبری نے جامع ۱۲/۷۸ میں لکھا ہے۔ حضرت ابن مسعودؓ نے فرمایا: حمولہ بڑی عمر کے اونٹ کو کہتے ہیں اور فرشاً سے مراد چھوٹی عمر کا اونٹ ہے۔

قُلْ تَعَالَوْا أَتْلُ مَا حَرَّمَ رَبُّكُمْ عَلَيْكُمْ أَلا تُشْرِكُوا بِهِ شَيْئًا وَبِالْوَالِدَيْنِ إِحْسَانًا وَلا تَقْتُلُوا أَوْلادَكُمْ مِنْ إِمْلاقٍ نَحْنُ نَرْزُقُكُمْ وَإِيَّاهُمْ وَلا تَقْرَبُوا الْفَوَاحِشَ مَا ظَهَرَ مِنْهَا وَمَا بَطَنَ وَلا تَقْتُلُوا النَّفْسَ الَّتِي حَرَّمَ اللَّهُ إِلا بِالْحَقِّ ذَلِكُمْ وَصَّاكُمْ بِهِ لَعَلَّكُمْ تَعْقِلُونَ۔

تو کہہ آؤ میں سنا دوں جو حرام کیا تم پر تمہارے رب نے کہ شریک نہ کرو اس کے ساتھ کسی چیز کو اور ماں باپ سے نیکی اور نہ مار ڈالو اپنی اولاد مفلسی سے ، ہم رزق دیتے ہیں تم کو اور ان کو اور نزدیک نہ ہو بے حیائی کے کام سے جو کھلا ہو اس میں اور جو چھپا اور مار نہ دالو جان جس کو حرام کیا اللہ نے مگر حق پر۔ یہ تم کو کہہ رہا ہے شاید تم سمجھو۔

ا۔ امام ترمذیؒ نے اپنی صحیح ۱۱/ ۱۹۱ میں یہ روایت درج فرمائی ہے۔

حضرت ابن مسعودؓ فرماتے ہیں : جسے یہ بات اچھی لگے کہ وہ رحمت عالم ﷺ کا مہر کردہ صحیفہ دیکھے اسے چاہیے کہ یہ آیت مبارکہ قل تعالیٰ اتل ما حرم ربکم علیکم سے لعلکم تتقون تک کی تلاوت کرے۔

۲۔ امام احمد بن حنبلؒ نے اپنی مسند ۵/ ۲۲ میں یہ حدیث مبارکہ درج فرمائی ہے۔ حضرت ابن مسعودؓ فرماتے ہیں : ایک بات آپ ﷺ نے ارشاد فرمائی اور ایک میں نے کہی ، آپ ﷺ نے یہ ارشاد فرمایا جسے اس حالت میں موت آئی کہ اس نے اللہ جل جلالہ کے ساتھ شرک نہ کیا ہو وہ جنت میں داخل ہو گا۔ حضرت ابن مسعودؓ نے فرمایا میں نے یہ بات کہی ہے ، جسے اس حالت میں موت آئی کہ اس نے اللہ جل جلالہ کے ساتھ شرک کیا ہو وہ دوزخ میں جائے گا۔

۳۔ امام احمد بن حنبلؒ نے اپنی مسند ۶/ ۱۹۶ میں یہ حدیث پاک درج فرمائی ہے۔ حضرت ابن مسعودؓ نے فرمایا : میں نے رحمت کائنات ﷺ سے دریافت کیا کونسا گناہ سب سے بڑا ہے ؟ آپ ﷺ نے فرمایا : یہ کہ تو اللہ تعالیٰ کا کوئی شریک بنائے جبکہ تجھے اسی ذات نے

پیدا کیا ہے۔ یہ کہ تو اپنے ہمسایہ کی بیوی سے منہ کالا کرے، یہ کہ تو اپنی اولاد اس لیے مار دے تاکہ وہ تیرے ساتھ کھائے نہ، یا وہ کہیں تیرا کھانا نہ کھا جائے۔

۴۔ ربیع نے اپنی مسند ۲/ ۶۹ میں لکھا ہے۔ حضرت ابن مسعودؓ روایت کرتے ہیں رحمت کائنات ﷺ نے فرمایا: جس نے دو چیزوں کو بچا لیا اس نے اپنا دین بچا لیا۔ عرض کیا گیا۔ اے اللہ کے رسول ﷺ! وہ دو چیزیں کون سی ہیں؟ آپ ﷺ نے فرمایا: ایک وہ چیز جو دو جبڑوں کے درمیان ہے اور دوسری وہ چیز جو دونوں ٹانگوں کے درمیان ہے۔

۵۔ امام احمد بن حنبلؒ نے اپنی مسند ۵/ ۲۱۹۔ ۲۲۰ میں یہ روایت درج فرمائی ہے۔ حضرت ابن مسعودؓ فرماتے ہیں۔ رحمت کائنات ﷺ نے ارشاد فرمایا: اللہ جل جلالہ سے بڑھ کر کوئی غیرت مند نہیں۔ یہی وجہ ہے کہ اس پاک ذات نے بے حیائی کے ظاہری و خفیہ تمام کام حرام کر دیے ہیں۔ اور اللہ تعالیٰ کو اپنی تعریف بے حد پسند ہے۔

۶۔ امام احمد بن حنبلؒ نے اپنی مسند ۵/ ۳۲۲ میں یہ روایت درج فرمائی ہے۔ حضرت ابن مسعودؓ فرماتے ہیں۔ آقا علیہ السلوۃ والتسلیم نے فرمایا:

طعنے باز، لعنتیں کرنے والا اور بدزبان مومن نہیں ہے۔

۷۔ امام احمد بن حنبلؒ نے اپنی مسند ۵/ ۲۳۵ میں لکھا ہے۔ حضرت ابن مسعودؓ فرماتے ہیں۔ آقا علیہ الصلوۃ والتسلیم نے فرمایا:

مسلمان کو گالی دینا گناہ ہے اور اسے قتل کرنا کفر ہے۔

۸۔ امام احمد بن حنبلؒ نے اپنی مسند ۵/ ۲۲۱ میں لکھا ہے۔ حضرت ابن مسعودؓ فرماتے ہیں آقا علیہ السلوۃ والتسلیم نے فرمایا: اللہ تعالیٰ کی توحید اور میری رسالت کی گواہی دینے والے مسلمان کا خون تین وجہ کے بغیر حلال نہیں۔ شادی شدہ زانی، جان کے بدلے جان، دین چھوڑ کر جماعت سے الگ ہونے والا۔

وَأَوْفُوا الْكَيْلَ وَالْمِيزَانَ بِالْقِسْطِ لا نُكَلِّفُ نَفْسًا إِلا وُسْعَهَا۔

اور پوری کرو ناپ اور تول انصاف سے ہم کسی پر وہی رکھتے ہیں جو اس کو مقدور ہے۔

۱۔ سیوطی نے الدر ۳/ ۵۵ میں لکھا ہے کہ ابن مردویہ نے یہ روایت نقل کی ہے۔ حضرت ابن مسعودؓ فرماتے ہیں۔ آقا علیہ الصلوٰۃ والتسلیم نے فرمایا: جس قوم نے بھی ناپ تول میں کمی بیشی کی اللہ تعالیٰ نے اس پر بھوک مسلط کر دی۔

وَأَنَّ هَذَا صِرَاطِي مُسْتَقِيمًا فَاتَّبِعُوهُ وَلا تَتَّبِعُوا السُّبُلَ فَتَفَرَّقَ بِكُمْ عَنْ سَبِيلِهِ۔

اور کہا یہ راہ ہے میری سیدھی سو اس پر چلو اور مت چلو کئی راہیں پھر تم کو پھٹا دیں گے اس کی راہ سے۔

۱۔ طبری نے جامع ۱۲/ ۲۳۰۔ ۲۳۱ میں لکھا ہے۔ حضرت ابن مسعودؓ سے کسی نے پوچھا صراط مستقیم سے کیا مراد ہے؟ آپؓ نے فرمایا آقا علیہ الصلوٰۃ والتسلیم نے ہمیں اپنے قرب سے نوازا۔ آپ صلی اللہ علیہ وآلہ وسلم کی نگاہ جنت دیکھتی تھی۔ آپ صلی اللہ علیہ وآلہ وسلم کی دائیں طرف بھی چند راستے

ہیں اور آپ صلی اللہ علیہ وآلہ وسلم کے بائی طرف بھی کچھ راستے ہیں۔ ان پر بیٹھے لوگ پاس سے گزرنے والوں کو اپنی طرف بلاتے رہتے ہیں۔ جو ان پر چلے گا جہنم میں جائے گا اور جس نے سیدھا راستہ اختیار کیا جنت میں جائے گا۔ یہ فرما کر حضرت ابن مسعودؓ نے یہ آیت مبارکہ تلاوت فرمائی وان هذا صراطی مستقیما فاتبعوه۔

۲۔ امام احمد بن حنبلؒ نے اپنی مسند ۱/۱۹۹ میں یہ روایت درج فرمائی ہے۔ حضرت ابن مسعودؓ بیان کرتے ہیں۔ آقا علیہ الصلوٰۃ والتسلیم نے اپنے دست اقدس سے ایک خط کھینچا اور فرمایا یہ اللہ تعالیٰ کا سیدھا راستہ ہے۔ حضرت ابن مسعودؓ فرماتے ہیں پھر آپ صلی اللہ علیہ وآلہ وسلم اس خط کے دائیں بائیں خط کھینچے اور فرمایا یہ جو راستے ہیں نا ان میں سے ہر ایک پر شیطان بیٹھا ہے جو اپنی طرف بلاتا رہتا ہے۔ پھر آپ صلی اللہ علیہ وآلہ وسلم نے یہ آیت مبارکہ تلاوت فرمائی۔ وان هذا صراطی مستقیما فاتبعوه ولا تتبعوا السبل۔

وَهَذَا كِتَابٌ أَنْزَلْنَاهُ مُبَارَكٌ فَاتَّبِعُوهُ۔

اور ایک یہ کتاب ہے کہ ہم نے اتاری برکت کی سو اس پر چلو۔

۱۔ سیوطی نے الدر ۳/۵۶ میں لکھا ہے کہ ابن ابی شیبہ، امام احمد بن حنبل، ابن ضریس، محمد بن نصر اور طبرانی نے یہ روایت نقل کی ہے۔ حضرت ابن مسعودؓ نے فرمایا: بلاشبہ یہ قرآن حکیم شافع ہے اس کی شفاعت مقبول ہوگی، دفاع کرنے والا ہے، تصدیق کرنے والا ہے، جو اسے پیش نظر رکھے گا۔ یہ اسے جنت میں لے جائے گا اور جو اسے پس پشت ڈال دے گا یہ اسے جہنم میں گرا دے گا۔

هَلْ يَنْظُرُونَ إِلا أَنْ تَأْتِيَهُمُ الْمَلائِكَةُ أَوْ يَأْتِيَ رَبُّكَ۔

کا ہے کی راہ دیکھتے ہیں لوگ مگر یہی کہ ان پر آویں فرشتے یا آوے تیرا رب۔

ا۔ سیوطی نے الدر ۳/۵۷ میں لکھا ہے حضرت ابن مسعودؓ نے فرمایا ھل ینظرون الا ان تاتیھم الملائکۃ سے مراد موت کا وقت ہے۔ اوراو یاتی ربک سے قیامت کا دن مراد ہے۔

أَوْ يَأْتِيَ بَعْضُ آيَاتِ رَبِّكَ يَوْمَ يَأْتِي بَعْضُ آيَاتِ رَبِّكَ لا يَنْفَعُ نَفْسًا إِيمَانُهَا لَمْ تَكُنْ آمَنَتْ مِنْ قَبْلُ أَوْ كَسَبَتْ فِي إِيمَانِهَا خَيْرًا۔

یا آوے کوئی نشان تیرے رب کا جس دن آوے گا ایک نشان تیرے رب کا کام نہ آوے گا ایمان لانا کسی کو جو پہلے سے ایمان نہ لایا تھا یا اپنے ایمان میں کچھ نیکی نہ کی۔

ا۔ طبری نے جامع ۱۲/۲۶۱ میں لکھا ہے حضرت ابن مسعودؓ نے فرمایا: نشانی سے مراد ایک ساتھ کھڑے دو اونٹوں کی مانند سورج کا چاند کے ہمراہ مغرب سے طلوع ہونا ہے۔

۲۔ طبری نے جامع ۱۲/۲۶۳ میں لکھا ہے۔ حضرت ابن مسعودؓ نے لا ینفع نفسا ایمانھا لم تکن امنت من قبل سے مراد یہ ہے کہ در توبہ تب تک کھلا ہے جب تک سورج مغرب سے طلوع نہیں ہو جاتا۔

۳۔ سیوطی نے الدر ۳/۵۹۔ ۶۰ میں لکھا ہے۔ حضرت ابن مسعودؓ نے فرمایا یہ نشانی ظاہر ہونے کے بعد بھی لوگ نماز، روزہ اور حج ادا کریں گے۔ لیکن اللہ تعالیٰ انہیں کی عبادات قبول فرمائیں گے نشانی ظاہر ہونے سے پہلے جن کی قبول فرمایا کرتے تھے اور جن کی عبادات نشانی ظاہر ہونے کے بعد بھی ان کی قبول نہیں فرمائیں گے۔

مَنْ جَاءَ بِالْحَسَنَةِ فَلَهُ عَشْرُ أَمْثَالِهَا وَمَنْ جَاءَ بِالسَّيِّئَةِ فَلا يُجْزَى إلا مِثْلَهَا وَهُمْ لا يُظْلَمُونَ۔

جو کوئی لایا نیکی اس کو ہے اس کے دس برابر اور جو لایا برائی سو سزا پاوے گا۔ تو اتنا ہی اور ان پر ظلم نہ ہوگا۔

۱۔ طبری نے جامع ۱۲/۲۷۶۔ ۲۷۷ میں لکھا ہے حضرت ابن مسعودؓ نے فرمایا۔ آیت کریمہ میں الحسنۃ سے مراد کلمہ طیبہ لا الہ الا اللہ کا اقرار ہے۔ اور السیئۃ سے مراد شرک ہے۔

۲۔ مسند احمد ۶/۱۲۹ میں لکھا ہے حضرت ابن مسعودؓ فرماتے ہیں۔ رحمت کائنات صلی اللہ علیہ وآلہٖ وسلم نے فرمایا: بلاشبہ اللہ تعالیٰ بندہ کی ایک نیکی دس سے ستر گنا تک کر دیتے ہیں۔

* * *

۷۔ سورة الاعراف

وکم من قریۃ اھلکناھا فجاء ھا باستنا بیاتا او ھم قائلون۔ فما کان دعواھم اذ جاء ھم باسنا الا ان قالوا انا کنا ظالمین۔

اور کتنی بستیاں ہم نے کھپا دیں کہ پہنچا ان پر ہمارا عذاب رات ہی رات یا دوپہر کو ستے، پھر یہی تھی ان کی پکار جب پہنچا ان پر ہمارا عذاب کہ کہنے لگے ہم تھے گنہگار۔

۱۔ طبری نے جامع ۱۲/۳۰۴ میں لکھا ہے، حضرت ابن مسعودؓ فرماتے ہیں شافع محشر صلی اللہ علیہ وآلہ وسلم نے فرمایا: کوئی قوم اس وقت تک تباہ نہ ہوئی جب تک کہ انہوں نے اقبال جرم کر نہ لیا۔

فَلَنَسْأَلَنَّ الَّذِينَ أُرْسِلَ إِلَيْهِمْ وَلَنَسْأَلَنَّ الْمُرْسَلِينَ۔

سو ہم کو پوچھنا ہے ان سے جن کے پاس رسول بھیجے تھے اور ہم کو پوچھنا ہے رسولوں سے۔

۱۔ سیوطی نے الدر ۳/۶۹ میں لکھا ہے کہ طبرانی نے یہ روایت نقل کی ہے حضرت ابن مسعودؓ نے فرمایا: بلاشبہ اللہ تعالیٰ ہر حاکم سے اس کے ماتحت لوگوں کے بارے میں پوچھ گچھ فرمائیں گے کہ کیا اس نے ان پر اللہ کا حکم نافذ کیا یا نہیں۔ حتیٰ کہ ہر آدمی سے اس کے گھر والوں کے متعلق پوچھیں گے۔

قَالَ فَبِمَا أَغْوَيْتَنِي لَأَقْعُدَنَّ لَهُمْ صِرَاطَكَ الْمُسْتَقِيمَ۔

بولا تو جیسا تو نے مجھے بد راہ کیا ہے مجھ کو فرصت دے۔ جس دن تک میں بیٹھوں گا ان کی تاک میں تیری سیدھی راہ پر۔

۱۔ سیوطی نے الدر ۳/۳، میں لکھا ہے، عون ابن عبداللہ کہتے ہیں صراطک المستقیم سے مراد مکہ مکرمہ کا راستہ ہے۔ اور ابوالشیخ نے یہ روایت درج کی ہے کہ حضرت ابن مسعودؓ سے بھی یوں ہی منقول ہے۔

فَرِيقًا هَدَىٰ وَفَرِيقًا حَقَّ عَلَيْهِمُ الضَّلَالَةُ۔

ایک فرقے کو راہ دی اور ایک فرقے پر ٹھہری گمراہی۔

۱۔ امام احمد بن حنبلؒ نے مسند ۵/۲۲۳ میں یہ روایت درج فرمائی ہے۔ حضرت ابن مسعودؓ فرماتے ہیں۔ صادق و مصدوق پیغمبر ﷺ نے فرمایا :: جس کے سوا کوئی معبود نہیں اس کی قسم، تم میں سے بعض لوگ جنتیوں والے عمل کرتے رہتے ہیں یہاں تک کہ ان کے اور جنت کے درمیان ایک گز کا فاصلہ رہ جاتا مگر تقدیر غالب آجاتی ہے اور ان کا خاتمہ جہنمیوں والے کسی عمل پر ہوجاتا ہے اور وہ جہنم میں چلے جاتے ہیں۔ اور کوئی بندہ ایسا ہوتا ہے کہ جہنمیوں والے عمل کرتا رہتا ہے۔ یہاں تک کہ اس کے اور جہنم کے درمیان ایک گز کا

فاصلہ رہ جاتا ہے پھر اچانک تقدیر کا لکھا غالب آتا ہے تو اس کا خاتمہ جنتیوں والے کسی عمل پر ہو جاتا ہے اور یہ جنت میں داخل ہو جاتا ہے۔

يَا بَنِي آدَمَ خُذُوا زِينَتَكُمْ عِنْدَ كُلِّ مَسْجِدٍ۔

اے اولاد آدم کی۔ لے لو اپنی رونق ہر نماز کے وقت۔

ا۔ سیوطی نے الدر ۲/۸۷۔ ۹۷ میں لکھا ہے کہ طبرانی نے ضعیف سند کے ساتھ یہ روایت درج کی ہے۔ حضرت ابن مسعودؓ فرماتے ہیں۔ معلم انسانیت ﷺ نے فرمایا: کامل نماز وہ ہے کہ جو جوتے پہن کر ادا کی جائے۔

قُلْ مَنْ حَرَّمَ زِينَةَ اللّٰهِ الَّتِي أَخْرَجَ لِعِبَادِهِ۔

تو کہہ کس نے منع کی ہے رونق اللہ کی جو پیدا کی اس نے اپنے بندوں کے واسطے۔

ا۔ امام احمد بن حنبلؒ نے مسند ۵/ ۳۰۱ میں یہ حدیث پاک درج فرمائی ہے۔ حضرت ابن مسعودؓ فرماتے ہیں۔ ایک آدمی نے عرض کیا اللہ کے رسول ﷺ مجھے یہ اچھا لگتا ہے کہ میرے کپڑے دھلے ہوئے ہوں۔ میرے سر میں تیل لگا ہو، میرے جوتے کا تسمہ نیا ہو، چند اور چیزوں کا بھی تذکرہ کیا یہاں تک کہ کوڑے ک کے دستہ کا بھی ذکر کیا۔ اور پوچھا اللہ کے رسول ﷺ کیا یہ تکبر ہے؟

آپ ﷺ نے ارشاد فرمایا: نہیں، یہ تو خوبصورتی ہے۔ بلاشبہ اللہ تعالیٰ خوبصورت ہے اور خوبصورتی پسند فرماتا ہے۔

قُلْ إِنَّمَا حَرَّمَ رَبِّيَ الْفَوَاحِشَ مَا ظَهَرَ مِنْهَا وَمَا بَطَنَ وَالإِثْمَ وَالْبَغْيَ بِغَيْرِ الْحَقِّ۔

توکہہ میرے رب نے منع کیا ہے سو بے حیائی کے کام جو کھلے ہیں ان میں اور جو چھپے ہیں اور گناہ اور زیادتی ناحق کی۔

ا۔ امام احمد بن حنبلؒ نے مسند ۵/۲۳۴۔ ۲۳۵ میں یہ روایت درج فرمائی ہے حضرت ابن مسعودؓ فرماتے ہیں میں سر گوشیاں چھپایا نہیں کرتا تھا نہ فلاں بات اور ہی فلاں بات، راوی حدیث ابن عوف کہتے ہیں ایک بات آپؓ کو بھول گئی اور ایک میں بھول گیا۔ حضرت ابن مسعودؓ نے فرمایا میں آپ ﷺ کی خدمت میں ایسے وقت آیا کہ مالک بن مرارہ الرھاوی آپ صلی الہ علیہ وسلم کی خدمت میں موجود تھے، میں جب پہنچا تو وہ اپنی بات مکمل کرنے کے قریب تھے اور کہہ رہے تھے اے اللہ کے رسول ﷺ آپ دیکھ رہے ہیں کہ اللہ تعالیٰ نے مجھے حسن سے نوازا ہے۔ میں پسند نہیں کرتا کہ کوئی ذرہ بھر بھی مجھ سے برتر ہو تو کیا یہ سرکشی و تکبر نہیں ہے؟ آپ ﷺ نے فرمایا نہیں، یہ سرکشی نہیں، بلکہ سرکشی یہ ہے کہ حق سے قبول کرنے سے انکار کیا جائے۔ یا آپ ﷺ نے فرمایا حق سے ناواقفیت رکھی جائے اور لوگوں کو حقیر سمجھا جائے۔

قَالَتْ أُخْرَاهُمْ لأُولاهُمْ رَبَّنَا هَؤُلاءِ أَضَلُّونَا فَآتِهِمْ عَذَابًا ضِعْفًا مِنَ النَّارِ قَالَ لِكُلٍّ ضِعْفٌ

کہا پچھلوں نے پہلوں کو اے رب ہمارے ہم کو انہیں نے گمراہ کیا سو تو دے ان کو دونا عذاب آگ کا۔ فرمایا دونوں کا دونا ہے۔

ا۔ طبری نے جامع ۱۲/۴۱۸ میں لکھا ہے، حضرت ابن مسعودؓ نے فاتھم ضعفا من النار کی تفسیر میں فرمایا کہ اس سے مراد سانپ اور اژدھے ہیں۔

وَلا يَدْخُلُونَ الْجَنَّةَ حَتَّى يَلِجَ الْجَمَلُ فِي سم الخياط۔

اور نہ داخل ہوں گے جنت میں جب تک بیٹھے اونٹ سوئی کے ناکے میں۔

ا۔ طبری نے جامع ۱۲/۴۲۸ میں لکھا ہے۔ حضرت ابن مسعودؓ نے فرمایا آیت کریمہ میں مذکور لفظ الجمل سے مراد اونٹ ہے۔

إِنَّ رَبَّكُمُ اللَّهُ الَّذِي خَلَقَ السَّمَاوَاتِ وَالأَرْضَ فِي سِتَّةِ أَيَّامٍ ثُمَّ اسْتَوَى عَلَى الْعَرْشِ

تمہارا رب اللہ ہے جس نے بنائے آسمان اور زمین چھ دن میں پھر بیٹھا تخت پر۔

ا۔ ربیع ابن حسیب نے اپنی مسند ۳/۳۹ میں لکھا ہے حضرت ابن مسعودؓ اور حضرت ضحاک بن مزاحم نے فرمایا استوی علی العرش کی تفسیر یہ ہے عرش اور تمام چیزوں پر اللہ تعالیٰ کا حکم غالب آ گیا تو سب چیزیں فرمانبردار اور عاجز ہو گئیں۔

لَقَدْ أَرْسَلْنَا نُوحًا إِلَى قَوْمِهِ

ہم نے بھیجا نوح کو اس کی قوم کی طرف۔

ا۔ سیوطی نے الدر ۳/۹۵ میں لکھا ہے حضرت ابن مسعودؓ نے فرمایا:

اللہ تعالیٰ نے حضرت نوحؑ کو نبی بنا کر بھیجا۔ آپ کی امت کو بد عقیدہ لوگوں نے ہی تباہ کیا۔ اور پھر یکے بعد دیگرے کئی نبی تشریف لائے۔ اللہ کی قسم! اس امت کو بھی ہلاکت تک لے جانے والے زندیق لوگ ہی ہوں گے۔

وَإِلَى عَادٍ أَخَاهُمْ هُودًا قَالَ يَا قَوْمِ اعْبُدُوا اللَّهَ

اور عاد کی طرف بھیجا ان کا بھائی ھود بولا اے قوم بندگی کرو اللہ کی۔

ا۔ حاکم نے مستدرک ۲/۵۶۳ میں لکھا ہے حضرت ابن مسعودؓ نے فرمایا حضرت ھودؑ باہمت انسان تھے۔

۲۔ سیوطی نے الدر ۳/۹۷ میں لکھا ہے کہ ابن عساکر نے یہ حدیث مبارکہ نقل کی ہے۔

حضرت ابن مسعودؓ فرماتے ہیں:

جناب نبی کریم صلی اللہ علیہ وآلہ وسلم کے سامنے مختلف انبیاء علیھم السلام کا ذکر خیر چلا جب حضرت ھودؑ کا نام آیا تو آپ صلی اللہ علیہ وآلہ وسلم نے فرمایا یہ اللہ تعالیٰ کے دوست ہیں۔

وما وجدنا لاكثرهم من عهد

اور نہ پایا ان کے اکثروں میں ہم نے نباہ۔

۱۔ امام رازی نے مفاتیح ۶۲۳/۴ میں لکھا ہے حضرت ابن مسعودؓ نے فرمایا اس آیت مبارکہ میں عھد سے مراد ایمان ہے۔

قَالَ فِرْعَوْنُ آمَنْتُمْ بِهِ قَبْلَ أَنْ آذَنَ لَكُمْ إِنَّ هَذَا لَمَكْرٌ مَكَرْتُمُوهُ فِي الْمَدِينَةِ لِتُخْرِجُوا مِنْهَا أَهْلَهَا

بولا فرعون تم نے مان لیا اس کو ابھی میں نے حکم نہیں دیا تم کو یہ مکر ہے کہ باندھ لائے ہو شہر میں کہ نکالو یہاں سے اس کے لوگ۔

۱- طبری نے جامع ۱۳/۳۳ میں لکھا ہے حضرت ابن عباس، حضرت ابن مسعودؓ اور چند دیگر صحابہ کرام سے مروی ہے۔

۲- حضرت موسیٰ اور جادوگروں کا سردار ملے تو حضرت موسیٰ نے اس سے فرمایا کیا خیال ہے اگر میں غالب آگیا تو تم مجھ پر ایمان لے آؤ گے اور گواہی دو گے کہ میری دعوت سچی ہے؟ جادوگر نے کہا کل میں ایسا جادو لاؤں گا کہ کوئی جادو اس پر غالب نہ آئے گا۔ لیکن قسم بخدا! اگر آپ غالب آ گئے تو میں آپ پر ایمان بھی لاؤں گا اور گواہی بھی دوں گا کہ آپ سچے ہیں۔

۳- فرعون دونوں کو دیکھ رہا تھا اور دونوں کی باتیں بھی سن رہا تھا۔ فرعون نے یہ بات یوں بیان کی ان هذا لمکرتموه فی المدینۃ۔ اس نے کہا تمہاری ملاقات کا مقصد ہی یہ تھا کہ تم ایک دوسرے سے تعاون کرو (لتخرجو منها اهلها)

ولقد اخذنا آل فرعون بالسنین

اور ہم نے پکڑا فرعون والوں کو قحطوں میں۔

ا۔ طبری نے جامع ۲۴-۲۵/۱۳ امیں لکھا ہے حضرت ابن مسعودؓ نے فرمایاولقد اخذنا ال فرعون بالسنین سے مراد قحط کے سال ہیں۔

وان تصبھم سیئۃ یطیرو بموسی

اور اگر پہنچی برائی شومی بتاتے موسیٰ کی۔

ا۔ امام احمد بن حنبلؒ نے اپنی مسند ۲۵۳-۲۵۴/۵ میں یہ روایت درج کی ہے۔ حضرت ابن مسعودؓ فرماتے ہیں سرکار دو عالم ﷺ نے فرمایا بد شگونی شرک ہے اور جس نے بد شگونی لی اس کا ہمارے ساتھ کوئی تعلق نہیں۔

ولما جاء موسیٰ لمیقاتنا و کلمہ ربہ

اور جب پہنچا موسیٰ ہمارے وقت پر اور کلام کیا اس سے اس کے رب نے۔

ا۔ سیوطی نے الدر، ۱۱/۳ میں لکھا ہے کہ آدم بن ابی ایاس نے کتاب العلم میں یہ روایت درج کی ہے حضرت ابن مسعودؓ فرماتے ہیں :

جب حضرت موسیٰؑ بارگاہ خداوندی میں مناجات کے لیے حاضر ہوئے تو وہاں عرش کے سائے میں ایک آدمی دیکھا تو اس کے اس بلند مرتبہ پر رشک کیا اور اس کے بارے میں پوچھا۔ آپؑ کو اس کا نام تو نہ بتایا گیا البتہ اس کا کام بتایا گیا کہ یہ ایسا آدمی ہے جو لوگوں سے

ان نعمتوں کی وجہ سے جو اللہ تعالیٰ انہیں اپنے فضل سے عطا فرمائی ہیں حد نہیں کرتا، والدین سے حسن سلوک کرتا ہے، چغل خوری نہیں کرتا۔

اللہ تعالیٰ نے دریافت فرمایا اے موسیٰ! کیا مانگنے آئے ہیں؟ حضرت موسیٰؑ نے عرض کیا میں ہدایت مانگنے آیا ہوں میرے پروردگار! اللہ تعالیٰ نے فرمایا آپ نے ہدایت پالی۔

حضرت موسیٰؑ نے یہ دعا مانگی

پروردگار! میرے پہلے پچھلے سب گناہ معاف فرما دیجیے اور وہ بھی جن کے بارے آپ مجھ سے زیادہ جانتے ہیں۔ میں اپنے نفس کے وسوسہ اور اپنے برے عمل سے آپ کی پناہ مانگتا ہوں۔

آپؑ سے کہا گیا اے موسیٰ! آپ نے بھرپور دعا کرلی ہے۔

حضرت موسیٰؑ نے دریافت فرمایا پروردگار! آپ کا پسندیدہ عمل کون سا ہے؟ اللہ تعالیٰ نے فرمایا موسیٰ! میرا ذکر کرو!

حضرت موسیٰؑ نے دریافت فرمایا پروردگار! آپ کے بندوں میں سب سے زیادہ پرہیزگار کون ہے؟ اللہ تعالیٰ نے فرمایا جو مجھے یاد رکھتا ہے اور بھولتا نہیں۔

حضرت موسیٰؑ نے دریافت فرمایا پروردگار! آپ کے بندوں میں سب سے زیادہ غنی کون ہے؟ اللہ تعالیٰ نے فرمایا جو اسی پر قناعت کرجائے جو اسے دیا گیا ہے۔

حضرت موسیٰؑ نے فرمایا پروردگار! آپ کے بندوں میں سے زیادہ فضیلت والا کون ہے؟ اللہ تعالیٰ نے فرمایا کو حق کے مطابق فیصلہ کرتا ہے اور خواہشات کے پیچھے نہیں چلتا۔

حضرت موسیٰ نے دریافت فرمایا پروردگار! آپ کے بندوں میں سب سے زیادہ علم والا کون ہے ؟ اللہ تعالیٰ نے فرمایا جو لوگوں کے حالات کا علم رکھتا ہے تاکہ اسے کہیں سے کوئی ایسی بات مل جائے جو ہدایت کا سبب بنے یا اسے تباہی سے بچالے ۔

حضرت موسیٰ نے عرض کیا پروردگار! آپ کے کس بندے کے عمل آپ کو زیادہ پسند ہیں ؟ اللہ تعالیٰ نے فرمایا وہ جس کی زبان جھوٹ نہ بولے ، جس کی شرمگاہ بدکاری نہ کرے اور جس کا دل بدکاری نہ کرے ۔

حضرت موسیٰ نے عرض کیا پروردگار! پھر اس کے بعد کون ہے ؟

اللہ تعالیٰ نے فرمایا ایمان سے سرسبز دل جو اخلاق حسنہ سے بھی مزین ہو۔

حضرت موسیٰ نے عرض کیا پروردگار! آپ کے بندوں میں آپ کو زیادہ ناپسند کون ہے ؟

اللہ تعالیٰ نے فرمایا کفر سے اٹا ہوا دل جو برے اخلاق بھی رکھتا ہو۔

حضرت موسیٰ نے عرض کیا پروردگار! پھر اس کے بعد کون ہے ؟ اللہ تعالیٰ نے فرمایا جو رات کو لاش کی مانند پڑا سوتا رہے اور دن کو بیکار پھرے ۔

وَالَّذِينَ عَمِلُوا السَّيِّئَاتِ ثُمَّ تَابُوا مِنْ بَعْدِهَا وَآمَنُوا إِنَّ رَبَّكَ مِنْ بَعْدِهَا لَغَفُورٌ رَحِيمٌ (١٥٣)

اور جنہوں نے لیے برے کام پھر بعد اس کے توبہ کی اور یقین لائے ۔ تیرا رب اس کے پیچھے بخشتا ہے ۔

۱۔ ابن کثیرؒ نے اپنی تفسیر ۳/۴۷۵-۴۷۶ میں لکھا ہے حضرت ابن مسعودؓ سے ایک آدمی کے بارے میں پوچھا گیا کہ وہ ایک عورت سے بدکاری کرتا ہے اور پھر اسی سے نکاح کر لیتا ہے تو حضرت ابن مسعودؓ نے یہ آیت تلاوت فرمائی وَالَّذِينَ عَمِلُوا السَّيِّئَاتِ ثُمَّ تَابُوا مِنْ بَعْدِهَا وَآمَنُوا إِنَّ رَبَّكَ مِنْ بَعْدِهَا لَغَفُورٌ رَحِيمٌ آپؓ نے یہ آیت دس مرتبہ تلاوت کی مگر انہیں اس پر عمل کرنے کا حکم دیا نہ اس سے منع فرمایا۔

وَمِنْ قَوْمِ مُوسَى أُمَّةٌ يَهْدُونَ بِالْحَقِّ وَبِهِ يَعْدِلُونَ (۱۵۹)

اور موسیٰ کی قوم میں ایک فرقہ راہ بتاتے ہیں حق کی اور اسی پر انصاف کرتے ہیں۔

۱۔ علامہ زمخشری نے کشاف ۲/۹۸ میں لکھا ہے حضرت ابن مسعودؓ کے سامنے یہ آیت مبارکہ تلاوت کی گئی تو ایک آدمی نے کہا مجھے پسند نہیں کہ میں ان لوگوں میں ہوتا۔ حضرت ابن مسعودؓ نے حاضرین مجلس سے فرمایا کیا تمہارے نیک لوگوں نے ان لوگوں سے بڑھ کر کچھ کیا؟ کون ہے جو حق پر چلتا ہو اور اسی کے مطابق عدل کرتا ہو۔

وقطعنا هم اثنى عشرة اسباطا امما۔

اور بانٹ کر ان کو ہم نے کیا کئی فرقے بارہ دادوں کے پوتے۔

۱۔ حاکم نے مستدرک ۲/۵۷۰ میں لکھا ہے حضرت ابن مسعودؓ نے فرمایا اسباط سے مراد حضرت یعقوبؑ کے بیٹے ہیں یعنی یوسف۔ بنیامین، روبیل، یھوذا، شمعون، راوی، دان اور

فصیل، یہ بارہ آدمی تھے۔ اللہ تعالیٰ نے ان سے بارہ خاندان بنا دیے۔ ان کے سلسلہ نسب کو اللہ تعالیٰ ہی جانتے ہیں۔ اللہ تعالیٰ کا ارشاد ہے۔ وقطعناهم اثنی عشرة اسباطا امما۔

وَ سْـَٔلْهُمْ عَنِ الْقَرْيَةِ الَّتِيْ كَانَتْ حَاضِرَةَ الْبَحْرِ ۘ اِذْ يَعْدُوْنَ فِي السَّبْتِ اِذْ تَاْتِيْهِمْ حِيْتَانُهُمْ يَوْمَ سَبْتِهِمْ شُرَّعًا وَّ يَوْمَ لَا يَسْبِتُوْنَ ۙ لَا تَاْتِيْهِمْ ۛۚ كَذٰلِكَ ۛۚ نَبْلُوْهُمْ بِمَا كَانُوْا يَفْسُقُوْنَ ﴿۱۶۳﴾ وَ اِذْ قَالَتْ اُمَّةٌ مِّنْهُمْ لِمَ تَعِظُوْنَ قَوْمَا ۙ اللّٰهُ مُهْلِكُهُمْ اَوْ مُعَذِّبُهُمْ عَذَابًا شَدِيْدًا ؕ قَالُوْا مَعْذِرَةً اِلٰى رَبِّكُمْ وَ لَعَلَّهُمْ يَتَّقُوْنَ ﴿۱۶۴﴾ فَلَمَّا نَسُوْا مَا ذُكِّرُوْا بِهٖۤ اَنْجَيْنَا الَّذِيْنَ يَنْهَوْنَ عَنِ السُّوْٓءِ وَ اَخَذْنَا الَّذِيْنَ ظَلَمُوْا بِعَذَابٍۭ بَىِٕيْسٍۭ بِمَا كَانُوْا يَفْسُقُوْنَ ﴿۱۶۵﴾ فَلَمَّا عَتَوْا عَنْ مَّا نُهُوْا عَنْهُ قُلْنَا لَهُمْ كُوْنُوْا قِرَدَةً خٰسِـِٕيْنَ ﴿۱۶۶﴾

اور پوچھو ان سے احوال اس بستی کا کہ تھی کنارے دریا کے جب حد سے بڑھنے لگے ہفتے کے حکم میں، جب آنے لگیں ان کے پاس مچھلیاں ہفتے کے دن پانی کے اوپر اور جس دن ہفتہ نہ ہو نہ آویں یوں ہم آزمانے لگے ان کو اس واسطے کہ بے حکم تھے۔ اور جب بولا ایک فرقہ ان میں کہ کیوں نصیحت کرتے ہو ایک لوگوں کو کہ اللہ چاہتا ہے ان کو ہلاک کرے یا ان کو عذاب کرے سخت۔ بولے الزام اتارنے کو تمہارے رب کے آگے اور شاید وہ ڈریں، پھر جب بھول گئے جو انہیں سمجھایا تھا بچا لیا ہم نے جو منع کرتے تھے برے کام سے اور پکڑا گناہ گاروں کو برے عذاب میں بدلہ ان کی بے حکمی کا۔ پھر جب بڑھنے لگے جس کام سے منع ہوا تھا ہم نے حکم کیا کہ ہو جاؤ بندر پھٹکارے۔

ا۔ ابن جوزی نے زاد ۳/۲۷۶ میں لکھا ہے القریۃ سے مراد ایلۃ نامی بستی ہے حضرت ابن مسعودؓ سے بھی یہی روایت مروی ہے۔

۲۔ طبری نے جامع ۱۹۸/ ۱۳ میں لکھ ہے حضرت عطا فرماتے ہیں میں مسجد میں بیٹھا تھا کہ ایک بزرگ تشریف لے آئے۔ لوگ ان کے ارد گرد بیٹھ گئے۔ لوگوں نے بتایا یہ بزرگ حضرت ابن مسعودؓ کے ساتھیوں میں سے ہیں، وہ برگ فرمانے لگے کہ حضرت ابن مسعودؓ نے اس آیت مبارکہ کی تفسیر میں فرمایا:

جب ان پر ہفتہ کے دن شکار حرام کر دیا گیا تو اس دن مچھلیاں خوب آیا کرتیں اور بے خوف ہو کر آ جاتیں مگر یہ انہیں ہاتھ نہ لگا سکتے۔ اور جب ہفتہ کا دن گزر جاتا تو وہ بھی چلی جاتیں۔ یہ بھی عام لوگوں کی طرح شکار کیا کرتے۔ لیکن جب انہوں نے یہ پابندی توڑنے کا ارادہ کر لیا تو شکار کرنے لگے۔ ان کے نیک لوگوں نے انہیں روکا لیکن یہ نہ رکے گناہگار نیک لوگوں سے زیادہ تھے۔ گناہگاروں نے نیک لوگوں سے لڑائی کا ارادہ کر لیا مگر ان میں سے کچھ لوگ نیک لوگوں سے لڑنا نہیں چاہتے تھے کیونکہ ان میں کوئی ان کا باپ تھا کوئی بھائی اور کوئی رشتہ دار۔ جب نیک لوگوں کے منع کرنے کے باوجود وہ نہ رکے تو نیک لوگ کہنے لگے یوں تو یہ ہمیں بھی لے ڈوبیں گے ہم ان کے اور اپنے درمیان ایک دیوار کھڑی کر لیتے ہیں۔ چنانچہ انہوں نے دیوار بنا لی۔ کچھ دنوں تک جب ان گناہگاروں کی آوازیں نہ آئیں تو کہنے لگے اپنے بھائیوں کو تو دیکھیں کہ ان پر کیا بیتی؟ دیکھا تو وہ سارے بندر بنا دیے گئے تھے۔ یہ بڑے کو اس کے بڑے جحم اور چھوٹے کو چھوٹے جحم سے پہچان رہے تھے۔ اب یہ رونے لگے۔

یہ حضرت موسیٰؑ کی رحلت کے بعد کا واقعہ ہے۔

وَإِذْ أَخَذَ رَبُّكَ مِنْ بَنِي آدَمَ مِنْ ظُهُورِهِمْ ذُرِّيَّتَهُمْ وَأَشْهَدَهُمْ عَلَى أَنْفُسِهِمْ أَلَسْتُ بِرَبِّكُمْ قَالُوا بَلَى شَهِدْنَا

اور جس وقت نکالی تیرے رب نے آدم کے بیٹوں سے ان کی پیٹھ میں سے ان کی اولاد اور اقرار کرایا ان سے ان کی جان پر کیا میں نہیں ہوں رب تمہارا بولے البتہ ہم قائل ہیں۔

ا۔ سیوطی نے الدر ۱۴۲-۱۴۱/۳ میں لکھا ہے حضرت ابن عباس حضرت ابن مسعودؓ اور چند دیگر صحابہ کرامؓ سے اس آیت مبارکہ کی تفسیر میں مروی ہے کہ جب حضرت آدمؑ کو آسمان سے زمین کی طرف بھیجنے سے پہلے جنت سے باہر نکالا تو ان کی کمر کی دائیں جانب پر ہاتھ پھیرا تو اس سے موتیوں جیسے چمکدار اور چھوٹی چھوٹی چیونٹیوں کی شکل کے جسم نکالے اور انہیں کہا میری رحمت سے جنت میں داخل ہو جاؤ۔

پھر آپؑ کی کمر کی بائیں جانب پر ہاتھ پھیرا تو اس سے سیاہ رنگ کے اور چیونٹیوں کی شکل کے جسم نکالے اور انہیں فرمایا جہنم میں داخل ہو جاؤ مجھے تمہاری کوئی پرواہ نہیں۔ اللہ تعالیٰ کا فرمان ہے اصحاب الیمین (واقعہ /۲۷) واصحاب الشمال (واقعہ /۴۱) اس کے بعد ان سے وعدہ لیا اور فرمایا الست بربکم کیا میں تمہارا رب نہیں ہوں؟ انہوں نے عرض کیا کیوں نہیں۔ کچھ لوگوں نے یہ جواب خوشی سے دیا اور کچھ نے ڈر کر مجبوراً دیا۔ پس حضرت آدمؑ اور فرشتوں نے کہا ہم گواہ بن گئے تاکہ یہ لوگ قیامت کے دن یہ نہ کہیں کہ ہمیں تو خبر نہ تھی یا یہ نہ کہیں کہ ہم سے پہلے ہمارے آباء واجداد نے شرک کیا۔

مفسرین نے فرمایا اولاد آدمؑ میں سے ہر ایک یہ جانتا ہے کہ اللہ تعالیٰ ہی اس کا رب ہے۔

اللہ تعالیٰ کا ارشاد ہے ولہ من فی السموات والارض طوعا و کرھا (آل عمران/۸۳) (اور اسی کے حکم میں ہے جو کوئی آسمان اور زمین میں ہے خوشی سے یا زور سے) اور یہ بھی فللہ الحجۃ البالغۃ فلوشاء لھداکم اجمعین (الانعام/۱۴۹) (پس اللہ کا الزام پورا ہے سو اگر چاہتا تو راہ دیتا تم سب کو) یعنی یثاق لینے کے دن۔

وَاتْلُ عَلَيْهِمْ نَبَأَ الَّذِي آتَيْنَاهُ آيَاتِنَا فَانْسَلَخَ مِنْهَا

اور سنا ان کو احوال اس شخص کا کہ ہم نے اس کو دی ہیں اپنی آیتیں پھر ان کو چھوڑ نکلا۔

۱۔ طبری نے جامع ۱۳/۲۵۳ امیں لکھا ہے حضرت ابن مسعودؓ نے فرمایا یہ بنی اسرائیل کے ایک آدمی کا تذکرہ ہے اس کا نام بلعم بن ابد تھا۔

وَلِلَّهِ الأَسْمَاءُ الْحُسْنَى فَادْعُوهُ بِهَا

اور اللہ کے ہیں سب نام خاصے سو اس کو پکارو وہ کہہ کر۔

۱۔ امام احمد بن حنبلؒ نے مسند ۲۶۶-۲۶۸/۵ میں لکھا ہے حضرت ابن مسعودؓ فرماتے ہیں رحمت کائنات ﷺ نے فرمایا:

جب بھی کوئی غم اور پریشانی آئے وہ یہ دعا پڑھے تو اللہ تعالیٰ اس کا غم اور پریشانی ضرور دور فرماتے ہیں اور اس کے لیے کوئی نہ کوئی راستہ نکال دیتے ہیں۔ دعا یہ ہے۔

اللھم انی عبدک وابن عبدک، ناصیتی بیدک، ماض فی حکمک، عدل فی قضاؤل، اسالک بکل اسم ھو لک سمیت بہ نفسک او علمتہ احدا من خلقک، او انزلتہ فی کتابک او استاثرت بہ فی علم الغیب عندک ان تجعل القرآن ربیع قلبی، ونور صدری وجلاء حزنی وزھاب ھمی۔

ترجمہ: پروردگار! میں آپ کا بندہ ہوں۔ آپ کے ایک بندے کا بیٹا ہوں۔ میری پیشانی آپ کے ہاتھ میں ہے۔ مجھ پر آپ کا حکم چلتا ہے۔ آپ کا فیصلہ مجھ پر لاگو ہے۔ میں آپ سے آپ کے ہر اس مقدس نام کے صدقے جو نام آپ نے خود اپنا رکھا ہے یا آپ نے اپنی مخلوق میں سے کسی کو سکھایا ہے یا اپنی کتاب مقدس میں نازل کیا ہے یا اپنے پاس علم غیب میں رکھا ہے سوال کرتا ہوں کہ آپ قرآن مجید کو میرے دل کی بہار بنا دیں، میرے سینے کی روشنی بنا دیں میرا غم ہلکا کرنے کا سبب بنا دیں اور میری پریشانی دور کرنے کا ذریعہ بنا دیں۔

وَإِذَا قُرِئَ الْقُرْآنُ فَاسْتَمِعُوا لَهُ وَأَنْصِتُوا لَعَلَّكُمْ تُرْحَمُونَ (٢٠٤)

اور جب قرآن پڑھا جاوے تو اس طرف کان رکھو اور چپ رہو شاید تم پر رحم ہو۔

۱۔ طبری نے جامع ۱۳/۳۴۵ میں لکھا ہے حضرت ابن مسعودؓ فرماتے ہیں ابتداء اسلام میں ہم لوگ سلام علی فلاں، سلام علی فلاں کے الفاظ سے نماز میں بھی ایک دوسرے کو سلام کر لیا کرتے تھے پھر یہ آیت مبارکہ نازل ہو گئی واذا قرئ القرآن فاستمعوالہ وانصتوا۔

۲۔ طبری نے جامع ۱۳/۳۴۶ میں لکھا ہے یسیر بن جابر کہتے ہیں حضرت ابن مسعودؓ نے نماز پڑھائی تو لوگوں کو سنا کہ وہ امام کے ساتھ ساتھ پڑھتے رہتے ہیں جب آپؓ نے سلام پھیر کر ان کی طرف متوجہ ہوئے تو فرمایا کیا ابھی وقت نہیں آیا کہ تم سمجھ جاؤ اور جب قرآن مجید پڑھا جائے تو کان لگا کر سنو اور خاموش رہو جیسا کہ اللہ تعالیٰ نے تمہیں اس بات کا حکم دیا ہے۔

وَاذْكُرْ رَبَّكَ فِي نَفْسِكَ تَضَرُّعًا وَخِيفَةً وَدُونَ الْجَهْرِ مِنَ الْقَوْلِ بِالْغُدُوِّ وَالْآصَالِ وَلَا تَكُنْ مِنَ الْغَافِلِينَ (۲۰۵)

اور یاد کرتا رہ اپنے رب کو دل میں گڑگڑاتا اور ڈرتا اور پکار سے کم آواز بولنے میں صبح اور شام کے وقتوں میں اور مت رہ بےخبر۔

۱۔ سیوطی نے الدر ۳/۱۵۷ میں لکھا ہے حضرت ابن مسعودؓ فرماتے ہیں خاتم الانبیاء صلی اللہ علیہ وآلہ وسلم نے فرمایا:

غافل لوگوں میں بیٹھ کر اللہ تعالیٰ کا ذکر کرنے والا ایسے ہے جیسے میدان جنگ سے راہ فرار اختیار کرنے والوں کی طرف سے کوئی جہاد کر رہا ہو۔

***

۸۔ سورۃ الانفال

امام بخاریؒ نے اپنی صحیح ۱۵۱/۱ میں یہ لکھا ہے کہ حضرت ابن مسعودؓ نے پہلی رکعت میں سورۃ انفال کی چالیس آیات تلاوت فرمائیں اور دوسری میں کوئی مفصل سورۃ پڑھی۔

یسئلونک عن الانفال قل الانفال للّٰہ والرسول

تجھ سے پوچھتے ہیں حکم غنیمت کا تو کہہ مال غنیمت اللہ کا ہے اور رسول کا۔

۱۔ امام ابن کثیرؒ نے اپنی تفسیر ۵۴۶/۳ میں لکھا ہے حضرت ابن مسعودؓ اور حضرت مسروقؒ نے فرمایا: جس دن لڑائی ہو جائے اس دن ملنے والے مال کو نفل نہیں کہا جائے گا کیونکہ نفل وہ مال ہے جو لڑائی چھڑ جانے سے پہلے ملے۔

ابن ابی حاتم نے یہ بات ان دو حضرات سے نقل فرمائی ہے۔

اذ یغشیکم النعاس امنۃ منہ

جس وقت ڈال دی تم پر اونگھ اپنی طرف سے تسکین کو۔

طبری نے جامع ۴۱۹/۱۳ میں لکھا ہے حضرت ابن مسعودؓ نے فرمایا:

جہاد کرتے ہوئے اونگھ آجانا اللہ جل جلالہ کی طرف سے نازل کردہ اطمینان ہوتا ہے اور نماز میں اونگھ آجانا شیطان کی طرف سے ہوتا ہے۔

ومن یولھم یومئذ دبرہ الا متحرفا لقتال او متحیزا الی فئۃ فقد باء بغضب من اللہ۔

اور جو کوئی ان کو پیٹھ دے اس دن مگر یہ کہ پیٹھ پھیرا کرتا ہو لڑائی سے یا جا ملتا ہو فوج میں سو وہ لے پھرا غضب اللہ کا۔

ا۔ علامہ بغوی نے معالم ۱۱/۳میں لکھا ہے حضرت ابن مسعودؓ نے فرمایا: جناب رحمت کائنات ﷺ نے ہمارا ایک لشکر جہاد کے لیے بھیجا، کچھ لوگوں نے راہ فرار اختیار کرنے کی کوشش کی تو ہمیں شکست ہوگئی ہم نے عرض کیا اللہ کے رسول ﷺ ہم لوگ تو بھاگنے والے ہیں رحمت مجسم ﷺ نے فرمایا نہیں، بلکہ تم پلٹ کر حملہ کرنے والے ہو، میں مسلمانوں کی جماعت ہوں۔

واعلموا انما اموالکم و اولادکم فتنۃ

اور جان لو کہ تمہارے مال اور اولاد جو ہیں خراب کرنے والے ہیں۔

ا۔ طبری نے جامع ۴۸۶/۱۳ ۴۸۷میں لکھا ہے حضرت ابن مسعودؓ نے اس آیت کریمہ کی تفسیر میں فرمایا: لوگو! تم سب آزمائشوں میں گھرے ہوئے ہو تو تم میں سے جو اللہ تعالیٰ کی پناہ مانگے وہ گمراہ کردینے والی آزمائشوں سے پناہ مانگے۔

قل للذين كفروا ان ينتهوا يغفرلهم ما قد سلف

توکہہ دے کافروں کواگر باز آویں تومعاف ہوان کوجو ہوچکا۔

ا۔ابن حنبلؒ نے اپنی مسند ۵/۲۰۹ میں لکھا ہے حضرت ابن مسعودؓ نے فرمایا:

ایک صحابی نے عرض کیا اللہ کے رسول ﷺ جب میں اسلام لاکر نیکیاں کررہا ہوں تو کیا جاہلیت میں کیے ہوئے گناہوں کی وجہ سے میں پکڑا جاؤں گا۔ آپ ﷺ نے فرمایا جب تم اسلام لاکر نیکیوں میں مصروف ہوجاؤگے تو جاہلیت کے گناہ کی وجہ سے پکڑے نہیں جاؤ گے اور اگر تم نے اسلام قبول کرکے پھر کوئی برائی کی تو اول آخر سب گناہوں میں پکڑے جاؤگے۔

يوم الفرقان يوم التقى الجمعان

جس دن فیصلہ ہو جس دن بھڑیں دو فوجیں۔

ا۔ سیوطی نے الدر ۳/۱۸۸ میں لکھا ہے۔ حضرت ابن مسعودؓ نے اس آیت مبارکہ کی تفسیر میں فرمایا کہ جنگ بدر ۱۷ رمضان المبارک کو ہوئی۔

واذ يريكموہم اذ التقيتم فی اعينكم قليلا۔

اور جب تم کو دکھائی وہ فوج وقت ملاقات کے تمہاری آنکھوں میں تھوڑی۔

ا۔ طبری نے جامع ۲۴۰/۶ میں لکھا ہے حضرت ابن مسعودؓ نے فرمایا: بدر کے دن اہل مکہ ہمیں تھوڑے کر کے دکھائے گئے۔ میں نے اپنے پاس بیٹھے ایک آدمی سے پوچھا تمہارے خیال میں ستر ہوں گے! اس نے کہا مجھے لگتا ہے ایک سو ہوں گے۔ بعد میں ہم نے ان کا ایک آدمی گرفتار کیا اور اس سے پوچھا تم کتنے تھے تو اس نے بتایا کہ ہم ایک ہزار تھے۔

واعدوا لهم ما استطعتم من قوة و من رباط الخيل

اور سر انجام کروان کی لڑائی کو جو پیدا کر سکو زور آور گھوڑے پالنے کے لیے۔

ا۔ امام احمد بن حنبلؒ نے اپنی مسند ۲۸۴، ۲۸۵/۵ میں لکھا ہے حضرت ابن مسعودؓ فرماتے ہیں نبی الامم صلی اللہ علیہ وآلہ وسلم نے فرمایا! گھوڑے تین قسم کے ہیں، کچھ گھوڑے رحمن کے ہیں، کچھ انسان کے ہیں اور کچھ شیطان کے ہیں۔ رحمن کا گھوڑا وہ ہے جسے جہاد کے لیے باندھ کر رکھا جائے۔ اس کا چارہ، اس کی لید، اس کا پیشاب، چند اور چیزوں کا بھی ذکر کیا۔ باعث ثواب ہیں۔ شیطان کا گھوڑا وہ ہے جسے جوا بازی کے لیے تیار کیا جائے۔ اور انسان کا گھوڑا وہ ہے جسے انسان اس لیے تیار کرتا ہے تاکہ وہ اس کے ذریعے روزی روٹی تلاش کرے اور اپنی سفید پوشی کا بھرم قائم رکھے۔

لو انفقت ما فی الارض جميعا ما الفت بين قلوبهم ولكن الله الف بينهم

اگر تو خرچ کرتا جو سارے ملک میں ہے تمام نہ الفت دے سکتا ان کے دل میں لیکن اللہ نے الفت ڈالی ان میں۔

ا۔ طبری نے جامع ۱۴/۴۸ میں لکھا ہے حضرت ابن مسعودؓ نے فرمایا: اس سے مراد اللہ جل جلالہ کے لیے آپس میں محبت رکھنے والے لوگ ہیں۔

ما کان لنبی ان یکون لہ اسری حتی یثخن فی الارض

نہیں چاہیے نبی کو کہ اس کے ہاں قیدی آویں جب تک نہ خون کرکے ملک میں۔

ا۔ امام ابن حنبلؒ نے اپنی مسند ۲۲۷۔ ۵/۲۲۹ میں لکھا ہے حضرت ابن مسعودؓ نے فرمایا: بدر کے دن رحمت کائنات صلی اللہ علیہ وآلہ وسلم نے ہم سے فرمایا ان قیدیوں کے بارے میں تمہارا کیا مشورہ ہے؟ حضرت ابو بکر صدیقؓ نے عرض کیا اے اللہ کے رسول صلی اللہ علیہ وآلہ وسلم آپ کی قوم ہے اور آپ کا خاندان ہے، ان پر مسابقت لے جاتے ہوئے انہیں مہلت دیجئے، شاید اللہ انہیں معاف فرمادیں۔ حضرت عمر فاروقؓ نے مشورہ دیا میرے آقا انہیں لوگوں نے آپ کو مکہ سے ہجرت پر مجبور کیا اور آپ کو جھٹلایا۔ ان کی گردنیں اڑا دیجیے۔ حضرت عبداللہ بن رواحہؓ نے تجویز دی اے اللہ کے رسول صلی اللہ علیہ وآلہ وسلم ایسی وادی تلاش کی جائے جس میں لکڑیاں بہت ہوں انہیں اس میں داخل کرکے اوپر سے آگ لگا دی جائے۔ حضرت عباسؓ کہنے لگے تم نے تو قطع رحمی کی تجویز دی ہے۔

راوی حدیث کہتے ہیں سرکار دو عالم ﷺ اندر چلے گئے کوئی جواب مرحمت نہ فرمایا۔ کچھ لوگوں کا خیال تھا آپ ﷺ حضرت ابو بکرؓ کی رائے پر عمل فرمائیں گے۔ جبکہ بعض کا خیال تھا آپ ﷺ حضرت عمر فاروقؓ کا مشورہ قبول فرمائیں گے اور کچھ لوگوں کی رائے تھی آپ ﷺ حضرت عبداللہ بن رواحہؓ کی تجویز قبول فرمالیں گے۔ رحمت کائنات ﷺ باہر تشریف لائے تو ارشاد فرمایا اللہ تعالیٰ کچھ لوگوں کے دل اتنے نرم فرما دیتے ہیں کہ وہ دودھ سے بھی زیادہ نرم ہوجاتے ہیں، اور کئی لوگوں کے دل پتھر سے بھی زیادہ سخت کر دیتے ہیں، ابو بکر! آپ کی مثال تو حضرت ابراہیمؑ کی مثال جیسی ہے، انہوں نے فرمایا تھا فمن تبعنی فانہ منی و من عصانی فانک غفور الرحیم (ابراہیم ۳۶) ابو بکر! آپ کی مثال تو حضرت عیسیٰؑ جیسی ہے جو فرمائیں گے ان تعذبھم فانھم عبادک وان تغفرلھم فانک انت العزیز الحکیم (المائدۃ/۱۱۸) اور عمر! آپ تو حضرت نوحؑ کی طرح ہیں جنہوں نے فرمایا تھا رب لاتذر علی الارض من الکافرین دیارا (نوح/۲۶) اور اے عمر! آپ تو حضرت موسیٰؑ جیسے ہیں جنہوں نے فرمایا تھا اشدد علی قلوبھم فلا یومنوا حتی یروا العذاب الالیم (یونس/۸۸)

دیکھیں آپ سب کے مالی حالات زیادہ اچھے نہیں، ان قیدیوں میں سے ہر ایک یا تو فدیہ دے گا یا پھر اس کی گردن ماری جائے گی۔ حضرت ابن مسعودؓ فرماتے ہیں میں نے عرض کیا سوائے سہیل بن بیضاء کے کیونکہ میں نے اسے اسلام کا تذکرہ اچھے الفاظ میں کرتے ہوئے سنا ہے۔ آپ ﷺ خاموش ہو گئے مگر مجھے دن بھر یہ کھٹکا لگا رہا کہ آج آسمان سے پتھر

ضرور برسیں گے حتی کہ پھر آپ ﷺ نے بھی فرمایا ہاں سہیل بن بیضاء۔ اس واقعہ پر یہ آیات نازل ہوئیں۔ مَا كَانَ لِنَبِيٍّ اَنْ يَّكُوْنَ لَهٗٓ اَسْرٰي حَتّٰي يُثْخِنَ فِي الْاَرْضِ ۭتُرِيْدُوْنَ عَرَضَ الدُّنْيَا ڰ وَاللّٰهُ يُرِيْدُ الْاٰخِرَةَ ۭوَاللّٰهُ عَزِيْزٌ حَكِيْمٌ۔

لولا کتاب من اللہ سبق لمسکم فیما اخذتم عذاب عظیم

اگر نہ ہوتی ایک بات کہ لکھ چکا اللہ آگے سے تو تم کو پڑتا اس لینے میں بڑا عذاب۔

ا۔ امام احمد بن حنبلؒ نے اپنی مسند ۱۶۸/۶ میں لکھا ہے حضرت ابن مسعودؓ نے فرمایا حضرت عمر بن خطابؓ بدر کے قیدیوں کے قتل کا مشورہ دے کر تمام صحابہ کرامؓ سے بڑا درجہ حاصل کر گئے۔ اللہ تعالیٰ نے یہ آیت مبارکہ اسی وقت کے لیے نازل فرمائی ہے لولا کتاب من اللہ سبق لمسکم فیما اخذتم فیہ عذاب عظیم۔

اِنَّ الَّذِيْنَ اٰمَنُوْا وَهَاجَرُوْا وَجٰهَدُوْا بِاَمْوَالِهِمْ وَاَنْفُسِهِمْ فِيْ سَبِيْلِ اللّٰهِ وَالَّذِيْنَ اٰوَوْا وَّنَـصَرُوْٓا اُولٰۗىِٕكَ بَعْضُهُمْ اَوْلِيَاۗءُ بَعْضٍ

جو لوگ ایمان لائے اور گھر چھوڑا اور لڑے اپنے مال اور جان سے اللہ کی راہ میں اور جن لوگوں نے جگہ دی اور مدد کی وہ ایک دوسرے کے رفیق ہیں۔

ا۔ ابن کثیرؒ نے اپنی تفسیر ۳۹/۴ میں لکھا ہے حضرت ابن مسعودؓ فرماتے ہیں میں رسالت مآب ﷺ نے فرمایا: مہاجرین، انصار، فتح مکہ کے دن آزاد کردہ قریشی اور ثقیف کے آزاد کردہ سب آپس میں دنیا و آخرت میں ایک دوسرے کے دوست ہیں۔

واولا الارحام بعضهم اولی ببعض فی کتاب اللہ

اور ناتے والے آپس میں حق دار زیادہ ہیں ایک دوسرے کے حکم میں اللہ کے۔

ا۔ علامہ قرطبی نے احکام ۸/۵۹ میں لکھا ہے علماء سلف اور بعد کے لوگوں کی رائے اس بارے میں مختلف ہے کہ ذوالارحام کو وراثت دی جائے گی یا نہیں۔ ذوی الارحام میت کے وہ رشتہ دار ہیں جن کا کوئی حصہ کتاب اللہ نے مقرر نہیں کیا اور نہ ہی یہ عصبہ ہیں۔ حضرت عمر بن الخطاب اور حضرت ابن مسعودؓ نے انہیں وراثت دینے کا فرمایا ہے اور اس آیت مبارکہ سے دلیل لی ہے۔

***

۹۔ سورۃ التوبہ

علامہ سیوطی نے الدر۲۰۸/۲ میں لکھا ہے حضرت ابن مسعودؓ نے فرمایا لوگ اسے سورۃ توبہ کا نام دیتے ہیں جبکہ یہ ہے سورۃ عذاب۔

و اذان من اللہ و رسولہ الی الناس یوم الحج الاکبر
اور سنا دینا ہے اللہ کی طرف سے اور اس کے رسول سے لوگوں کو دن بڑے حج کے۔
ا۔ طبری نے جامع ۱۱۷/۱۴ میں لکھا ہے حضرت ابن مسعودؓ نے فرمایا: حج اکبر کے دن سے مراد قربانی کا دن ہے۔

فان تابوا واقاموا الصلوٰۃ فاخوانکم فی الدین
سو اگر توبہ کریں اور کھڑی رکھیں نماز اور دیتے رہیں زکوٰۃ تو تمہارے بھائی ہیں حکم شرع میں۔

ا. طبری نے جامع ۱۵۳/۱۴ میں لکھا ہے حضرت ابن مسعودؓ نے فرمایا: تمہیں نماز قائم کرنے اور زکوٰۃ ادا کرنے کا حکم ہوا ہے۔ جو بندہ زکوٰۃ ادا نہ کرے گا اس کی نماز بھی کوئی نہیں۔

انما يعمر مساجد الله من امن بالله واليوم الاخر

وہی آباد کرے مسجد اللہ کی جو یقین لایا اللہ پر اور دن پچھلے پر۔

ا۔ سیوطی نے الدر ۲۱۶/۳ میں لکھا ہے حضرت ابن مسعودؓ فرماتے ہیں امام الانبیاء ﷺ نے فرمایا: بلاشبہ زمین پر اللہ تعالیٰ کے گھر مساجد ہیں اور بلاشبہ اللہ تعالیٰ ملاقات کے لیے آنے والے کو ضرور عزت سے نوازتے ہیں۔

وَّيَوْمَ حُنَيْنٍ ۙ اِذْ اَعْجَبَتْكُمْ كَثْرَتُكُمْ فَلَمْ تُغْنِ عَنْكُمْ شَيْــًٔا وَّضَاقَتْ عَلَيْكُمُ الْاَرْضُ بِمَا رَحُبَتْ ثُمَّ وَلَّيْتُمْ مُّدْبِرِيْنَ۔ ثُمَّ اَنْزَلَ اللّٰهُ سَكِيْنَتَهٗ عَلٰي رَسُوْلِهٖ وَعَلَي الْمُؤْمِنِيْنَ وَاَنْزَلَ جُنُوْدًا لَّمْ تَرَوْهَا

اور دن حنین کے جب اترائے تم اپنی زیادتی پر پھر وہ کچھ کام نہ آئی تمہارے اور تنگ ہو گئی تم پر زمین ساتھ اپنی فراخی کے پھر ہٹے تم پیٹھ دے کر۔ پھر اتاری اللہ نے تسکین اپنی طرف سے رسول پر اور ایمان والوں پر اور اتاری فوجیں جو تم نے نہیں دیکھیں۔

ا۔ امام احمد بن حنبلؒ نے اپنی مسند ۱۵۹/۲ میں لکھا ہے حضرت ابن مسعودؓ فرماتے ہیں۔ حنین کے دن میں رحمت کائنات ﷺ کے ہمراہ تھا اکثر لوگ آپ ﷺ سے دور ہو گئے

مہاجرین وانصار میں سے اسی آدمی آپ کے ساتھ ڈٹے رہے ہم مضبوطی سے کھڑے رہے اور منہ نہیں موڑا یہی وہ لوگ تھے جن پر اللہ تعالیٰ نے سکینہ نازل فرمائی۔

رحمت مجسم ﷺ اپنے خچر پر سوار تھے اور پیش قدمی فرما رہے تھے، خچر بدکا تو آپ ﷺ زین سے تھوڑے نیچے کو ہو گئے میں نے عرض کی اللہ تعالیٰ آپ کو سر بلند رکھے تھوڑا اوپر کو ہو جائیے۔ آپ ﷺ نے فرمایا مجھے مٹھی بھر مٹی پکڑا دو چنانچہ وہ آپ ﷺ نے ان کے چہروں پر پھینکی تو ان کی آنکھیں مٹی سے بھر گئیں۔ پھر آپ ﷺ نے دریافت فرمایا مہاجرین وانصار کہاں ہیں؟ میں نے عرض کیا وہ رہے آپ ﷺ نے فرمایا انہیں آواز دو میں نے آواز دی تو وہ انگاروں کی مانند چمکتی تلواریں لیے لپکے چلے اور مشرک پیٹھ دے کر بھاگ گئے۔

وَالَّذِيۡنَ يَكۡنِزُوۡنَ الذَّهَبَ وَالۡفِضَّةَ وَلَا يُنۡفِقُوۡنَهَا فِيۡ سَبِيۡلِ اللّٰهِ ۙ فَبَشِّرۡهُمۡ بِعَذَابٍ اَلِيۡمٍ يَّوۡمَ يُحۡمٰي عَلَيۡهَا فِيۡ نَارِ جَهَنَّمَ فَتُكۡوٰي بِهَا جِبَاهُهُمۡ وَجُنُوۡبُهُمۡ وَظُهُوۡرُهُمۡ هٰذَا مَا كَنَزۡتُمۡ لِاَنۡفُسِكُمۡ فَذُوۡقُوۡا مَا كُنۡتُمۡ تَكۡنِزُوۡنَ

جو لوگ سونا اور چاندی جمع کر کے رکھتے ہیں اور اس سونے اور چاندی کو راہ خدا میں خرچ نہیں کرتے تو اے پیغمبر آپ ان کو ایک دردناک عذاب کی خبر دے دیں۔ جس میں اس سونے چاندی کو دوزخ کی آگ میں تپا کر پھر اس سے ان کی پیشانیوں اور پہلوؤں کو اور ان کی پیٹھوں کو داغ دیا جائے گا اور کہا جائے گا یہ وہ ہے جو تم نے جمع کر کے رکھا اپنے لیے پس اپنے لیے جمع کرنے کا مزہ چکھو۔

۱۔ طبری نے جامع ۱۴/۲۳۳ میں لکھا ہے حضرت ابن مسعودؓ نے فرمایا: اللہ تعالیٰ کی قسم کسی بندے کو اس کے جمع کردہ خزانے وجہ سے یوں نہیں داغا جائے گا دراہم و دنانیر ایک دوسرے کے اوپر پرے ہوں بلکہ ہوگا یہ کہ اس کی جلد پھیلائی جائے گی تاکہ ہر درہم اور ہر دینار الگ الگ کر کے اس پر رکھا جا سکے۔

۲۔ امام احمد بن حنبل نے مسند ۲۳۲۔ ۵/۲۲۴ میں لکھا ہے حضرت ابن مسعودؓ نے فرمایا: آنحضرت صلی اللہ علیہ وآلہ وسلم کے پاس ایک حبشی غلام تھا وہ فوت ہو گیا رحمت مجسم صلی اللہ علیہ وآلہ وسلم کو خبر دی گئی۔ آپ صلی اللہ علیہ وآلہ وسلم نے فرمایا دیکھو اس نے کچھ چھوڑا ہے؟ لوگوں نے عرض کیا دو دینار چھوڑے ہیں آپ صلی اللہ علیہ وآلہ وسلم نے فرمایا گویا دو داغنے والی چیزیں چھوڑی ہیں۔

وَمِنۡهُمۡ مَّنۡ يَّلۡمِزُكَ فِى الصَّدَقٰتِ‌ۚ فَاِنۡ اُعۡطُوۡا مِنۡهَا رَضُوۡا وَاِنۡ لَّمۡ يُعۡطَوۡا مِنۡهَاۤ اِذَا هُمۡ يَسۡخَطُوۡنَ

اور ان میں بعض وہ ہیں جو صدقات میں تم کو طعنہ زنی کرتے ہیں ان کو دے دیا جائے تو خوش ہو جاتے ہیں اور ان کو نہ دیا جائے تو وہ ناراض ہوتے ہیں۔

۱۔ امام بخاریؒ اپنی صحیح ۴/۹۵ میں ذکر کیا ہے حضرت ابن مسعودؓ نے فرمایا: حنین کے دن رحمت کائنات صلی اللہ علیہ وآلہ وسلم نے کسی حکمت کے پیش نظر مال کی تقسیم میں کچھ لوگوں کو ترجیح دی۔ حضرت اقرع ابن حابسؓ کو سو اونٹ دیے اور اتنے ہی حضرت عیینہؓ کو عطا فرمائے۔ کئی اور معززین عرب کو مال دیا اور انہیں کچھ زیادہ عطا فرمایا۔ ایک آدمی نے کہا اللہ کی قسم یہ منصفانہ تقسیم نہیں اور نہ ہی اس سے اللہ تعالیٰ کی رضا مقصود ہے۔ میں نے اس سے کہا اللہ

تعالیٰ کی قسم میں رحمت کائنات ﷺ کو یہ بات ضرور بتاؤں گا۔ چنانچہ میں نے حاضر خدمت ہو کر سب کہہ دیا۔ رحمت کائنات عدل مجسم ﷺ نے فرمایا جب اللہ تعالیٰ اور اس کے پیغمبر ﷺ نے انصاف نہیں فرمایا تو اور کون انصاف کرے گا۔ اللہ تعالیٰ حضرت موسیٰؑ پر رحم فرمائے انہیں اس سے زیادہ باتیں سننا پڑیں مگر انہوں نے صبر فرمایا۔

يَحْذَرُ الْمُنٰفِقُوْنَ اَنْ تُنَزَّلَ عَلَيْهِمْ سُوْرَةٌ تُنَبِّئُهُمْ بِمَا فِيْ قُلُوْبِهِمْ ؕ قُلِ اسْتَهْزِءُوْا ۚ اِنَّ اللّٰهَ مُخْرِجٌ مَّا تَحْذَرُوْنَ ﴿۶۴﴾ وَ لَئِنْ سَاَلْتَهُمْ لَيَقُوْلُنَّ اِنَّمَا كُنَّا نَخُوْضُ وَ نَلْعَبُ ؕ قُلْ اَبِاللّٰهِ وَ اٰيٰتِهٖ وَ رَسُوْلِهٖ كُنْتُمْ تَسْتَهْزِءُوْنَ ﴿۶۵﴾ لَا تَعْتَذِرُوْا قَدْ كَفَرْتُمْ بَعْدَ اِيْمَانِكُمْ ؕ اِنْ نَّعْفُ عَنْ طَآئِفَةٍ مِّنْكُمْ نُعَذِّبْ طَآئِفَةًۢ بِاَنَّهُمْ كَانُوْا مُجْرِمِيْنَ ﴿۶۶﴾

منافقین ڈرتے رہتے ہیں کہ کہیں مسلمانوں پر کوئی ایسی سورت نہ نازل ہو جائے جو مسلمانوں کو منافقین کی اندرونی حالت سے خبردار کر دے آپ کہہ دیں اچھا تم مذاق اڑا لو بیشک اللہ تعالیٰ ظاہر کرنے والے ہیں اس بات کو جس سے تم ڈرتے ہو اگر تم ان سے سوال کرو تو وہ ضرور کہیں گے ہم تو یونہی بات چیت اور خوش طبعی کرتے تھے تم کہہ دو کیا اللہ تعالیٰ اور اس کے رسول اور اس کی آیات سے تم مذاق کر رہے تھے اب تم بہانے نہ کرو یقیناً تم نے اپنے ایمان کو ظاہر کر کے کفر کیا ہے اگر ہم تم میں سے کسی خاص گروہ کو معاف بھی کر دیں پھر بھی ایک گروہ کو ضرور سزا دیں گے۔

ا۔ علامہ سیوطی نے الدر ۳/۲۵۴ ۲۵۵ میں لکھا ہے حضرت ابن عباسؓ نے فرمایا یہ آیت مبارکہ بنو عمرو بن عوف کے ایک منافق ٹولہ کے بارے میں نازل ہوئی۔ ان میں ودیعہ بن

ثابت اور ان کے حلیف قبیلہ اشجع کا ایک آدمی شامل تھا۔ اس کا نام مخشی بن حمیر بتایا جاتا ہے۔ یہ لوگ اس وقت آپ ﷺ کے ہمراہ تھے جب آپ صلی اللہ علیہ جنگِ تبوک کو جا رہے تھے۔ یہ ایک دوسرے سے کہنے لگے تمہارا کیا گمان ہے رومیوں سے لڑنا ایسے ہے جیسے دوسرے لوگوں سے لڑنا۔ قسم بخدا کل صبح تمہیں پہاڑوں میں گھسیٹا جائے گا۔ مخشی بن حمیر نے کہا مجھے یہ پسند ہے کہ صلح کر لوں۔ راوی نے آگے وہی بات ذکر کی جو پہلے گزر چکی ہے۔ اس کا متن یہ ہے۔ مجھے یہ پسند ہے کہ میں اس بات پر صلح کر لوں کہ تمہیں ہر ایک کو ایک سو کوڑا لگایا جائے لیکن کہیں ایسا نہ ہو کہ ہمارے بارے میں قرآن مجید نازل ہو جائے۔

رحمت کائنات ﷺ نے حضرت عمار بن یاسرؓ سے فرمایا ان لوگوں کے پاس جاؤ یہ جل بھن گئے ہیں انہوں نے جو کچھ کہا ہے ان سے اس کے متعلق پوچھو۔ اگر انکار کریں یا چھپائیں تو ان سے کہنا کہ ہاں تم نے یہ یہ بات کی ہے۔ حضرت عمارؓ ان کے پاس پہنچے اور انہیں یہی کچھ کہا تو یہ لوگ معذرت کرنے آ گئے۔ اللہ تعالیٰ نے یہ آیت مبارکہ نازل فرمائی۔

لاتعتذروا قد کفرتم بعد ایمانکم ان نعف عن طائفۃ منکم۔

جسے اللہ تعالیٰ نے معاف فرما دیا وہ مخشی بن حمیر تھا انہوں نے اپنا نام عبدالرحمن رکھ لیا اور اللہ تعالیٰ سے ایسی شہادت کی دعا کی کہ میری قتل گاہ کسی کو پتہ نہ چلے چنانچہ یہ جنگ یمامہ میں شہید ہو گئے ان کی شہادت گاہ کا پتہ چلتا تھا اور نہ یہ کہ انہیں شہید کس نے کیا ہے ان کا کوئی نام و نشان تک نہ ملا۔

ابن مردویہ نے حضرت ابن مسعودؓ سے بھی یوں ہی یہ روایت نقل کی ہے۔

كَالَّذِيْنَ مِنْ قَبْلِكُمْ كَانُوْٓا اَشَدَّ مِنْكُمْ قُوَّةً وَّاَكْثَرَ اَمْوَالًا وَّاَوْلَادًا ۭ فَاسْتَمْتَعُوْا بِخَلَاقِهِمْ فَاسْتَمْتَعْتُمْ بِخَلَاقِكُمْ كَمَا اسْتَمْتَعَ الَّذِيْنَ مِنْ قَبْلِكُمْ بِخَلَاقِهِمْ وَخُضْتُمْ كَالَّذِيْ خَاضُوْا

تمہاری حالت انہی لوگوں جیسی ہے جو لوگ تم سے پہلے ہو گزرے کہ وہ تم سے بہت زیادہ زور آور تھے اور مال و اولاد میں تم سے کہیں زیادہ تھے۔ پھر وہ اپنے حصے کا خوب فائدہ اٹھا گئے اور تم نے بھی اپنے حصہ سے خوب فائدہ اٹھایا جیسا کہ تم سے پہلوں نے فائدہ اٹھایا اور تم بھی اسی طرح نکتہ چینیاں کیں جیسا انہوں نے کیں۔

ا۔ علامہ بغوی نے معالم ۳/۹۸ میں لکھا ہے حضرت ابن مسعودؓ نے فرمایا: تم ہو بہو بنی اسرائیل سے ملتے جلتے ہو۔ تم مکمل طور پر ان کے اعمال کی پیروی کرتے ہو ہاں البتہ مجھے یہ نہیں پتہ کہ تم بچھڑے کی پوجا کرو گے یا نہیں۔

ومساکن طیبۃ فی جنات عدن

اور پاکیزہ رہنے کے مکانات ہمیشہ کے باغات میں۔

ا۔ طبری نے جامع ۱۴/۳۵۳ میں لکھا ہے حضرت ابن مسعودؓ نے فرمایا: عدن سے مراد جنت کا وسطی حصہ ہے۔

یا ایہا النبی جاھدوا الکفار و المنافقین و اغلظ علیہم

اے پیغمبر تم کفار اور منافقین سے جہاد کرو اور ان پر سختی کرو۔

۱۔ طبری نے جامع ۳۵۸ میں لکھا ہے حضرت ابن مسعودؓ نے اس آیت مبارکہ کی تفسیر میں فرمایا: کفار و منافقین سے قوت بازو کے ذریعے جہاد کیا جائے اگر اس کی طاقت نہ ہو تو زبان کے ذریعے اور اگر یہ بھی بس میں نہ ہو تو دل کے ذریعے اور اگر اتنا بھی نہ کر سکے تو تیوری تو چڑھا کر رکھے۔

وَ مِنْهُمْ مَّنْ عٰهَدَ اللّٰهَ لَىٕنْ اٰتٰىنَا مِنْ فَضْلِهٖ لَنَصَّدَّقَنَّ وَ لَنَكُوْنَنَّ مِنَ الصّٰلِحِیْنَ (۷۵) فَلَمَّاۤ اٰتٰىهُمْ مِّنْ فَضْلِهٖ بَخِلُوْا بِهٖ وَ تَوَلَّوْا وَّ هُمْ مُّعْرِضُوْنَ (۷۶)

ان منافقوں میں سے بعض ایسے بھی ہیں جنہوں نے اللہ تعالیٰ سے یہ عہد کیا تھا کہ اگر اللہ تعالیٰ ہم کو اپنے فضل سے مال و دولت عطا کرے گا تو ہم خوب خیرات کریں گے اور ضرور ہم اس کے نیک بندوں میں سے ہوں گے پھر جب اللہ تعالیٰ نے ان کو اپنے فضل سے مال عطاء تو اس میں بخل کرنے لگے اور روگرداں ہو کر اپنے عہد سے پھر گئے۔

۱۔ امام نسائیؒ نے اپنی سنن ۸/۱۱۷ میں لکھا ہے حضرت ابن مسعودؓ نے فرمایا: تین عادات جس میں ہوں وہ منافق ہے جب بات کرے جھوٹ بولے۔ جب اس کے پاس امانت رکھی جائے خیانت کرے، جب وعدہ کرے وعدہ خلافی کرے۔ جس میں ان میں سے ایک بھی نشانی ہو گی وہ منافق ہی رہے یہاں تک کہ اسے بھی چھوڑ دے۔

اَلَمْ یَعْلَمُوْۤا اَنَّ اللّٰهَ هُوَ یَقْبَلُ التَّوْبَةَ عَنْ عِبَادِهٖ وَ یَاْخُذُ الصَّدَقٰتِ

کیا وہ اتنا بھی نہ سمجھے اللہ تعالیٰ اپنے بندوں کی توبہ کو قبول کرتا اور صدقات کو وصول کرتا ہے۔

۱۔ طبری نے جامع ۴۶۰/۱۴ میں لکھا ہے حضرت ابن مسعودؓ نے فرمایا: بندہ جو کچھ صدقہ کرتا ہے وہ مانگنے والے کے ہاتھ میں جانے سے پہلے اللہ تعالیٰ کے ہاتھ میں جاتا ہے پھر اللہ تعالیٰ اسے مانگنے والے کے ہاتھ پر رکھتے ہیں۔ یہ فرما کر حضرت ابن مسعودؓ نے یہ آیت مبارکہ تلاوت فرمائی الم یعلموا ان اللہ ہو یقبل التوبۃ عن عبادہ ویاخذ الصدقات۔

امن اسس بنیانہ علی شفا جرف ھار فانھار بہ فی نار جھنم

یا وہ بہتر ہے جس نے اپنی عمارت کی بنیاد کسی ایسی کھائی کے کنارے پر رکھی جو گرنے والا ہو پھر وہ اس بانی کو لے کر جہنم میں جا گرے۔

۱۔ علامہ سیوطی نے الدر ۲۷۹/۳ لکھا ہے کہ ابوالشیخ نے حضرت ضحاک سے یہ بات نقل کی ہے کہ حضرت ابن مسعودؓ اس آیت مبارکہ کی قرأت یوں فرماتے تھے۔ فانھار بہ قواعدہ فی نار جھنم۔ آپؓ اس کی تفسیر یوں فرماتے تھے کہ وہ آدمی اس کی بنیادوں سے جہنم کی آگ میں گر گیا۔

۲۔ علامہ قرطبی نے احکام ۲۶۵/۸ میں لکھا ہے حضرت ابن مسعودؓ نے فرمایا جہنم زمین میں ہے۔ یہ فرما کر آپؓ نے یہ آیت مبارکہ تلاوت فرمائی۔

التائبون العابدون الحامدون السائحون الراكعون الساجدون الامرون بالمعروف والناهون عن المنكر والحافظون لحدود الله۔ وبشر المومنين

ان سے بھی وعدہ ہے جو توبہ کرنے والے عبادت کرنے والے، شکوہ بجالانے والے، روزے رکھنے والے اور رکوع کرنے والے، سجدہ کرنے والے نیکی کا حکم دینے والے اور برائی سے باز کرنے والے اور اللہ تعالیٰ کی حدود کی حفاظت کرنے والے اور تم ایمان والوں کو خوشخبری سنادو۔

ا۔ علامہ طبری نے جامع ۱۴/ ۵۰۳۔ ۵۰۴ میں لکھا ہے حضرت ابن مسعودؓ نے فرمایا السائحون سے مراد روزہ دار ہیں۔

ما کان للنبی واللذین امنوا ان یستغفرو للمشرکین ولو کانوا اولی قربی

اور پیغمبر کے لئے اور ایمان والوں کے لئے مناسب نہیں کہ وہ مشرکین کے لیے استغفار کریں اگرچہ وہ ان کے قرابتدار ہی کیوں نہ ہوں۔

ا۔ حاکم نے مستدرک ۲/ ۳۳۶ میں لکھا ہے حضرت ابن مسعودؓ نے فرمایا رحمت دو عالم ﷺ ہم ایک دفعہ قبرستان تشریف لے گئے ہم بھی ہمراہ تھے، آپ ﷺ نے ہمیں بیٹھنے کا حکم فرمایا ہم بیٹھ گئے اور آپ ﷺ قبروں کے درمیان چلتے چلے گئے یہاں تک کہ ایک قبر پر جا کر رک گئے اور دیر تک مناجات میں مشغول رہے۔ پھر ہم نے آپ ﷺ کو روتے دیکھا تو ہم بھی رو پڑے۔ آپ کی آواز بلند ہو گئی پھر آپ ﷺ ہماری طرف تشریف لے آئے تو

حضرت عمر بن خطابؓ آپ ﷺ سے ملے اور عرض کیا اے اللہ کے رسول کس چیز نے آپ کو رلایا؟ تحقیق ہم بھی رو پڑے ہیں اور خوفزدہ ہو گئے ہیں۔

آپ ﷺ تشریف لائے اور ہمارے پاس بیٹھ گئے اور دریافت فرمایا تم میرے رونے کی وجہ سے خوفزدہ ہو گئے تھے؟ ہم نے عرض کیا جی ہاں اللہ کے رسول یہ سن کر آپ ﷺ نے فرمایا تم نے جس قبر کے پاس مجھے مناجات کرتے دیکھا ہے یہ قبر میری والدہ محترمہ حضرت آمنہ بنت وہب کی ہے۔ میں نے اپنے رب سے اس قبر کی زیارت کی اجازت چاہی تو مجھے اجازت مرحمت فرما دی گئی۔ پھر میں نے ان کے لیے استغفار کی اجازت چاہی تو اللہ تعالیٰ نے مجھے اس کی اجازت نہیں دی اور مجھ پر یہ آیت مبارکہ نازل فرمائی۔ ماکان للنبی والذین امنوا ان یستغفروا للمشرکین اس آیت کے اختتام تک وما کان استغفار ابراهیم لابیہ الا عن موعدة وعدها اياه پس اولاد کو جو اپنے والدین سے محبت ہوتی ہے اس نے مجھے آگھیرا اور آبدیدہ کر دیا۔

ان ابراهیم لاواہ حلیم

بلاشبہ ابراہیم بڑا نرم دل اور متحمل مزاج تھا۔

ا۔ امام طبری نے جامع ۵۲۳/۱۴ امیں حضرت زر کے حوالے سے نقل کیا ہے حضرت ابن مسعودؓ نے فرمایا اواہ کا معنی ہے بہت دعائیں کرنے والا۔

۲۔ امام طبری نے جامع ۱۴/۵۲۴ میں ابو العبیدین کے حوالے سے نقل کیا ہے حضرت ابن مسعودؓ سے اواہ کا معنی پوچھا گیا تو آپ نے فرمایا اس کا معنی ہے الرحیم۔

وما كان الله ليضل قوما بعد اذ هداهم حتى يبين لهم ما يتقون

اور اللہ تعالیٰ کا یہ دستور نہیں کہ وہ کسی قوم کو ہدایت دینے کے بعد گمراہ کر دے یہاں تک کہ ان پر وہ باتیں کھول نہ دے جن سے بچنا ہے۔

۱۔ علامہ سیوطی نے الدر ۳/۲۸۶ میں لکھا ہے کہ ابن المنذر نے یہ روایت نقل کی ہے کہ یحییٰ بن عقیل کہتے ہیں یحییٰ بن یعمر نے مجھے ایک کتاب دی۔ کہا کہ یہ حضرت ابن مسعودؓ کا خطبہ ہے۔ حضرت ابن مسعودؓ ہر جمعرات کو خطبہ دیا کرتے تھے۔ آپ نے اس میں ایک حدیث ذکر فرمائی۔ ارشاد فرمایا تم میں سے جس سے ہو سکتا ہے وہ عالم بنے یا طالب علم بنے وہ ایسا کر گزرے اس کے سوا کچھ نہ بنے کیونکہ عالم اور طالبعلم بھلائی میں شریک ہیں۔ لوگو! قسم بخدا مجھے تمہارے بارے میں یہ خوف نہیں کہ تم ایسی چیزوں میں پکڑے جاؤ جو تم پر واضح نہیں کی گئیں۔ ارشاد باری تعالیٰ ہے۔ وما كان الله ليضل قوما بعد اذ هداهم حتى يبين لهم ما يتقون۔ پس اللہ تعالیٰ نے وہ چیزیں تم پر واضح کر دی ہیں جن سے تم نے بچنا ہے۔

يا ايها الذين امنوا اتقوا الله وكونوا مع الصادقين

اے ایمان والو! اللہ تعالیٰ سے ڈرو اور سچے لوگوں کا ساتھ دو۔

۱۔ طبری نے جامع ۱۴/ ۵۵۹۔ ۵۶۰ میں لکھا ہے حضرت عمرو بن مرہ کہتے ہیں میں حضرت ابو عبیدہ بن حضرت ابن مسعودؓ کو یہ فرماتے سنا کہ حضرت ابن مسعودؓ نے فرمایا: بلاشبہ جھوٹ بولنا کسی صورت حلال نہیں نہ سنجیدگی میں نہ مذاق میں، تم چاہو تو یہ فرمان خداوندی پڑھ کے دیکھ لو۔ یٰۤاَیُّهَا الَّذِیْنَ اٰمَنُوا اتَّقُوا اللّٰهَ وَكُوْنُوْا مَعَ الصّٰدِقِیْنَ حضرت ابو عبیدہ نے فرمایا حضرت ابن مسعودؓ کی قرات من الصادقین ہے۔ تو کیا اب بھی جھوٹ کی کوئی گنجائش ہے؟

۲۔ امام احمد بن حنبلؒ نے اپنی مسند ۵/۲۳۱ میں یہ روایت درج فرمائی ہے، حضرت ابن مسعودؓ فرماتے ہیں رحمت کائنات ﷺ نے فرمایا تم پر لازم ہے کہ سچ بولو کیونکہ سچ نیکی تک لے جاتا ہے اور نیکی جنت تک۔ آدمی سچ بولتا رہتا ہے یہاں تک کہ اللہ عزوجل کے ہاں صدیق لکھا دیا جاتا ہے۔ اور جھوٹ سے بچو کیونکہ جھوٹ گناہ تک لے جاتا ہے اور گناہ جہنم تک، آدمی جھوٹ بولتا رہتا ہے جھوٹ کے پیچھے پڑا رہتا ہے یہاں تک کہ اللہ عزوجل کے ہاں کذاب لکھ دیا جاتا ہے۔

لَقَدْ جَآءَكُمْ رَسُوْلٌ مِّنْ اَنْفُسِكُمْ عَزِیْزٌ عَلَیْهِ مَا عَنِتُّمْ حَرِیْصٌ عَلَیْكُمْ بِالْمُؤْمِنِیْنَ رَءُوْفٌ رَّحِیْمٌ

یقیناً تمہارے پاس تمہیں میں سے ایک رسول آئے ان کو گراں گزرتی ہے جس سے تم مشقت میں پڑو وہ تمہارے بھلے کے انتہائی خواہش مند ہیں اور ایمان والوں پر بالخصوص بڑے شفیق اور نہایت مہربان ہیں۔

امام احمد بن حنبلؒ نے مسند ۵/ ۲۶۱۔ ۲۶۳ میں یہ حدیث مبارکہ نقل فرمائی ہے حضرت ابن مسعودؓ فرماتے ہیں خاتم الانبیاء صلی اللہ علیہ وآلہ وسلم نے ارشاد فرمایا۔

***

۱۰۔ سورۃ یونس

وبشر الذین آمنوا ان لھم قدم صدق عند ربھم

اور ایمان والوں کو یہ بشارت دیں کہ ان کے لیے ان کے رب کے ہاں بہت بلند مرتبہ ہے۔

۱۔ علامہ سیوطی نے الدر ۳/۳۰۰ میں لکھا ہے ابو شیخ اور ابن مردویہ نے اس آیت مبارکہ کی تفسیر میں حضرت ابن مسعودؓ کا یہ فرمان نقل کیا ہے کہ قدم سے مراد وہ نیکی ہے جو لوگ آگے بھیجتے ہیں اللہ تعالیٰ کا فرمان ہے سنکتب ما قدموا و آثارہم (یس/۱۲)

ھو الذی جعل الشمس ضیاء والقمر نوراً۔

وہی ذات ہے جس نے آفتاب کو چمکدار اور چاند کو روشن بنایا۔

۱۔ سیوطی نے الدر ۳/۳۰۰ میں لکھا ہے حضرت ابن مردویہ نے یہ روایت نقل کی ہے کہ حضرت ابن مسعودؓ فرماتے ہیں میں رحمت مجسم صلی اللہ علیہ وآلہ وسلم کو یہ فرماتے سنا کہ ہمارے پروردگار

نے دو کلمے ادا فرمائے ۔ ایک ان میں سے سورج بن گیا اور دوسرا چاند۔ یہ دونوں مکمل طور پر روشنی سے بنے ہیں اور قیامت کے دن جنت کو لوٹ جائیں گے ۔

للذین احسنوا الحسنی وزیادۃ ولا یرھق وجوھھم قتر و لاذلۃ۔

جن لوگوں نے بھلے کام کیے ان کے لیے بھلی چیز ہے اور اس کے اور زیادہ بھی اور ان کے چہروں پر نہ سیاہی چھائے گی اور نہ ذلت ۔

ا ۔ علامہ سیوطی نے الدر ۳/۳۰۶ میں لکھا ہے ابن ابی حاتم اور لالکائی نے حضرت ابن مسعودؓ کے حوالے سے نقل کیا ہے کہ الحسنیٰ سے مراد جنت ہے اور زیادۃ سے مراد دیدار الٰہی ہے اور قتر سے مراد سیاہی ہے ۔

ویوم نحشرھم الخ آیت ۲۸، ۲۹، ۳۰ : اور وہ دن بھی قابل ذکر ہے جس دن ہم ان سب کو جمع کریں گے پھر ہم ان سے جو مرتکب شرک ہوئے یہ فرمائیں گے تم اور تمہارے خود ساختہ شریک اپنی اپنی جگہ کھڑے رہو پھر ہم ان میں اور ان کے تجویز کردہ شرکاء میں جدائی ڈال دیں گے اور ان کے خود ساختہ شریک ان سے کہیں تم ہماری پوجا نہ کرتے اب ہمارے تمہارے مابین اللہ تعالیٰ ہی شاہد ہے کہ ہم واقعی تمہاری پوجا سے بےخبر تھے اس جگہ ہر شخص اپنے اعمال جو وہ کر چکا جانچ لے گا۔

۱۔ سیوطی نے الدر ۳/۳۰۷ میں لکھا ہے ابن المنذر نے یہ روایت نقل کی ہے کہ حضرت ابن مسعودؓ اس آیت مبارکہ کو تاء کے ساتھ ھنالک تتلو پڑھا کرتے تھے۔ تفسیر یوں فرماتے تھے کہ وہاں ہر انسان پیچھے جائے گا۔

۲۔ طبری نے جامع ۲۹/۲۵ میں لکھا ہے حضرت ابن مسعودؓ نے فرمایا: قیامت کے دن ایک پکارنے والا پکارے گا جس رب نے تمہیں پیدا فرمایا پھر تمہیں صورتیں عطا فرمائیں پھر تمہیں روزی عطا فرمائی پھر تم نے اس کے غیر کو سارے اختیارات سونپ دیے کیا اس رب کی طرف سے یہ عین انصاف نہ ہوگا کہ تم میں سے ہر بندے کو اسی کے حوالے کر دے جس کے حوالے وہ ہوا رہا۔ لوگ کہیں کیوں نہیں یہی انصاف ہوگا۔ چنانچہ ہر قوم کے سامنے انہی خداؤں کا مثالی طور پر لایا جائے گا جن کی وہ پوجا کرتی رہی یہ لوگ ان خداؤں کے پیچھے چلنے لگیں یہاں تک کہ جہنم میں پہنچ جائیں گے۔

يٰٓاَيُّهَا النَّاسُ قَدْ جَآءَتْكُمْ مَّوْعِظَةٌ مِّنْ رَّبِّكُمْ وَشِفَآءٌ لِّمَا فِي الصُّدُوْرِ

اے لوگو تمہارے پاس تمہارے رب کی جانب سے ایک ایسی چیز آئی ہے جو قلبی امراض کے لئے شفا ہے۔

۱۔ طبری نے جامع ۱۴/۹۴ میں لکھا ہے حضرت ابن مسعودؓ نے فرمایا: قرآن مجید سینوں کی بیماریوں کے لیے شفا ہے۔

اَلَآ اِنَّ اَوْلِيَآءَ اللّٰهِ لَا خَوْفٌ عَلَيْهِمْ وَلَا هُمْ يَحْزَنُوْنَ

سن لو جو اللہ تعالیٰ کے دوست ہیں ان پر نہ کسی قسم کا خوف ہے اور نہ وہ غمگین ہوں گے۔

ا۔ طبری نے جامع ۱۲۰/۵ ا میں لکھا ہے حضرت ابن مسعودؓ نے اس آیت مبارکہ کی تفسیر میں فرمایا: اللہ تعالیٰ کے ولی وہ لوگ ہیں جنہیں دیکھ کے خدا یاد آ جائے۔

۲۔ علامہ سیوطی نے الدر ۳/۳۱۱ میں لکھا ہے ابن ابی شیبہ اور حکیم ترمذی نے نوادرالاصول میں حضرت ابن مسعودؓ کی یہ روایت درج فرمائی ہے: رحمت مجسم ﷺ نے فرمایا: صرف اللہ تعالیٰ کی رضا کی خاطر باہمی محبت کرنے والوں کے لیے مرجِ یاقوت سے تیار شدہ ایک ستون ہے، اس ستون کے سرے پر ستر ہزار کمرے ہیں، ان لوگوں کا حسن اہل جنت کو یوں منور کرے گا جیسے سورج اہل زمین کو منور کرتا ہے، لوگ ایک دوسرے کو کہیں گے چلو ہم بھی اللہ تعالیٰ کی خاطر آپس میں محبت کرنے والے لوگوں کا دیدار کریں، جب یہ لوگ وہاں جائیں گے تو ان کا حسن اہل جنت کو یوں روشن کر دے گا جیسے سورج اہل دنیا کو روشن کرتا ہے، ان پر ریشم کے سبز کپڑے ہوں گے، ان کی جبینوں پر لکھا ہو گا ھؤلاء المتحابون فی اللہ۔

لہم البشری فی الحیوۃ الدنیا و فی الآخرۃ۔

ان کے لیے دنیا کی زندگی میں اور آخرت میں بھی بشارت و خوش خبری ہے۔

۱۔ طبری نے جامع ۱۳۸/۱۵ میں لکھا ہے حضرت ابن مسعودؓ نے فرمایا: نبوت کا سلسلہ بن ہو گیا ہے اور خوشخبریاں باقی ہیں، عرض کیا گیا خوشخبریاں کیا ہوتی ہیں؟ آپؐ نے فرمایا وہ اچھے خواب جو آدمی خود دیکھتا ہے یا اس کے لیے کوئی اور دیکھتا ہے۔

۲۔ امام رازی نے مفاتیح ۱/۵ میں لکھا ہے حضرت ابن مسعودؓ نے فرمایا خواب تین قسم کے ہوتے ہیں۔

۱۔ دن بھر ذہن میں گردش کرنے والے خیالات جنہیں آدمی رات کو خواب میں دیکھ لیتا ہے۔

۲۔ شیطان حاضر ہو جاتے ہیں۔

۳۔ سچے خواب۔

فَلَوْلَا كَانَتْ قَرْيَةٌ اٰمَنَتْ فَنَفَعَهَآ اِيْمَانُهَآ اِلَّا قَوْمَ يُوْنُسَ ۚ لَمَّآ اٰمَنُوْا كَشَفْنَا عَنْهُمْ عَذَابَ الْخِزْيِ فِي الْحَيٰوةِ الدُّنْيَا وَمَتَّعْنٰهُمْ اِلٰى حِيْنٍ

چنانچہ کوئی بستی ایسی نہیں ہوئی کہ مشاہدہ عذاب کے وقت اس کے لوگ ایمان لاتے اور ایمان ان کو نفع دیتا مگر ہاں یونس کی قوم کہ جب وہ ایمان لائے تو ہم نے ان کو دنیا کی زندگی میں ان پر سے رسوائی کے عذاب کو اٹھا لیا اور ایک مدت تک کے لیے ان کو فائدہ دیا۔

۱۔ علامہ بغوی نے معالم ۱۷۴/۳ میں اس آیت مبارکہ میں بیان کردہ واقعہ حضرت ابن مسعودؓ اور حضرت سعید بن جبیرؓ کے حوالے سے یوں لکھا ہے: قوم یونس موصل کے علاقے نینوی کے علاقہ میں رہتی تھی اللہ تعالیٰ نے حضرت یونسؑ کو ان کی طرف نبی بنا کر بھیجا

تاکہ وہ ان کو ایمان کی طرف بلائیں جب حضرت یونسؑ نے ان کو ایمان کی طرف بلایا تو انہوں نے انکار کر دیا۔ حضرت یونسؑ سے کہا گیا کہ انہیں بتا دیں کہ عذاب تین دن کے اندر آ جائے گا حضرت یونسؑ نے ان کو بتلایا تو کہنے لگے ہمیں ان کے بارے میں کبھی جھوٹ کا تجربہ تو نہیں ہوا چلو دیکھتے ہیں اگر انہوں نے رات تم میں گزاری تو سمجھنا کچھ نہ ہوگا اور اگر انہوں نے رات تم میں نہ گزاری تو سمجھ لینا عذاب آنے والا ہے۔ جب آدھی رات ہوئی حضرت یونسؑ ان کے درمیان سے باہر تشریف لے آئے جب صبح ہوئی تو عذاب آگیا یہ ان کے سروں سے ایک میل اوپر تھا۔

۲۔ طبری نے جامع ۱۵/۲۱۰ میں لکھا ہے حضرت ابن مسعودؓ نے فرمایا حضرت یونسؑ نے اپنی قوم سے عذاب کا وعدہ فرمایا تھا اور انہیں بتلایا تھا کہ وہ تین دن میں آنے والا ہے پس انہوں نے ہر بچہ کو اس کی والدہ سے جدا کر لیا پھر باہر نکل گئے اور اللہ تعالیٰ سے التجائیں کرنے لگے اور معافی مانگنے لگے۔ اللہ تعالیٰ نے ان سے عذاب روک لیا۔ حضرت یونسؑ عذاب کا انتظار کرتے رہے لیکن کچھ نہ دیکھا۔ وہاں رواج یہ تھا کہ جب کوئی جھوٹ بولتا اور اس کے پاس کوئی دلیل نہ ہوتی تو اسے قتل کر دیا جاتا تھا چنانچہ آپ غصہ کے ساتھ وہاں سے چلے گئے۔

۳۔ علامہ زمخشری نے کشاف ۲/۲۰۴ میں حضرت ابن مسعودؓ کے حوالہ سے لکھا ہے۔ ان کی توبہ یہ تھی کہ انہوں نے جو چیزیں ظلماً لی تھیں وہ واپس کریں چنانچہ اگر کسی نے پتھر اکھاڑ کے اس پر کوئی عمارت تعمیر کر لی تھی تو بھی حکم یہ تھا کہ وہ یہ چیز واپس کرے

***

۱۱۔ سورۃ ہود

۱۔ حافظ ابن کثیر نے تفسیر ۲۳۶/۴ میں یہ روایت درج کی ہے حضرت ابن مسعودؓ فرماتے ہیں سیدنا صدیق اکبرؓ نے عرض کیا اے اللہ کے رسول ﷺ کس چیز نے آ کو بوڑھا کر دیا؟ رحمت کائنات ﷺ نے فرمایا۔ سورۃ ھود اور سورۃ واقعہ نے۔

وَّاَنِ اسْتَغْفِرُوْا رَبَّكُمْ ثُمَّ تُوْبُوْٓا اِلَيْهِ يُمَتِّعْكُمْ مَّتَاعًا حَسَنًا اِلٰٓى اَجَلٍ مُّسَمًّى وَّيُؤْتِ كُلَّ ذِيْ فَضْلٍ فَضْلَهٗ

اور یہ مقصد ہے کہ تم اپنے رب سے اپنے گناہ معاف کراؤ پھر آئندہ بھی اسی کی جانب متوجہ رہو۔ اس پر وہ متاع حسنہ سے ایک وقت تک فائدہ دے گا اور وہ ہر صاحب عقل کو اس کا فضل عطاء کرے گا۔

۱۔ طبری نے جامع ۲۳۱/۱۵ امیں لکھا ہے حضرت ابن مسعودؓ نے فرمان الٰہی ویوت کل ذی فضل فضلہ کی تفسیر میں فرمایا: جو بندہ ایک گناہ کرتا ہے اس کا ایک گناہ لکھ لیا جاتا ہے اور جو ایک نیکی کرتا ہے اس کی دس نیکیاں لکھی جاتی ہیں پھر اگر اسے اس گناہ کی سزا دنیا میں ہی مل جاتی ہے تو اس کی دس نیکیاں باقی رہتی ہیں اور اگر اسے دنیا میں سزا نہ دی گئی تو اس کی

دس نیکیوں میں سے ایک لے لی جائے گی اور نو نیکیاں باقی رہ جائیں گی۔ پھر آپ نے فرمایا: تباہ ہوگیا وہ بندہ جس کی ایک ایک (گناہ) اس کی دس دس (نیکی) پر غالب آگئی۔

وَمَا مِنْ دَآبَّةٍ فِي الْاَرْضِ اِلَّا عَلَي اللهِ رِزْقُهَا وَيَعْلَمُ مُسْتَقَرَّهَا وَمُسْتَوْدَعَهَا

اور کوئی ذی روح روئے زمین پر چلنے پھرنے والا ایسا نہیں کہ اس کی روزی اللہ تعالیٰ کے ذمہ نہ ہو اور وہی اس کے لیے ٹھہرنے اور سرپد کرنے کی جگہ کو جانتا ہے۔

ا۔ طبری نے جامع ۱۵/ ۲۴۲۔ ۲۴۳ میں لکھا ہے حضرت ابن مسعودؓ نے اس آیت مبارکہ و یعلم مستقرھا و مستودعہا کی تفسیر میں فرمایا مستقرھا سے مراد رحیم مادر ہے اور مستودعہا سے مراد وہ جگہ ہے جہاں ہر نفس کو موت آنی ہے۔

حَتّٰٓي اِذَا جَآءَ اَمْرُنَا وَفَارَ التَّنُّوْرُ ۙ قُلْنَا احْمِلْ فِيْهَا مِنْ كُلٍّ زَوْجَيْنِ اثْنَيْنِ

یہاں تک کہ جب ہمارا حکم آپہنچا اور تنور سے پانی ابلنے لگا تو ہم نے نوح کو حکم دیا کہ ہر قسم کے جانوروں میں سے نر و مادہ کا ایک جوڑا کشتی میں سوار کرو۔

ا۔ امام رازی نے مفاتیح ۵۸/۵ میں لکھا ہے حضرت ابن مسعودؓ نے فرمایا حضرت نوحؑ شیر کو کشتی میں سوار نہیں کرا سکتے تھے یہاں تک کہ اس پر بخار طاری کیا گیا وجہ اس کی یہ بنی کہ حضرت نوحؑ نے عرض کیا پروردگار! میں اگر شیر کو سوار کرلوں تو اسے کھلاؤں گا کہاں سے؟ اللہ تعالیٰ نے فرمایا میں اس کی توجہ کھانے سے ہٹا دوں گا چنانچہ اللہ تعالیٰ نے اس پر بخار طاری فرمادیا۔

فَلَمَّا ذَهَبَ عَنْ اِبْرٰهِيْمَ الرَّوْعُ

پھر ابراہیم کا وہ خوف زائل ہوگیا اور اس کو اولاد کی بشارت بھی پہنچ گئی تو ہم سے لوط کی قوم کے متعلق جھگڑنے لگا۔

ا۔ طبری نے تاریخ ۲۹۷/ ا میں لکھا ہے حضرت ابن عباس حضرت ابن مسعودؓ اور دیگر چند صحابہ کرامؓ سے مروی ہے۔ اللہ تعالیٰ نے قوم لوط کی تباہی کے لیے فرشتوں کو بھیجا وہ نوجوان لڑکوں کی شکل میں آئے۔ حضرت ابراہیمؑ کے پاس گئے تو انہوں نے ان کی مہمان نوازی فرمائی۔ جب حضرت ابراہیمؑ کی گھبراہٹ ختم ہوگئی تو انہیں خوشخبری دی گئی۔ اور فرشتوں نے آپ کو بتلایا کہ وہ کس کام کو بھیجے گئے ہیں اور یہ کہ اللہ تعالیٰ نے انہیں قوم لوط کی بربادی کے لیے بھیجا ہے حضرت ابراہیمؑ نے اس سلسلہ میں ان سے سوال جواب کیے جیسا کہ اللہ تعالیٰ نے اس بات کی اطلاع اپنے اس فرمان میں دی ہے۔ فَلَمَّا ذَهَبَ عَنْ اِبْرٰهِيْمَ الرَّوْعُ وَجَآءَتْهُ الْبُشْرٰي يُجَادِلُنَا فِيْ قَوْمِ لُوْطٍ۔

ولما جاءت رسلنا لوطا سیء بهم--- تا-- وماهی من الظلمین ببعید۔ آیت ۷۷ تا ۸۳۔

اور جب ہمارے فرشتے لوط کے پاس آئے تو لوط ان کے آمد سے غمگین ہوئے اور تنگدل ہوئے اور کہنے لگے آج کا دن بڑا ہی سخت ہے اور لوط کی قوم کے لوگ ان کے پاس دوڑتے ہوئے آئے اور ان کا حال یہ تھا اور وہ پہلے برے کام کے عادی تھے لوط نے کہا اے میری قوم یہ میری بیٹیاں موجود ہیں یہ تمہارے لیے بہتر اور پاکیزہ ہیں پس تم اللہ تعالیٰ سے

ڈرواور میرے مہمانوں کے بارے میں مجھے رسوانہ کرو کیا تم میں کوئی شخص شائستہ نہیں اور راہ یافتہ نہیں ہے قوم کے لوگوں نے کہا تو جانتا ہے کہ تیری بیٹیوں کی ہم کو کوئی حاجت اور غرض نہیں اور جو کچھ ہم چاہتے ہیں اس سے تو یقیناً واقف ہے لوط نے کہا کاش مجھ میں تمہارے مقابلہ کی قوت ہوتی یا میں کسی زور آور مددگار کی پناہ پکڑ لیتا وہ مہمان کہنے لگے اے لوط! ہم تو تیرے رب کے بھیجے ہوئے ہیں یہ لوگ ہر گز تجھ تک نہ پہنچ سکیں گے تو اپنے گھر والوں کو لے کر رات کے کسی حصہ میں یہاں سے نکل جا۔ اور تم میں سے کوئی پیچھے مڑ کر نہ دیکھے مگر ہاں تیری بیوی واقعہ یہ ہے کہ جو عذاب قوم کے لوگوں کو پہنچے گا وہی عذاب اس کو بھی پہنچے گا ان کے عذاب کے وعدے کا وقت صبح کا وقت ہے کیا صبح کا وقت قریب نہیں پھر جب ہمارا حکم آ پہنچا تو ہم نے ان بستیوں کو الٹ کر ان کے بالائی حصہ کو نیچے کا حصہ کر دیا اور الٹنے کے بعد ان بستیوں پر ہم نے لگاتار کھنگر کے پتھر برسائے جن پر آپ کے رب کی طرف سے نشان لگے ہوئے تھے اور یہ بستیاں ان ظالموں سے کچھ دور نہیں۔

ا۔ حاکم نے مستدرک ۲/ ۵۶۲۔ ۵۶۳ میں لکھا ہے حضرت ابن عباس حضرت ابن مسعودؓ اور چند دیگر صحابہ کرامؓ نے مرفوعاً روایت بیان فرمائی ہے۔ فرشتے حضرت ابراہیمؑ کے گھر سے نکل کر دوپہر کے وقت قوم لوط کی بستی میں آئے۔ یہ جب سدوم کی نہر پر پہنچے تو وہاں حضرت لوطؑ کی بیٹی سے ملے جو گھر والوں کے لیے پانی بھر رہی تھی۔ (حضرت لوطؑ کی دو بیٹیاں تھیں) بڑی کا نام ریثا اور چھوٹی کا نام دعزیا تھا۔ انہوں نے اسے پوچھا، اے لڑکی یہاں کوئی گھر ہے؟ اس نے کہاں ہاں تم یہاں رکو میرے آنے تک اندر نہ آنا (یہ ان کے بارے میں

اپنی قوم سے ڈر گئی تھی) یہ اپنے والد محترم کے پاس آئی اور کہا ابا جان !شہر کے دروازے پر چند نوجوانوں سے ملیے ۔ میں نے ان سے زیادہ حسین لوگ نہیں دیکھے کہیں ایسا نہ ہو کہ آپ کی قوم انہیں پکڑ کر رسوا کر دے۔

حضرت لوطؑ کی قوم نے انہیں اس بات سے روک رکھا تھا کہ وہ کسی مرد کی مہمان نوازی فرمائے حتیٰ کہ انہیں کہا ہوا تھا کہ یہ ہم پر چھوڑ دو ہم خود ہی مردوں کی مہمان نوازی کر لیا کریں گے۔

حضرت لوطؑ انہیں لے آئے ۔ آپ کی بیوی کے علاوہ کسی کو ان کے بارے میں خبر نہ تھی ان کی بیوی گھر سے نکلی اور جا کر اپنی قوم کو بتا دیا اور کہا بلاشبہ حضرت لوطؑ کے گھر کچھ مرد ہیں میں نے ان جیسے حسین چہروں والے کبھی نہیں دیکھے چنانچہ ان کی قوم بے اختیار ان کی طرف دوڑتی چلی آئی ، جب یہ وہاں آئے تو حضرت لوطؑ نے ان سے فرمایا ، میری قوم !اللہ جل جلالہ سے ڈر جاؤ اور مجھے میرے مہمانوں کے حوالے سے رسوا نہ کرو کیا تم میں کوئی بھی نیک آدمی نہیں ؟ یہ میری بیٹیاں موجود ہیں یہ اس کام سے زیادہ پاکیزہ ہیں جس کا ارادہ تم لے کر آئے ہو۔ قوم نے کہا کیا ہم نے آپ کو مردوں کی مہمان نوازی سے روک نہیں دیا تھا؟ آپ بخوبی جانتے ہیں کہ ہمیں آپ کی بیٹیوں سے کوئی سروکار نہیں اور آپ بخوبی جانتے ہیں کہ ہم کیا چاہتے ہیں۔

جب انہوں نے حضرت لوطؑ کی کوئی بات بھی نہ مانی تو حضرت لوطؑ کہنے لگے کاش !مجھے تم پر کوئی قوت حاصل ہوتی یا میں کسی مضبوط سہارے کا آسرا لے لیتا۔ مزید فرمایا اگر میرے

معاون ہوتے جو تمہارے خلاف میری معاونت کرتے یا کوئی خاندان ہوتا جو میری حفاظت کرتا تو میں اپنے مہمانوں کے بارے میں تمہارے ارادوں کے درمیان حائل ہو جاتا۔

جب حضرت لوطؑ نے فرمایا کہ کاش مجھے تم پر کوئی قوت حاصل ہوتی یا میں کسی مضبوط سہارے کا آسرا لے لیتا تو حضرت جبرائیلؑ نے اپنے دونوں پر پھیلا دیے جن سے یہ لوگ اندھے ہو گئے اور وہاں سے یوں نکلے کہ ایک دوسرے کے پیچھے اندھے ہو کر بھاگ رہے تھے اور چلا رہے تھے، بچاؤ، بچاؤ بلاشبہ حضرت لوطؑ کے گھر دنیا کے سب سے بڑے جادوگر آئے ہوئے ہیں۔

اس بات کو اللہ عزوجل نے یوں بیان فرمایا۔ ولقد راودوہ عن ضیفہ فطمسنا اعینہم (القمر) وقالوا یا لوط انا رسل ربک لن یصلوا الیک فاسر باھلک بقطع من اللیل ولا یلتفت منکم احد الا امراتک۔ (اور انھوں نے مہمانوں کے بارے میں پھسلانے کی کوشش کی ہم نے ان کی آنکھوں کو مٹا دیا (القمر) اور کہنے لگے اے لوط ہم تیرے رب کے قاصد ہیں ہر گز تم تک نہیں پہنچ سکتے پس تم اپنے اہل کو رات کے ایک حصہ میں لے کر چلے جاؤ اور تم میں سے کوئی پیچھے مڑ کر نہ دیکھے مگر تمہاری بیوی۔

چنانچہ آپ اپنے گھر والوں کے پیچھے پیچھے چلیے اور انہیں لے کر رات کو چلے جائیے وہ کچھ کیجیے جس کا آپ لوگوں کو حکم دیا جا رہا ہے (الحجر ٦٥) یوں اللہ تعالیٰ نے انہیں شام کی طرف نکال دیا حضرت لوطؑ نے فرشتوں سے فرمایا اسی وقت ان کو تباہ کر دو، فرشتوں نے عرض کیا ہمیں صبح کے وقت تباہ کرنے کا حکم ہے کیا صبح قریب نہیں؟ پس جب صبح ہوئی تو حضرت

لوطؑ اپنی بیوی کے سوا باقی گھر والوں کے ہمراہ بستی سے نکل گئے یہی بات اللہ تعالیٰ نے اس آیت مبارکہ میں بیان فرمائی ہے۔ الا آل لوط نجیناہم بسحر (القمر: ۳۴)

وما ارید ان اخالفکم الی ما انہاکم عنہ

اور میں یہ نہیں چاہتا کہ جن باتوں سے تم کو منع کرتا ہوں تمہارے برخلاف ان کو خود کرنے لگ جاؤں۔

۱۔ امام احمد بن حنبلؒ نے مسند ۶/ ۲۱۔ ۲۲ میں حضرت مسروق کے حوالے سے یہ روایت درج فرمائی ہے: ایک عورت حضرت ابن مسعودؓ کی خدمت میں حاضر ہوئی اور عرض کیا حضرت! مجھے پتہ چلا ہے کہ آپ بالوں کے ملانے سے منع فرماتے ہیں؟ حضرت ابن مسعودؓ نے فرمایا ہاں! عورت کہنے لگی شاید یہی کام آپ کی کوئی بیوی بھی کرتی ہو؟ حضرت ابن مسعودؓ نے اسے فرمایا تو گھر داخل ہوجا، وہ اندر چلی گئی، پھر باہر آئی تو کہنے لگی مجھے حرج والی کوئی بات نظر نہیں آئی۔ حضرت ابن مسعودؓ نے فرمایا میں نے حضرت لوطؑ کی یہ نصیحت اس وقت یاد نہیں کی تھی کہ وما ارید ان اخالفکم الی ما انہاکم عنہ

فاما الذین شقوا ففی النار۔۔ تا۔۔ الا ما شاء ربک آیت ۱۰۶۔ تا۔ ۱۰۷۔

پھر وہ لوگ جو بدبخت ہیں وہ آگ میں جائیں گے اس میں ان کے لیے چیخنا اور چلانا ہے وہ اس میں رہیں گے جب تک آسمان وزمین قائم ہیں مگر جس کو آپ کا رب چاہے۔

۱۔ قرطبی نے احکام ۹/ ۱۰۰ میں لکھا ہے حضرت ابن مسعودؓ نے فرمایا خالدین فیھا مادامت السموات والارض کا مطلب ہے کہ وہ اس میں نہ مریں گے نہ اس سے نکل سکیں گے الا ماشاء ربک کا مطلب یہ ہے کہ وہ ذات برحق آگ کو حکم دے گی تو وہ ان لوگوں کو کھا جائے گی اور فنا کر دے گی پھر اللہ تعالیٰ انہیں دوبارہ بنا دیں گے۔

۲۔ علامہ بغوی نے معالم ۲۰۸/۳ میں لکھا ہے حضرت ابن مسعودؓ نے فرمایا جہنم پر ایسا وقت بھی آئے گا کہ وہ بالکل خالی ہو جائے گی اور یہ گھڑی تب آئے گی جب لوگوں نے اس میں کروڑوں سال رہ لیا ہو گا۔

و اقم الصلوٰۃ طرفی النہار و زلفا من اللیل ان الحسنات یذھبن السیئات

اور تم نماز کو قائم کرو دن کے دونوں کناروں اور رات کے کچھ حصوں میں بیشک نیکیاں برائیوں کو لے جانے والی ہیں۔

۱۔ امام احمد بن حنبلؒ نے مسند ۱۴۳/۶ میں یہ روایت درج فرمائی ہے حضرت ابن مسعودؓ فرماتے ہیں ایک آدمی رحمت مجسم ﷺ کی خدمت میں حاضر ہو کر عرض کرنے لگا اے اللہ کے پیغمبر ﷺ میں نے باغ میں ایک عورت کو پکڑ لیا، جماع نہیں کیا باقی سب کچھ کیا اس کے بوسے لیے اس کے ساتھ چمٹا، اس کے علاوہ کچھ نہیں کیا اب میرے بارے میں جو حکم ہے میں حاضر ہوں، رحمت مجسم ﷺ خاموش رہے وہ آدمی چلا گیا۔ حضرت عمرؓ نے فرمایا اگر یہ اپنی پردہ داری کرتا تو اللہ تعالیٰ نے بھی اس کی پردہ پوشی کر دینی تھی حضرت ابن مسعودؓ

فرماتے ہیں رحمت مجسم ﷺ نے اپنی نگاہ مبارک اس آدمی کی طرف دوڑائی اور فرمایا اسے واپس میرے پاس لے آؤ۔ لوگ اسے لے آئے تو آپ ﷺ نے اس کے سامنے یہ آیات مبارکہ تلاوت فرمائیں۔ واقم الصلوٰۃ طرفی النہار وزلفا من اللیل ان الحسنات یذھبن السیئات ذالک ذکری للذاکرین تک۔

حضرت معاذ بن جبلؓ نے عرض کیا اے اللہ کے پیغمبر ﷺ یہ حکم اس اکیلے کے لیے ہے یا سب لوگوں کے لیے؟ رحمت مجسم ﷺ نے فرمایا یہ حکم سب لوگوں کے لیے ہے۔

۲۔ طبری نے جامع ۱۱/۵۱۵ میں لکھا ہے حضرت ابن مسعودؓ نے فرمایا ان الحسنات یذھبن السیئات سے مراد پانچ وقت کی نمازیں ہیں۔

۳۔ سیوطی نے الدر ۳/۳۵۴ میں لکھا ہے حضرت ابن مسعودؓ نے فرمایا: بلاشبہ نماز کا شمار نیکیوں میں ہوتا ہے اور فجر سے عصر تک کے گناہوں کا کفارہ نماز عصر ہے۔ اور عصر سے مغرب تک کے گناہوں کا کفارہ نماز مغرب ہے اور مغرب سے عشاء تک کے گناہوں کا کفارہ نماز عشاء ہے پھر مسلمان بندہ اپنے بستر پر ایسی حالت میں آتا ہے کہ اس کے ذمہ کوئی گناہ نہیں ہوتا یہ سب کچھ اس وقت تک ہے جب تک وہ کبائر سے اجتناب کرتا رہا یہ فرما کر حضرت ابن مسعودؓ نے یہ آیت مبارکہ تلاوت فرمائی۔ ان الحسنات یذھبن السیئات

۴۔ سیوطی نے الدر ۳/۳۵۵ میں لکھا ہے کہ ابن ابی شیبہ اور طبرانی نے نقل کیا ہے کہ حضرت ابن مسعودؓ نے فرمایا: لوگ گناہوں میں جلنے لگتے ہیں پھر جب ظہر کی نماز پڑھتے ہیں تو گناہ دھو

دھوئیے جاتے ہیں۔ پھر گناہوں میں جلنے لگتے ہیں کہ پھر جب عصر کی نماز پڑھتے ہیں تو ان کے گناہ دھو دیے جاتے ہیں دوبارہ پھر گناہوں میں جلنے لگتے ہیں پھر جب مغرب کی نماز پڑھتے ہیں تو ان کے گناہ دھو دیے جاتے ہیں، یوں ہی آپ نے تمام نمازوں کا ذکر کیا۔

۵۔ امام احمد بن حنبلؒ نے مسند احمد ۵/۲۴۶۔ ۲۴۷ میں یہ روایت درج فرمائی ہے۔ حضرت ابن مسعودؓ فرماتے ہیں رحمت مجسم ﷺ نے فرمایا بلاشبہ اللہ تعالیٰ برائی برائی سے نہیں مٹاتے بلکہ برائی اچھائی کے ذریعہ ختم فرماتے ہیں کیونکہ ناپاک چیز ناپاک چیز کو زائل نہیں کر سکتی۔

***

۱۲۔ سورة یوسف

نَحْنُ نَقُصُّ عَلَيْكَ اَحْسَنَ الْقَصَصِ بِمَآ اَوْحَيْنَآ اِلَيْكَ هٰذَا الْقُرْاٰنَ ڰ وَاِنْ كُنْتَ مِنْ قَبْلِهٖ لَمِنَ الْغٰفِلِيْنَ

ہم تم کو ایک بہترین واقعہ بیان کرتے ہیں اور یقیناً قرآن کریم کے نازل ہونے سے پہلے بالکل بیخبر تھے۔

۱۔ علامہ سیوطی نے الدر ۳/۴ میں لکھا ہے حضرت ابن مسعودؓ نے فرمایا کہ حضرات صحابہ کرامؓ اجمعین نے عرض کیا اے اللہ کے رسول ﷺ آپ ہمیں کوئی واقعہ سنائیں تو تب یہ آیت مبارکہ نازل ہوئی نحن نقص علیک احسن القصص۔

اذ قال یوسف لابیہ ۔۔۔۔ تا ۔۔۔۔ ان ربک علیم حکیم ۔ آیت ۴ ۔ تا ۶ ۔

وہ وقت قابل ذکر ہے جب یوسفؑ نے اپنے باپ سے کہا اے میرے باپ میں نے گیارہ ستارے اور سورج اور چاند خواب میں دیکھے ہیں کہ وہ مجھے سجدہ کر رہے ہیں کہا اے میرے بیٹے اپنا یہ خواب اپنے بھائیوں کو بیان نہ کرنا وہ تیرے متعلق تدابیر کریں گے بیشک شیطان انسان کا بڑا دشمن ہے اور اسی طرح تجھے تیرا رب چنے گا اور تجھے باتوں کو ٹھکانے

لگانا سکھائے گا اور اپنی نعمت تجھ پر اور آل یعقوب پر مکمل کرلے گا جیسا اس تیرے آباؤ اجداد ابراہیم و اسحاق پر مکمل کیں۔

حاکم نے مستدرک ۲/۵۷۱ میں لکھا ہے ابوالاحوص کہتے ہیں اسماء بن خارجہ حضرت ابن مسعودؓ کے دروازے پر آئے تو کہا کیا میں معزز لوگوں کا بیٹا ہوں تو حضرت ابن مسعودؓ نے فرمایا وہ تو حضرت یوسف بن حضرت یعقوب بن حضرت اسحاق بن حضرت ابراہیمؑ ہیں۔

وشروه بثمن بخس دراہم معدوده

اور یوسف کے بھائیوں نے یوسف کو بہت معمولی قیمت جو گنتی کے چند درہم تھے فروخت کر دیا۔

۱۔ علامہ بغوی نے معالم ۳/۳۲۱ میں لکھا ہے حضرت ابن عباس اور حضرت ابن مسعودؓ نے فرمایا: بخس سے مراد کھوٹے سکے ہیں۔

۲۔ طبری نے جامع ۱۶/۱۳ میں لکھا ہے حضرت ابن مسعودؓ نے اس آیت مبارکہ وشروه بثمن بخس دراہم معدوده کی تفسیر میں فرمایا کہ یہ بیس درہم تھے۔

وقال الذی اشتراه من مصر لامرته اکرمی مثواه عسی ان ینفعنا۔

اور اس نے کہا جس نے اس کو خریدا مصر میں اپنی بیوی کو کہ اس کو عزت سے رکھو کیا عجب ہے کہ ہم کو فائدہ دے۔

۱۔ طبری نے جامع ۱۹/۱۶ میں لکھا ہے حضرت ابن مسعودؓ نے فرمایا لوگوں میں سب سے زیادہ جوہر شناس تین آدمی ہیں ایک عزیز مصر جس نے حضرت یوسفؑ میں موجود صلاحیتوں کا اندازہ لگایا اور اپنی بیوی سے کہا اکرمی مثواہ عسی ان ینفعنا او نتخذہ ولدا۔
دوسرے حضرت ابو بکرؓ جنہوں نے حضرت عمرؓ کی خوبیاں صحیح طور پر پہچان لی تھیں اور تیسری وہ عورت جس نے کہا تھا یا ابت استاجرہ ان خیر من استاجرت القوی الامین (القصص/۲۶)

فلما راینہ اکبرنہ وقطعن ایدیھن و قلن حاش للہ ما ھذا بشرا۔
پس جب انہوں نے یوسف کو دیکھا تو اس کو بہت بڑا سمجھا اور انہوں نے اپنے ہاتھ کاٹ ڈالے اور کہنے لگیں پناہ بخدا! یہ انسان نہیں۔
۱۔ طبری نے جامع ۷۹/۱۱ میں تحریر کیا ہے حضرت ابن مسعودؓ نے فرمایا حضرت یوسفؑ اور ان کی والدہ محترمہ کو تیسرا حصہ حسن عطا فرمایا گیا تھا۔
۲۔ ابن کثیر نے اپنی ۳۱۶/۴ میں درج فرمایا ہے کہ حضرت ابن مسعودؓ نے فرمایا حضرت یوسفؑ کا چہرہ مبارک بجلی کی مانند تھا، جب کوئی عورت کسی کام کے سلسلے میں آپ کے پاس آتی تو آپ اپنا چہرہ مبارک ڈھانپ لیتے تھے اس ڈر سے کہ وہ عورت آپ کی وجہ سے کسی آزمائش میں نہ پڑ جائے۔

و دخل معہ السجن فتیان۔۔ تا۔۔فیہ تستفتیان

اور داخل ہوئے ان کے ساتھ جیل میں دو نوجوان ان میں سے ایک نے کہا میں نے دیکھا کہ میں شراب نچوڑ رہا ہوں اور دوسرے نے کہا میں نے اپنے کو دیکھا کہ میں اپنے سر پر روٹیاں اٹھائے ہوئے ہوں پرندے اس سے کھا رہے ہیں ہمیں اس کی تعبیر بتلاؤ ہم تم کو بھلا آدمی پاتے ہیں۔ اے میرے جیل کے ساتھیو! پھر تم میں سے ایک وہ اپنے آقا کو شراب پلائے گا اور پھر دوسرا اس کو سولی ہوگی اور پرندے اس کے سر سے اس کو کھائیں گے یہ فیصلہ ہو چکا جس کے متعلق تم دونوں پوچھتے ہو۔

ا۔ طبری نے جامع ۱۰۸/۱۶ میں لکھا ہے حضرت ابن مسعودؓ نے فرمایا حضرت یوسفؑ کے ان دونوں قیدی ساتھیوں نے کوئی خواب نہیں دیکھا تھا یہ تو اپنے پاس سے خواب بنا کر آپ کے علم کا تجربہ کر رہے تھے چنانچہ ان میں سے ایک بولا میں اپنے آپ کو دیکھتا ہوں کہ انگور نچوڑ کر لا رہا ہوں اور دوسرے نے کہا میں دیکھتا ہوں کہ اپنے سر پر روٹیاں اٹھائے ہوئے ہوں۔ پرندے ان میں سے کھا رہے ہیں ہمیں اس کی تعبیر بتا دیں ہم آپ کو اچھا آدمی سمجھتے ہیں۔

آپؑ نے فرمایا میرے قیدی ساتھیو! تم میں سے ایک تو اپنے آقا کو شراب پلانے پر مامور ہو گا اور دوسرا سولی چڑھ جائے گا پھر پرندے اس کا سر نوچیں گے۔

جب حضرت یوسفؑ تدبیر بتا چکے تو انھوں نے کہا ہم نے کوئی خواب نہیں دیکھا۔ حضرت یوسفؑ نے فرمایا اب وہی فیصلہ ہو گیا ہے جو تم نے پوچھا یعنی ویسا ہی ہو گا جیسی حضرت یوسفؑ نے تعبیر بتائی۔

قَالُوْا يٰٓاَبَانَا اسْتَغْفِرْ لَنَا ذُنُوْبَنَآ اِنَّا كُنَّا خٰطِـِٕيْنَ ﴿۹۷﴾ قَالَ سَوْفَ اَسْتَغْفِرُ لَكُمْ رَبِّيْ ؕ اِنَّهٗ هُوَ الْغَفُوْرُ الرَّحِيْمُ ﴿۹۸﴾

وہ کہنے لگے اے ہمارے باپ ہمارے لیے استغفار کر بیشک ہم خطا کار ہیں اس نے کہا میں عنقریب تمہارے لیے اپنے رب سے استغفار کروں گا۔

ا۔ طبری نے جامع ۶/۲۶۲ امیں لکھا ہے حضرت ابن مسعودؓ نے اس آیت مبارکہ کی تفسیر میں فرمایا کہ حضرت یعقوبؑ نے انہیں سحری کے وقت تک ڈالے رکھا۔

فلما دخلوا على يوسف آوى اليه ابويه

جب وہ یوسف کے پاس داخل ہوئے تو انھوں نے اپنے والدین کو اپنے پاس ٹھکانہ دیا۔

ا۔ طبری نے جامع ۶/۲۷۶ امیں لکھا ہے حضرت ابن مسعودؓ نے فرمایا بنی اسرائیل جب مصر میں داخل ہوئے اس وقت ان کی تعداد ۶۳ تھی اور جب وہاں سے نکلے تو چھ لاکھ تھے اس روایت کے راوی حضرت اسرائیل نے فرمایا چھ لاکھ ستر ہزار تھے۔

قُلْ هٰذِهٖ سَبِيْلِيْٓ اَدْعُوْٓا اِلَى اللّٰهِ ؔ عَلٰى بَصِيْرَةٍ اَنَا وَ مَنِ اتَّبَعَنِيْ ؕ وَ سُبْحٰنَ اللّٰهِ وَ مَآ اَنَا مِنَ الْمُشْرِكِيْنَ

ا۔ علامہ بغوی نے معالم ۲۶۲/۳میں لکھا ہے حضرت ابن مسعودؓ نے فرمایا: جس کا ارادہ ہو کہ وہ کسی کے نقش قدم پر چلے تو اسے چاہیے کہ ان لوگوں کے نقش قدم پر چلے جو وفات پا چکے ہیں کیونکہ جو ابھی زندہ ہے اس کے فتنہ میں مبتلا ہو جانے کا اندیشہ برقرار ہے، ان سے مراد حضرات صحابہ کرامؓ ہیں۔ یہ لوگ اس امت مرحومہ کے سب سے بہترین لوگ تھے، ان کے دل سب سے زیادہ نیک تھے، ان کا علم سب سے زیادہ عمیق تھا، یہ تکلف و تصنع نہیں کرتے تھے۔ اللہ تعالیٰ نے انہیں رحمت مجسم ﷺ کی صحابیت کے شرف سے نوازنے اور اپنے دین کے قیام کے لیے منتخب فرمایا۔ پس تم لوگ ان کا مرتبہ و مقام پہچانو اور ان کے نقش قدم پر چلو اور جتنا ہو سکے ان کے اخلاق اور سیرتوں کو مضبوطی سے تھامے رکھو کیونکہ بلاشبہ وہ سیدھے راستے پر تھے۔

حَتّٰٓى اِذَا اسْتَيْـَٔسَ الرُّسُلُ وَ ظَنُّوْٓا اَنَّهُمْ قَدْ كُذِبُوْا جَآءَهُمْ نَصْرُنَا فَنُجِّىَ مَنْ نَّشَآءُ ؕ وَ لَا يُرَدُّ بَاْسُنَا عَنِ الْقَوْمِ الْمُجْرِمِيْنَ

یہاں تک کہ جب رسول مایوس ہو گئے اور انہوں نے گمان کیا کہ ان سے جھوٹ بولا گیا ہے ان کے پاس ہماری مدد آن پہنچی۔

ا۔ طبری نے جامع ۳۰۳/۱۶ امیں لکھا ہے، حضرت ابن مسعودؓ نے اس آیت مبارکہ حتی اذا استایئس الرسل وظنوا انہم قد کذبوا کی تفسیریوں فرمائی کہ: پیغمبروں کو اس بات سے مایوسی ہوئی کہ ان کی قوم ایمان لائے گی اور جب عذاب والا معاملہ تھوڑا لیٹ ہوا تو ان کی

قوم نے یہ گمان کیا عذاب آنے کے حوالے سے ان سے جھوٹ کہا گیا۔ اس تفسیر کے مطابق کذبوا (بالتشدید) کو کذبوا (بغیر تشدید) پڑھا جائے گا۔

***

۱۳۔ سورۃ الرعد

لَهٗ مُعَقِّبٰتٌ مِّنْۢ بَيْنِ يَدَيْهِ وَ مِنْ خَلْفِهٖ يَحْفَظُوْنَهٗ مِنْ اَمْرِ اللّٰهِ ؕ

ان کے لیے کچھ فرشتے محافظ ہیں جو باری باری آتے ہیں اور وہ فرشتے اللہ تعالیٰ کے حکم سے انسان کی آگے پیچھے سے حفاظت کرتے ہیں۔

۱۔ امام احمد بن حنبلؒ نے اپنی مسند ۵/۲۹۳۔۲۹۴ میں یہ حدیث مبارکہ نقل فرمائی ہے۔

حضرت ابن مسعودؓ فرماتے ہیں رحمت کائنات صلی اللہ علیہ وآلہ وسلم نے فرمایا: تم سب کے ساتھ ایک فرشتہ اور ایک جن (شیطان) ہوتا ہے۔ صحابہ کرامؓ اجمعین نے عرض کیا اللہ کے رسول صلی اللہ علیہ وآلہ وسلم آپ کے ساتھ بھی ہوتا ہے۔ رحمت مجسم صلی اللہ علیہ وآلہ وسلم نے فرمایا ہاں! مگر ہوا یہ کہ اللہ تعالیٰ نے میری مدد فرمائی اور وہ (شیطان) مسلمان ہو گیا اب وہ مجھے نیکی کا ہی کہتا ہے۔

اَنْزَلَ مِنَ السَّمَآءِ مَآءً فَسَالَتْ اَوْدِيَةٌۢ بِقَدَرِهَا فَاحْتَمَلَ السَّيْلُ زَبَدًا رَّابِيًا ؕ وَ مِمَّا يُوْقِدُوْنَ عَلَيْهِ فِي النَّارِ ابْتِغَآءَ حِلْيَةٍ اَوْ مَتَاعٍ زَبَدٌ مِّثْلُهٗ ؕ كَذٰلِكَ يَضْرِبُ اللّٰهُ الْحَقَّ وَ الْبَاطِلَ ؕ۬ فَاَمَّا الزَّبَدُ فَيَذْهَبُ جُفَآءً ۚ وَ اَمَّا مَا يَنْفَعُ النَّاسَ فَيَمْكُثُ فِي الْاَرْضِ ؕ

اور اس نے آسمان سے پانی نازل کیا پھر اپنے اپنے اندازے کے مطابق نالے بہہ نکلے۔

اور سیلاب کا پانی جھاگ اور خس و خاشاک کو اوپر اٹھا لایا اور جن دھاتوں کو لوگ سامان بنانے یا

زیور بنانے کے لیے آگ میں پگھلاتے ہیں اس میں بھی اسی طرح کا جھاگ ہے اسی طرح حق و باطل کی مثالیں بیان کرتے ہیں پھر جھاگ خشک ہو کر پھینک دیا جاتا ہے اور جو چیز لوگوں کے لیے نفع مند ہے وہ زمین میں ٹھہرتا ہے۔

۱۔ سیوطی نے الدر ۴/۵۵ میں لکھا ہے حضرت ابن عباس اور حضرت ابن مسعودؓ نے اس آیت مبارکہ فسالت اودیۃ بقدرھا کی تفسیر میں فرمایا یوں سمجھو مٹی اور گھاس کے اوپر سے سیلاب گزر رہا ہے اور ایک جگہ جا کر ٹھہر گیا ہے اس کے اوپر جھاگ ہے۔ اب ہوا چلنے لگی تو جھاگ اطراف میں چلا گیا اور خشک ہو گیا کسی کو کچھ فائدہ نہ دیا اور پانی باقی رہ گیا۔ لوگ اس سے فائدہ اٹھانے لگے خود پینے لگے اور اپنے جانوروں کو پلانے لگے۔ پس جیسے یہ جھاگ بغیر کسی کو فائدہ دیے ختم ہو گیا یوں ہی قیامت کے دن باطل اہل باطل کو کوئی فائدہ نہ دے گا اور جیسے پانی نے فائدہ دیا یوں ہی حق اہل حق کو فائدہ دے گا یہ ہے مثال جو اللہ تعالیٰ نے بیان فرمائی ہے۔

يَمْحُوا اللّٰهُ مَا يَشَآءُ وَ يُثْبِتُ ۚۖ وَ عِنْدَهٗۤ اُمُّ الْكِتٰبِ

اللہ تعالیٰ جس چیز کو چاہتا ہے مٹا دیتا ہے اور جس کو چاہتا ہے قائم رکھتا ہے اور اس کے پاس اصل کتاب ہے۔

۱۔ علامہ بغوی نے معالم ۲۲/۴ میں لکھا ہے حضرت عمر فاروق اور حضرت ابن مسعودؓ نے فرمایا: اللہ تعالیٰ خوش بختی اور بد بختی کے فیصلے ختم فرما دیتے ہیں نیز رزق اور موت کے فیصلے بدل دیتے ہیں اور جو چاہتے ہیں برقرار رکھتے ہیں۔

۲۔ طبری نے جامع ۴۸۱/۶ امیں لکھا ہے حضرت ابن مسعودؓ اکثر یہ دعا کرتے تھے۔ اللھم ان کنت کتبتنا اشقیاء فامحنا وکتبنا سعداء وان کنت کتبتنا سعداء فاثبتنا فانک تمحوا ما نشاء و تثبت و عندک ام الکتاب۔

۳۔ علامہ سیوطی نے الدر ۶۶/۴ میں لکھا ہے حضرت ابن مسعودؓ نے فرمایا جو بندہ بھی ان کلمات سے دعا کرے گا اللہ تعالیٰ اسے ضرور وسعت رزق عطا فرمائیں گے۔

یا ذا المن و لا یمن علیہ۔ یا ذا الجلال والاکرام۔ یا ذا الطول۔ لا الہ الا انت ظھرالاجئین۔ و جار المستجیرین ومامن الخائفین ان کنت کتبتنی عندک فی ام الکتاب شقیا فامح عنی اسم الشقاء واثبتنی عند سعیدا وان کنت کتبتی عندک فی ام الکتاب محروما مقترا علی رزقی فامح حرمانی و یسر رزقی واثبتنی عندک سعیدا موقفا للخیر۔ فامنک تقول فی کتابک الذی انزلت۔ یمحوا اللہ ما یشاء و یثبت و عندہ ام الکتاب۔

***

۱۴۔ سورۃ ابراہیم

وَ اِذْ تَاَذَّنَ رَبُّکُمْ لَئِنْ شَکَرْتُمْ لَاَزِیْدَنَّکُمْ

اور جب تمہارے رب نے تم کو آگاہ کر دیا تھا کہ اگر تم شکر کرو گے تو تم کو اپنی نعمتیں اور زیادہ دوں گا۔

ا۔ علامہ سیوطی نے الدر ۴/۸۱ میں لکھا ہے حضرت ابن مسعودؓ فرماتے ہیں میں نے رحمت مجسم صلی اللہ علیہ وآلہ وسلم کو یہ فرماتے سنا کہ جسے شکر کی توفیق مل گئی وہ نعمتوں میں اضافہ سے محروم نہیں رہے گا کیونکہ اللہ تعالیٰ فرماتے ہیں لئن شکرتم لازیدنکم اور جسے توبہ کی توفیق مل گئی وہ توبہ کی قبولیت سے محروم نہیں رہے کیونکہ فرمان الٰہی ہے وھو الذی یقبل الو عن عبادہ (الشوری ۲۵)

اَلَمْ یَاْتِکُمْ نَبَؤُا الَّذِیْنَ مِنْ قَبْلِکُمْ قَوْمِ نُوْحٍ وَّ عَادٍ وَّ ثَمُوْدَ ۬ۛ وَ الَّذِیْنَ مِنْۢ بَعْدِهِمْ ۛؕ لَا یَعْلَمُهُمْ اِلَّا اللّٰهُ ؕ

وہ لوگ جو تم سے پہلے ہو چکے ہیں قوم نوح اور قوم عاد و ثمود اور وہ لوگ جو ان کے بعد آئے جن کو اللہ تعالیٰ کے سوا کوئی نہیں جانتا۔

ا۔ طبری نے جامع ۶/۵۳۰ ا میں لکھا ہے حضرت ابن مسعودؓ یہ آیت مبارکہ یوں پڑھتے تھے و عاداً و ثمود والذین من بعدہم لا یعلمہم الا اللہ۔ آپؓ نے فرمایا لمبے چوڑے نسب بیان کرنے والے جھوٹے ہیں۔

فردوا ایدیہم فی افواھھم

مگر انھوں نے اپنے ہاتھ ان کے منہ میں دے دیے۔

ا۔ طبری نے جامع ۶/۵۳۱ ا میں لکھا ہے حضرت ابن مسعودؓ نے اس آیت مبارکہ کی تفسیر یوں فرمائی کہ انھوں نے اپنے ہاتھوں پر زور سے کاٹ لیا۔

وَقَالَ الشَّيْطَانُ لَمَّا قُضِيَ الأَمْرُ إِنَّ اللَّهَ وَعَدَكُمْ وَعْدَ الْحَقِّ وَوَعَدْتُكُمْ فَأَخْلَفْتُكُمْ وَمَا كَانَ لِي عَلَيْكُمْ مِنْ سُلْطَانٍ إِلا أَنْ دَعَوْتُكُمْ فَاسْتَجَبْتُمْ لِي

اور جب سب باتوں کا فیصلہ ہو چکے گا تو شیطان اس طرح کہے گا بیشک اللہ تعالیٰ نے جو تم سے وعدے کیے تھے وہ سچے وعدے تھے اور میں نے تم سے جو وعدے کیے تھے وہ جھوٹ بولا تھا اور میرا تم پر کوئی زور تو نہ تھا مگر اتنی بات تھی مگر صرف اتنی بات تھی کہ میں نے تم کو دعوت دی تم نے میری بات مان لی۔

ا۔ علامہ سیوطی نے الدر ۴/۵۷ میں لکھا ہے ہے حضرت ابن مسعودؓ نے فرمایا بلاشبہ شیطان بعض لوگوں کو یوں سدھا لیتا ہے جیسے تم میں سے کوئی تین چار سالہ اونٹ کو سدھالے۔

أَلَمْ تَرَ كَيْفَ ضَرَبَ اللَّهُ مَثَلا كَلِمَةً طَيِّبَةً كَشَجَرَةٍ طَيِّبَةٍ أَصْلُهَا ثَابِتٌ وَفَرْعُهَا فِي السَّمَاءِ

اے پیغمبر کیا آپ نے ملاحظہ نہیں کیا کہ اللہ تعالیٰ نے کلمہ طیبہ کی کیسی مثال بیان کی ہے۔ وہ کلمہ طیبہ ایک پاکیزہ درخت جیسا ہے جس کی جڑ مضبوط اور اس کی شاخیں آسمان میں ہوتی ہیں۔

ا۔ طبری نے جامع ۱۶/ ۵۷۱۔ ۵۷۲ میں لکھا ہے حضرت مجاہد نے فرمایا کشجرۃ طیبۃ سے مراد کھجور کا درخت ہے۔ حضرت ابن مسعودؓ سے بھی یوں ہی مروی ہے۔

يُثَبِّتُ اللَّهُ الَّذِينَ آمَنُوا بِالْقَوْلِ الثَّابِتِ فِي الْحَيَاةِ الدُّنْيَا وَفِي الآخِرَةِ وَيُضِلُّ اللَّهُ الظَّالِمِينَ

اور جو لوگ ایمان لانے والے ہیں اللہ تعالیٰ ان کو دنیا میں بھی اور دوسرے جہاں میں بھی پکی بات یعنی کلمہ توحید پر ثابت قدم رکھے گا اور اللہ تعالیٰ ناانصافوں کو بے راہ رکھتا ہے۔

ا۔ طبری نے جامع ۱۶/ ۵۹۷۔ ۵۹۸ میں لکھا ہے حضرت ابن مسعودؓ نے فرمایا: بلاشبہ جب مومن فوت ہو جاتا ہے تو اسے قبر میں بٹھا کر سوال کیا جاتا ہے تیرا رب کون ہے؟ تیرا دین کون سا ہے؟ تیرا نبی کون ہے؟ اس موقع پر اللہ تعالیٰ اس کی ہمت بندھاتے ہیں اور وہ جواب دیتا ہے۔ میرا رب اللہ تعالیٰ ہے۔ میرا دین اسلام ہے۔ میرے نبی حضرت محمد صلی اللہ علیہ وآلہ وسلم ہیں۔

راوی حدیث فرماتے ہیں: یہ بتا کر حضرت ابن مسعودؓ نے یہ آیت مبارکہ تلاوت فرمائی:
یثبت اللہ الذین آمنوا بالقول الثابت فی الحیاۃ الدنیا وفی الاخرۃ۔

۲۔ سیوطی نے الدر۳/۸۳میں لکھا ہے حضرت ابن مسعودؓ فرماتے ہیں جب کوئی قبر برابر کر دی جاتی تو رحمت کائنات ﷺ اس کے پاس کھڑے ہو جاتے اور یہ دعا فرماتے: اللھم نزل بک صاحبنا وخلف الدنیا خلف ظہرہ۔ اللھم ثبت عندک المسالۃ منطقہ ولا تبتلہ فی قبرہ بما لا طاقۃ لہ بہ۔

وَإِنْ تَعُدُّوا نِعْمَةَ اللَّهِ لا تُحْصُوهَا

اور اگر تم اللہ تعالیٰ کے انعامات کو شمار کرو تم ان کو شمار نہ کر سکو گے۔

۱۔ علامہ سیوطی نے الدر۴/۸۶میں لکھا ہے حضرت ابن مسعودؓ نے فرمایا: بلاشبہ آگ والوں پر بھی اللہ تعالیٰ کی ایک مہربانی ہے اور وہ یہ کہ اگر اللہ تعالیٰ چاہتے تو انہیں آگ سے زیادہ سخت کوئی عذاب دے دیتے۔

يَوْمَ تُبَدَّلُ الأَرْضُ غَيْرَ الأَرْضِ وَالسَّمَاوَاتُ وَبَرَزُوا لِلَّهِ الْوَاحِدِ الْقَهَّارِ

اس دن زمین کو اَور زمین سے بدل دیا جائے گا اور آسمان کو اور تمام لوگ اللہ واحد قہار کے سامنے ہوں گے۔

۱۔ طبری نے جامع ۱۳/ ۱۶۴ میں لکھا ہے حضرت ابن مسعودؓ نے اس آیت مبارکہ کی تفسیر میں فرمایا۔ یہ زمین ایسی زمین سے بدل دی جائے گی جو سفید ہوگی صاف ہوگی گویا چاندنی ہے۔ اس پر کوئی خون نہیں بہایا گیا ہوگا اور نہ اس پر کوئی گناہ کیا گیا ہوگا۔

۲۔ طبری نے جامع ۳/ ۱۶۴ میں لکھا ہے حضرت ابن مسعودؓ نے فرمایا قیامت کے دن ساری زمین آگ بن جائے گی اس کے اس پار جنت ہوگی۔ اس کی ساری اونچ نیچ نظر آرہی ہوگی۔ قسم ہے اس ذات گرامی کی جس کے قبضۂ قدر میں ابن مسعودؓ کی جان ہے بلاشبہ آدمی سے اتنا پسینہ بہے گا کہ اس کے قدموں سے زمین پر چھڑکاؤ ہوگا۔ پھر یہ اتنا بلند ہوگا کہ اس کے ناک تک پہنچ جائے گا حالانکہ ابھی اس کا حساب کتاب شروع نہیں ہوا ہوگا۔

* * *

۱۵۔ سورۃ الحجر

رُبَمَا يَوَدُّ الَّذِينَ كَفَرُوا لَوْ كَانُوا مُسْلِمِينَ

اور بسا اوقات کافر اس بات کی آرزو کریں گے کہ کاش وہ بھی مسلمان ہوتے۔

۱۔ طبری نے جامع ۱۴/۳ میں لکھا ہے حضرت ابن مسعودؓ نے اس آیت مبارکہ ربما یود الذین کفروا لوکانوا مسلمین کی تفسیر میں فرمایا یہ آیت مبارکہ اہل جہنم کے بارے میں ہے جب وہ دیگر لوگوں کو جہنم سے نکلتے دیکھیں گے تو یہ کہیں گے (لو کانو مسلمین)

۲۔ سیوطی نے الدر ۴/۹۳ میں لکھا ہے حضرت ابن مسعودؓ نے فرمایا (قیامت کے دن) چوتھے نمبر پر رحمت کائنات صلی اللہ علیہ وآلہ وسلم کھڑے ہوں گے اور شفاعت فرمائیں گے چنانچہ اب جہنم میں کوئی نہیں رہے مگر سوائے ان مشرکین کے جن کے بارے میں اللہ تعالیٰ کا یہی حکم ہوگا۔

اللہ تعالیٰ کے اس فرمان ربما یود الذین کفروا لو کانوا مسلمین میں اسی بات کی طرف اشارہ ہے۔

۳۔ سیوطی نے الدر ۴/۹۲ میں لکھا ہے حضرت ابن عباس، حضرت ابن مسعودؓ اور دیگر چند صحابہ کرامؓ اجمعین نے اس فرمانِ الٰہی کی تفسیر یوں فرمائی کہ جنگ بدر کے دن جب مشرکین

کی گردنیں ماری گئیں اور انہیں آگ پر پیش کیا گیا تو اس وقت انہوں نے یہ خواہش کی کہ کاش وہ رحمت مجسم صلی اللہ علیہ وآلہ وسلم پر ایمان لے آئے ہوتے۔

وَلَقَدْ جَعَلْنَا فِي السَّمَاءِ بُرُوجًا وَزَيَّنَّاهَا لِلنَّاظِرِينَ

یقیناً ہم نے آسمان میں بڑے بڑے ستارے بنائے اور دیکھنے والوں کے لئے آسمان کو آراستہ کیا۔

ا۔ سیوطی نے الدر/۹۵ میں لکھا ہے حضرت ابن مسعودؓ فرماتے ہیں حضرت جریر ابن عبداللہؓ نے عرض کیا اے اللہ کے رسول صلی اللہ علیہ وآلہ وسلم مجھے آسمان دنیا اور سب سے نیچے والی زمین کے بارے میں کچھ بتائیے! رحمت مجسم صلی اللہ علیہ وآلہ وسلم نے فرمایا یہ جو آسمان دنیا ہے اللہ تعالیٰ نے اسے دھوئیں سے بنایا پھر اسے بلند کر دیا اور اس میں سورج اور روشن چاند رکھ دیے اور اسے ستاروں کے چراغوں سے زینت بخشی اور ان ستاروں کو شیاطین بھگانے کا ایک ذریعہ بنا دیا اور یوں آسمان کو ہر مردود شیطان سے حفاظت بخش دی۔

وَإِنْ مِنْ شَيْءٍ إِلا عِنْدَنَا خَزَائِنُهُ وَمَا نُنَزِّلُهُ إِلا بِقَدَرٍ مَعْلُومٍ

اور کوئی چیز ایسی نہیں جس کے ہمارے پاس خزانے نہ ہوں مگر ہر چیز کو ایک معین مقدار سے نازل کیا کرتے ہیں۔

ا۔ طبری نے جامع ۱۴/۱۴ میں لکھا ہے حضرت ابن مسعودؓ نے فرمایا کوئی سال بذات خود اس حیثیت میں نہیں ہوتا کہ اس میں دوسرے سال کی نسبت زیادہ بارش ہو بلکہ اللہ تعالیٰ جیسے

چاہتے ہیں تقسیم فرماتے ہیں ایک بار ایک سال اگلی بار کوئی اور سال۔ یہ فرما کر آپؓ نے یہ آیت مبارکہ تلاوت فرمائیوان من شیئ الا عندنا خزائنہ وما ننزلہ الا بقدر معلوم۔

وَأَرْسَلْنَا الرِّيَاحَ لَوَاقِحَ فَأَنْزَلْنَا مِنَ السَّمَاءِ مَاءً فَأَسْقَيْنَاكُمُوهُ

اور ہم پانی بھری ہوائیں بھیجتے ہیں اور پھر ہم آسمان کی جانب سے پانی نازل کرتے ہیں۔

ا۔ امام شافعی رحمہ الہ تعالیٰ نے اپنی مسند ۱/۱۷۰۔ ۱۷۱ میں لکھا ہے حضرت ابن مسعودؓ نے فرمایا بلاشبہ اللہ تعالیٰ ہوائیں بھیجتے ہیں وہ آسمان سے پانی اٹھاتی ہیں اور بادلوں میں لے جاتی ہیں۔ وہ بادل یوں بوجھل ہو جاتے ہیں جیسے اونٹنی کو دودھ اتر آیا ہو۔ پھر بارش ہوتی ہے۔

وَالْجَانَّ خَلَقْنَاهُ مِنْ قَبْلُ مِنْ نَارِ السَّمُومِ

اور جنات کو ہم نے اس سے پہلے آگ کی لو سے پیدا کیا۔

ا۔ طبری نے جامع ۱۴/۲۱ میں لکھا ہے حضرت ابواسحاق کہتے ہیں میں حضرت عمرو بن عاصم کی عیادت کے لیے ان کے پاس حاضر ہوا تو فرمانے لگے کیا میں تمہیں ایک ایسی حدیث نہ سناؤں جو میں نے حضرت ابن مسعودؓ سے سنی۔ میں نے حضرت ابن مسعودؓ کو یہ فرماتے ہوئے سنا کہ یہ آگ اس آگ کا ستر واں حصہ ہے جس سے جن پیدا کیے گئے ہیں۔

لَهَا سَبْعَةُ أَبْوَابٍ لِكُلِّ بَابٍ مِنْهُمْ جُزْءٌ مَقْسُومٌ

جس کے ساتھ دروازے ہیں اور ہر دروازے سے داخلہ کے لئے ایک ایک مقرر حصہ تقسیم کر دیا گیا ہے۔

۱۔ سیوطی نے الدر ۴/ ۱۰۰ میں لکھا ہے حضرت ابن مسعودؓ نے فرمایا: سورج شیطان کے دو سینگوں کے درمیان جہنم سے طلوع ہوتا ہے۔ یہ جیسے جیسے بلند ہوتا ہے جہنم کا ایک ایک دروازہ کھلتا جاتا ہے۔ یہاں تک کہ ظہر کے وقت جہنم کے تمام دروازے کھل جاتے ہیں۔

قَالَ وَمَنْ يَقْنَطُ مِنْ رَحْمَةِ رَبِّهِ إِلا الضَّالُّونَ

کہا سوائے گمراہوں کے اللہ تعالیٰ کی رحمت سے کون مایوس ہو سکتا ہے۔

۱۔ سیوطی نے الدر/ ۱۰۲ میں لکھا ہے کہ حکیم ترمذی نے نوادرالاصول میں حضرت ابن مسعودؓ کی یہ روایت نقل فرمائی ہے۔ حضرت ابن مسعودؓ فرماتے ہیں رحمت مجسم ﷺ نے فرمایا اللہ تعالیٰ کی رحمت سے پر امید گنہگار مایوس عبادت گزار کی نسبت اللہ تعالیٰ کی رحمت کے زیادہ قریب ہوتا ہے۔

وَلَقَدْ آتَيْنَاكَ سَبْعًا مِنَ الْمَثَانِي وَالْقُرْآنَ الْعَظِيمَ

اور ہم نے آپ کو سات آیات دیں جو بار بار پڑھی جانے والی ہیں اور قرآن عظیم دیا۔

۱۔ طبری نے جامع ۱۴/ ۳۷ میں لکھا ہے حضرت ابن مسعودؓ نے فرمایا ہے سبعا من المثانی سے سورۃ فاتحہ مراد ہے۔

۲۔ طبری نے جامع ۱۴/۳۵ میں لکھا ہے حضرت ابن مسعودؓ نے فرمایا ولقد اتیناک سبعا من المثانی سے قرآن مجید کی سات طویل سورتیں مراد ہیں۔

۳۔ علامہ بغوی نے معالم ۴/۶۰ میں لکھا ہے حضرت ابن مسعودؓ نے فرمایا سبع مثانی سے تو سورۃ فاتحہ مراد ہے اور والقرآن العظیم سے باقی قرآن مجید مراد ہے۔

فَوَرَبِّكَ لَنَسْأَلَنَّهُمْ أَجْمَعِينَ

تیرے رب کی قسم ہے ہم ان سب سے ضرور بضرور سوال کریں گے۔

۱۔ طبری نے جامع ۱۴/۶ میں لکھا ہے حضرت ابن مسعودؓ نے فرمایا: قسم ہے اس ذات کی جس کے سوا کوئی معبود حقیقی نہیں اللہ تعالیٰ قیامت کے دن تم سب کے ساتھ علیحدگی میں ہوتا ہے۔ پس اللہ تعالیٰ پوچھیں گے اے ابن آدم! تجھے کس چیز نے میرے بارے میں دھوکے میں ڈالے رکھا؟ ابن آدم! تو نے اپنے علم پر کیا عمل کیا؟ ابن آدم تو نے پیغمبروں کو کیا جواب دیا؟

فَاصْدَعْ بِمَا تُؤْمَرُ وَأَعْرِضْ عَنِ الْمُشْرِكِينَ

پس جن باتوں کا آپ کو حکم ہوا ان کو علی الاعلان سنائیں اور مشرکین سے اعراض کریں۔

۱۔ ابن کثیر نے اپنی تفسیر ۴۶۹ میں لکھتے ہیں حضرت ابن مسعودؓ نے فرمایا رسالت مآب ﷺ خفیہ تبلیغ فرماتے رہے یہاں تک کہ یہ آیت مبارکہ فاصدع بما تومر نازل ہوئی تو آپ ﷺ اور حضرت صحابہ کرام علی الاعلان تبلیغ فرمانے لگے۔

وَلَقَدْ نَعْلَمُ أَنَّكَ يَضِيقُ صَدْرُكَ بِمَا يَقُولُونَ (٩٧) فَسَبِّحْ بِحَمْدِ رَبِّكَ وَكُنْ مِنَ السَّاجِدِينَ (٩٨) وَاعْبُدْ رَبَّكَ حَتَّى يَأْتِيَكَ الْيَقِينُ (٩٩)

اور بلاشبہ ہم جانتے ہیں کہ یہ کافر جو کہتے ہیں اس سے آپ کا دل تنگ ہوتا ہے پس آپ اپنے رب کی حمد کے ساتھ پاکی بیان کریں اور نماز پڑھنے والوں میں شامل رہیے اور اپنے رب کی عبادت میں مشغول رہیں۔

۱۔ امام بخاریؒ نے اپنی صحیح ۷/ ۱ میں لکھا ہے حضرت ابن مسعودؓ نے فرمایا یقین سے مراد کامل ایمان ہے۔

۲۔ سیوطی نے الدر ۴/۱۰۹ میں لکھا ہے حضرت ابن مسعودؓ سے روایت ہے رحمت مجسم ﷺ نے فرمایا: میری طرف یہ وحی نہیں آئی کہ میں مال جمع کرو اور تاجر شمار ہوں بلکہ میری طرف یہ وحی کی گئی ہے سبح بحمد ربک وکن من الساجدین واعبد ربک حتی یاتیک الیقین۔

۳۔ سیوطی نے الدر ۴/۱۰۹ میں لکھا ہے حضرت ابن مسعودؓ نے: مومن بندہ کو اللہ عزوجل کی ملاقات کے بغیر کوئی چین نہیں اور جسے اللہ تبارک وتعالیٰ کی ملاقات میں ہی چین آئے اس کے لیے یہی چیز کافی ہے۔

***

۱۶۔ سورۃ النحل

وَقِيلَ لِلَّذِينَ اتَّقَوْا مَاذَا أَنْزَلَ رَبُّكُمْ قَالُوا خَيْرًا لِلَّذِينَ أَحْسَنُوا فِي هَذِهِ الدُّنْيَا حَسَنَةٌ وَلَدَارُ الْآخِرَةِ خَيْرٌ وَلَنِعْمَ دَارُ الْمُتَّقِينَ (۳۰) جَنَّاتُ عَدْنٍ يَدْخُلُونَهَا

اور جو لوگ متقی ہیں جب ان سے پوچھا جاتا ہے تمہارے رب نے کیا اتارا ہے تو جواب دیتے ہیں اللہ تعالیٰ نے خیر نازل کی ہے جن لوگوں نے نیک اعمال کیے ان کے لیے اس دنیا میں بھی بھلائی ہے اور بلاشبہ دار آخرت تو دنیا کے مقابلہ بہت بہتر ہے اور واقعی وہ متقین کے لیے اچھا گھر ہے وہ گھر ہمیشہ کے باغات ہیں جن میں پرہیز گار لوگ داخل ہوں گے۔

۱۔ ابن جوزی نے زاد ۴/۴۴۳ میں لکھا ہے حضرت ابن مسعودؓ نے فرمایا مشرکین مکہ نے ایام حج میں لوگوں کی آمد و رفت کے راستوں پر مکہ مکرمہ کی گھاٹیوں کی طرف سولہ آدمی بھیجے ہر گھاٹی پر چار آدمی بھیجے مقصد یہ تھا کہ وہ لوگوں کو رحمت مجسم صلی اللہ علیہ وآلہ وسلم سے دور رکھیں۔

اس بات کی خبر رحمت کائنات صلی اللہ علیہ وآلہ وسلم کو ہوئی تو آپ صلی اللہ علیہ وآلہ وسلم نے ان میں سے ہر چار کی طرف چار مسلمان بھیجے، ان میں حضرت ابن مسعودؓ بھی تھے۔ مسلمانوں کو یہ حکم تھا کہ وہ مشرکین کے بارے میں بتائیں کہ وہ جھوٹ بول رہے ہیں۔ لوگ جب ان مشرکین کے پاس سے گزرتے تو انھوں نے جو کہنا ہوتا تھا کہتے اور مسلمان ان کے جواب میں یہ کہتے کہ یہ لوگ جھوٹ بول رہے ہیں رحمت مجسم صلی اللہ علیہ وآلہ وسلم تو سچ کی دعوت دیتے ہیں۔ نیکی کا حکم دیتے ہیں، برائی سے روکتے ہیں اور بھلائی کی طرف بلاتے ہیں، لوگ پوچھتے وہ بھلائی کیا ہے. جس طرف آپ صلی اللہ علیہ وآلہ وسلم بلاتے ہیں؟ مسلمان ان کے جواب میں یہ کہتے۔ للذین احسنوا فی هذه الدنیا حسنة۔

الَّذِينَ تَتَوَفَّاهُمُ الْمَلائِكَةُ طَيِّبِينَ يَقُولُونَ سَلامٌ عَلَيْكُمُ ادْخُلُوا الْجَنَّةَ

جن کی جان فرشتے ایسی حالت میں قبض کرتے ہیں اس حال میں کہ وہ شرک سے پاک ہوتے ہیں قبض روح کے وقت فرشتے کہتے ہیں تم پر سلام ہو تم جنت میں داخل ہو جاؤ۔

ا۔ قرطبی نے احکام ۱۰۲/۱۰ میں لکھا ہے حضرت ابن مسعودؓ نے فرمایا: جب موت کا فرشتہ مومن بندہ کی روح قبض کرتا ہے تو اسے کہتا ہے تیرا رب تجھے سلام کہہ رہا ہے۔

وَإِذَا بُشِّرَ أَحَدُهُمْ بِالأُنْثَى ظَلَّ وَجْهُهُ مُسْوَدًّا وَهُوَ كَظِيمٌ

اور جب ان میں سے کسی کو بیٹی کے پیدا ہونے کی خبر دی جاتی ہے تو اس کا چہرہ رونے کی وجہ سے سیاہ ہو جاتا ہے اور وہ دل میں گھٹتا ہے۔

۱۔ قرطبی نے احکام ۱۱۸/۲۰ میں لکھا ہے حضرت ابن مسعودؓ فرماتے ہیں۔ رحمت مجسم ﷺ نے فرمایا۔ جس ک پاس بیٹی ہو پھر وہ اسے ادب سکھائے تعلیم دے اور تعلیم دلانے کا حق ادا کر دے اور جو نعمتیں اللہ نے اسے دی ہیں ان میں سے اپنی بیٹی پر خرچ کرے تو یہ بیٹی اس کے اور جہنم کے درمیان پردہ یا فرمایا کہ رکاوٹ بن جائے گی۔

وَلَوْ يُؤَاخِذُ اللَّهُ النَّاسَ بِظُلْمِهِمْ مَا تَرَكَ عَلَيْهَا مِنْ دَابَّةٍ

اگر اللہ تعالیٰ لوگوں کو ان کے ظلم کی وجہ سے پکڑے تو اس پر کسی جاندار کو باقی نہ چھوڑے۔

۱۔ طبری نے جامع ۸۵/۱ میں لکھا ہے حضرت ابن مسعودؓ نے فرمایا: انسان کے گناہوں کی وجہ سے گبریلا قسم کا جانور اپنے بل میں پڑا مار دیا جائے۔

۲۔ قرطبی نے احکام ۱۲۰/۱۰ میں لکھا ہے حضرت ابن مسعودؓ نے یہ آیت مبارکہ تلاوت فرما کر ارشاد فرمایا کہ اگر اللہ تعالیٰ گنہگاروں کے گناہوں کی وجہ سے مواخذہ فرمانے پر آجائیں تو تمام مخلوق کو عذاب گھیر لے حتیٰ کہ گبریلا قسم کا جانور اس کے بل میں، اور آسمان سے بارش روک دے اور زمین سے روئیدگی ختم ہو جائے پس یوں تمام جانور مر جائیں لیکن اللہ تعالیٰ عفو و درگزر سے کام لے رہے ہیں۔ جیسا کہ خود فرمایا ہے ویعفوا عن کثیر (الشوریٰ/۳۰)

وَمِنْ ثَمَرَاتِ النَّخِيلِ وَالأَعْنَابِ تَتَّخِذُونَ مِنْهُ سَكَرًا وَرِزْقًا حَسَنًا

اور کھجور انگور کے پھل قابل غور ہیں جن سے تم نشے کی چیزیں بناتے ہو۔ اور ان پھلوں سے عمدہ روزی بھی حاصل کرتے ہو۔

۱۔ طبری نے جامع ۱۴/۹۲ ا میں لکھا ہے راوی حدیث حضرت موسیٰ فرماتے ہیں میں نے حضرت مرہ سے پوچھا سکر کیا ہے تو آپ نے فرمایا کہ حضرت ابن مسعودؓ نے فرمایا ہے اس سے مراد شراب ہے۔

وَأَوْحَى رَبُّكَ إِلَى النَّحْلِ أَنِ اتَّخِذِي مِنَ الْجِبَالِ بُيُوتًا وَمِنَ الشَّجَرِ وَمِمَّا يَعْرِشُونَ (٦٨) ثُمَّ كُلِي مِنْ كُلِّ الثَّمَرَاتِ فَاسْلُكِي سُبُلَ رَبِّكِ ذُلُلًا يَخْرُجُ مِنْ بُطُونِهَا شَرَابٌ مُخْتَلِفٌ أَلْوَانُهُ فِيهِ شِفَاءٌ لِلنَّاسِ

اور تمہارے رب نے شہد کی مکھی کو یہ بات سکھائی کہ تو پہاڑوں میں اور درختوں میں اور ٹٹیوں میں جو بیل چڑھانے کو لوگ لگاتے ہیں گھر بنا پھر ہر قسم کے پھلوں سے غذا حاصل کر اور واپسی کیے لیے اپنے رب کے سہل اور آسان رستوں پر چل اور ان مکھیوں کے پیٹ سے پینے کی چیز نکلتی ہے۔

۱۔ ابن جوزی نے زاد ۴۶۶/۴ میں لکھا ہے فیہ شفاء میں موجود ھاء کا مرجع العسل ہے۔ جس کے رنگ مختلف ہیں اس شہد میں لوگوں کے لیے شفا ہے۔ حضرت ابن عباسؓ سے یوں ہی مروی ہے اور حضرت ابن مسعودؓ نے بھی یہی فرمایا ہے۔

۲۔ حضرت ابن ماجہؒ نے اپنی سنن ۱۱۴۲/۲ میں روایت درج فرمائی ہے حضرت ابن مسعودؓ فرماتے ہیں حضرت رسالتمآب صلی اللہ علیہ وآلہ وسلم نے فرمایا تم لوگ دو شفا بخش چیزیں اپنے لیے لازمی کر لو۔ ایک شہد اور دوسرا قرآن مجید۔

۳۔ طبری نے جامع ۱۴/۹۴ میں لکھا ہے حضرت ابن مسعودؓ نے فرمایا شہد ہر بیماری سے شفا بخشتی ہے اور قرآن مجید سینوں کی بیماریوں کے لیے شفا ہے۔

وَاللّٰهُ خَلَقَكُمْ ثُمَّ يَتَوَفّٰىكُمْ وَمِنْكُمْ مَنْ يُرَدُّ إِلٰى أَرْذَلِ الْعُمُرِ

اور اللہ تعالیٰ نے ہی تم کو پیدا کیا پھر تم کو وہ موت دیتا ہے اور بعض تم میں سے رذیل عمر کی طرف لوٹایا جائے گا۔

ا۔ سیوطی نے الدر ۱۳۴/۴ میں لکھا ہے کہ ابن مردویہ نے حضرت ابن مسعودؓ فرماتے ہیں۔ رحمت مجسم ﷺ کی دعا کا ایک حصہ یہ بھی ہوتا تھا۔ واعوذبک من الکسل والھرم والبخل والجبن، واعوذبک ان ارد الی ارذل العمر، واعوذبک من فتنۃ الرجال و عذاب القبر۔

وَجَعَلَ لَكُمْ مِنْ أَزْوَاجِكُمْ بَنِينَ وَحَفَدَةً

اور اس نے پیدا کیے تمہاری بیوی سے بیٹے اور پوتے۔

ا۔ طبری نے جامع ۱۴/۹ میں لکھا ہے راوی حدیث حضرت زر بن حبیش فرماتے ہیں حضرت ابن مسعودؓ نے مجھ سے دریافت فرمایا کہ حفدۃ سے کیا مراد ہے؟ میں نے جواباً کہا اس سے آدمی کی اولاد مراد ہے۔ حضرت ابن مسعودؓ نے فرمایا نہیں، بلکہ سسرالی رشتہ دار مراد ہیں۔

۲۔ طبری نے جامع ۹۶/۱۴ میں لکھا ہے حضرت ابن مسعودؓ نے فرمایا۔ حفدۃ سے مراد سسرالی رشتہ دار ہیں۔

الَّذِينَ كَفَرُوا وَصَدُّوا عَنْ سَبِيلِ اللَّهِ زِدْنَاهُمْ عَذَابًا فَوْقَ الْعَذَابِ

جو لوگ کافر ہیں اور اللہ تعالیٰ کی راہ سے روکتے ہیں ہم ان کے لیے شرارت کی بنا پر عذاب بڑھا دیں گے۔

۱۔ طبری نے جامع ۱۰۷/۱۴ میں لکھا ہے حضرت ابن مسعودؓ نے اس آیت مبارکہ زدناہم عذابا فوق العذاب کی تفسیر میں فرمایا: بچھوؤں کے ڈنک اتنے بڑے کردئیے جائیں گے جیسے لمبی کھجور کا تنا ہو۔

۲۔ طبری نے جامع ۱۰۷/۱۴ میں لکھا ہے حضرت ابن مسعودؓ نے فرمایا: جہنم میں اژدھے ہیں۔

وَنَزَّلْنَا عَلَيْكَ الْكِتَابَ تِبْيَانًا لِكُلِّ شَيْءٍ وَهُدًى وَرَحْمَةً وَبُشْرَى لِلْمُسْلِمِينَ۔

اور ہم نے تم پر یہ کتاب نازل کی ہے جو ہر چیز کو بیان کرنے والی ہے اور مسلمانوں کے لئے یہ کتاب بری ہدایت رحمت اور خوش خبری سنانے والی ہے۔

۱۔ طبری نے جامع ۱۰۸/۱۴ میں لکھا ہے حضرت ابن مسعودؓ نے فرمایا: قرآن مجید میں تمام علوم نازل کیے گئے ہیں اور ہمارے لیے ہر چیز کی قرآن مجید میں وضاحت کر دی گئی ہے۔ یہ فرما کر آپؓ نے یہ آیت مبارکہ تلاوت فرمائی۔

۲۔ سیوطی نے الدر ۱۲۷/۴ میں کئی حوالے دے کر لکھا ہے حضرت ابن مسعودؓ نے فرمایا: جو خود کو علم سے منور کرنا چاہتا ہے اسے چاہیے کہ ہمیشہ کے لیے قرآن مجید سے منسلک ہو جائے کیونکہ اس میں اولین و آخرین کا علم ہے۔

إِنَّ اللَّهَ يَأْمُرُ بِالْعَدْلِ وَالإِحْسَانِ وَإِيتَاءِ ذِي الْقُرْبَى وَيَنْهَى عَنِ الْفَحْشَاءِ وَالْمُنْكَرِ وَالْبَغْيِ يَعِظُكُمْ لَعَلَّكُمْ تَذَكَّرُونَ۔

بیشک اللہ عدل و انصاف کا حکم دیتا ہے اور قرابت دار کو دینے کا اور برائی اور بے حیائی سے منع کرتا ہے اور سرکشی سے وہ تم کو نصیحت کرتا ہے تاکہ تم نصیحت حاصل کرو۔

۱۔ طبری نے جامع ۱۰۹/۱۴ میں لکھا ہے حضرت ابن مسعودؓ نے فرمایا سب سے جامع انداز میں خیر و شر کا بیان جس آیت مبارکہ میں ہوا ہے وہ سورۃ نحل کی یہ ایت مبارکہ ہے۔

وَلا تَتَّخِذُوا أَيْمَانَكُمْ دَخَلا بَيْنَكُمْ فَتَزِلَّ قَدَمٌ بَعْدَ ثُبُوتِهَا۔

اور تم اپنی قسموں کو اپنے مابین دھوکہ دہی کا ذریعہ مت بناؤ کہیں ایسا نہ ہو کہ کسی کا قدم جمنے کے بعد پھسل جائے۔

۱۔ سیوطی نے الدر ۴/۱۳۰ میں لکھا ہے حضرت ابن مسعودؓ نے فرمایا خواہ مخواہ کے سوالات کرنے سے بچو کیونکہ اسی وجہ سے پہلی امتیں ہلاک ہوئی ہیں۔ اور کسی چیز کے بارے میں کسی دوسری چیز کی وجہ سے قیاس آرائی مت کیا کرو ورنہ قدم جم جانے کے بعد لڑکھڑا جائے گا۔ اور جب تم میں سے کسی سے ایسی چیز کے بارے میں سوال ہو جس کے متعلق وہ نہیں جانتا تو اسے چاہیے کہ یوں کہہ دے میں نہیں جانتا کیونکہ یہ کہہ دینا تہائی علم کے برابر ہے۔

مَنْ كَفَرَ بِاللَّهِ مِنْ بَعْدِ إِيمَانِهِ إِلا مَنْ أُكْرِهَ وَقَلْبُهُ مُطْمَئِنٌّ بِالإِيمَانِ وَلَكِنْ مَنْ شَرَحَ بِالْكُفْرِ صَدْرًا فَعَلَيْهِمْ غَضَبٌ مِنَ اللَّهِ۔

جو شخص اللہ تعالیٰ پر ایمان لانے کے بعد اس کے ساتھ کفر کرے گا مگر یہ کہ اس پر جبر کیا جائے اور وہ مجبوراً محض زبان سے کفر کی بات کہہ دے بشرطیکہ اس کا دل ایمان پر قائم ہو تو اس پر کوئی مواخذہ نہیں لیکن جو کوئی ایمان کے بعد اللہ تعالیٰ کے ساتھ کفر کرے اور کفر بھی کشادہ دلی کے ساتھ یعنی کفر کو صحیح سمجھ کر کرے تو ایسے لوگوں پر اللہ تعالیٰ کا غضب ہو گا۔

وَلا تَقُولُوا لِمَا تَصِفُ أَلْسِنَتُكُمُ الْكَذِبَ هَذَا حَلالٌ وَهَذَا حَرَامٌ لِتَفْتَرُوا عَلَى اللَّهِ الْكَذِبَ۔

اور جن چیزوں کے بارے میں تمہاری زبانیں محض جھوٹا دعوی کرتی ہیں تم ان کی نسبت اس طرح نہ کہا کرو کہ یہ چیز حلال ہے اور یہ چیز حرام ہے اس کہنے کا انجام یہ ہو گا کہ تم اللہ تعالیٰ پر جھوٹا الزام لگا دو گے۔

۱۔ سیوطی نے الدر ۱۳۴/۴ میں لکھا ہے حضرت ابن مسعودؓ نے فرمایا ہو سکتا ہے کوئی یہ کہے کہ اللہ تعالیٰ نے فلاں کام کرنے کا حکم دیا ہے اور فلاں کام سے روکا ہے تو اللہ تعالیٰ اسے فرمائیں کہ تو نے جھوٹ کہا۔ اور کوئی یہ کہے کہ بلاشبہ اللہ تعالیٰ نے فلاں چیز حلال کی ہے اور فلاں حرام تو اللہ تعالیٰ اسے فرمائیں کہ تو نے جھوٹ کہا۔

إِنَّ إِبْرَاهِيمَ كَانَ أُمَّةً قَانِتًا لِلَّهِ حَنِيفًا وَلَمْ يَكُ مِنَ الْمُشْرِكِينَ۔

بیشک ابراہیم بھلائی کی تعلیم دینے والا اللہ تعالیٰ کا فرماں بردار تھا۔ جو سب طرف سے یکسو ہو کر خدا کا ہو گیا تھا۔

۱۔ امام بخاری رحمہ نے اپنی صحیح ۸۲/۶ میں نقل فرمایا ہے حضرت ابن مسعودؓ نے فرمایا۔ الامۃ کا مطلب ہے بھلائی کی تعلیم دینے والا اور القانت کا مطلب ہے فرماں بردار۔

۲۔ طبری نے جامع ۱۲۸/۱۴ میں لکھا ہے حضرت فروہ بن نوفل الاشجعی فرماتے ہیں حضرت ابن مسعودؓ نے فرمایا ان معاذا کان امۃ قانتا للہ حنیفا۔ تو میں نے دل میں سچا حضرت ابن مسعودؓ نے یہ بات درست نہیں فرمائی کیونکہ اللہ تعالیٰ کا ارشاد مبارک تو یوں ہے ان ابراہیم کان امۃ قانتا للہ حنیفا۔ لیکن حضرت ابن مسعودؓ نے مجھ سے پوچھا جانتے ہو الامۃ کا معنیٰ کیا ہے؟ میں نے عرض کیا اللہ تعالیٰ ہی بہتر جانتے ہیں تو حضرت ابن مسعودؓ نے فرمایا الامۃ وہ ہے جو بھلائی سکھاتا ہو اور القانت وہ ہے جو اللہ جل جلالہ اور اس کے مقدس رسول کا

فرمانبردار ہو اور حضرت معاذ بن جبلؓ میں یہ دونوں صفات پائی جاتی ہیں آپؓ بھلائی کی تعلیم دیتے تھے اور اللہ جل جلالہ اور اس کے پاک پیغمبر صلی اللہ علیہ وآلہ وسلم کے فرمان بردار تھے۔

* * *

۱۷۔ سورۃ الاسراء

۱۔ امام بخاریؒ نے بخاری شریف ۱۸۵/۶ میں یہ روایت درج فرمائی ہے حضرت عبد الرحمن بن یزید کہتے ہیں میں نے حضرت ابن مسعودؓ کو یہ فرماتے سنا کہ سورۃ بنی اسرائیل، سورۃ کہف، سورۃ مریم، سورۃ طہ اور سورہ انبیاء اسلام کے ابتدائی دنوں کی سورتیں ہیں۔

سُبْحَانَ الَّذِي أَسْرَى بِعَبْدِهِ لَيْلا مِنَ الْمَسْجِدِ الْحَرَامِ إِلَى الْمَسْجِدِ الأَقْصَى الَّذِي بَارَكْنَا حَوْلَهُ لِنُرِيَهُ مِنْ آيَاتِنَا۔

وہ ضرور تمام عیوب سے پاک ہے جو اپنے بندے کو رات کے وقت مسجد حرام سے مسجد اقصیٰ تک لے گیا وہ مسجد اقصیٰ جس کے گرداگرد ہم نے ہر قسم کی برکتیں رکھی ہیں اس بندے کو لے جانے کا مقصد یہ تھا کہ ہم اس کو اپنی قدرت کی کچھ نشانیاں دکھائیں۔

۱۔ سیوطی نے الدر ۱۵۷/۴ میں لکھا ہے حضرت ابن مسعودؓ نے اس آیت مبارکہ سبحان الذی اسری بعبدہ کی تفسیر میں فرمایا: حضرت جبرئیلؑ سید البشر ﷺ کی خدمت میں مکہ مکرمہ میں حاضر ہوئے، آپ ﷺ کو براق پر سوار کرایا اور بیت المقدس کی طرف چل دیئے راستہ میں حضرت ابو سفیانؓ کے پاس سے گزر ہوا، وہ اس وقت اونٹنی کا دودھ دھو رہے

تھے۔ اونٹنی براق کی آہٹ سے ڈری اور دودھ والا برتن گرادیا۔ حضرت ابوسفیان اس کے بدکنے کی وجہ سے برا بھلا کہنے لگے۔

اسی طرح آپ ﷺ کا ایک وادی پر گزر ہوا اس سے خوشبو آرہی تھی آپ ﷺ نے حضرت جبرائیلؑ سے دریافت فرمایا یہ خوشبو کیسی ہے؟ حضرت جبرائیلؑ نے عرض کیا یہ لوگ ان مسلمانوں کے اہلخانہ ہیں جنھیں اللہ جل جلالہ کی خاطر آگ میں جلایا گیا۔

۲۔ ابن کثیرؒ نے اپنی تفسیر ۲۹۔ ۵/۲۸ میں درج کیا ہے حضرت ابوظبیان الجھنی فرماتے ہیں ہم لوگ حضرت ابن مسعودؓ اور حضرت محمد بن سعد بن ابی وقاصؓ کے پاس بیٹھے تھے، حضرت محمد بن سعد حضرت ابن مسعودؓ کہنے لگے آپ اپنے والد محترم کے حوالے سے معراج کی رات کا واقعہ سنائیں حضرت ابن مسعودؓ نے فرمایا، نہیں، بلکہ آپ اپنے والد محترم کے حوالے سے یہ واقعہ سنائیں حضرت محمد بن سعد بن ابی وقاص نے عرض کیا اگر آپ نے میرے سوال کرنے سے پہلے سوال کیا ہوتا تو میں ضرور سناتا۔

چنانچہ حضرت ابن مسعودؓ نے اپنے والد محترم کے حوالے سے واقعہ بیان کرنا شروع کر دیا۔ ان کے والد محترم فرماتے ہیں رسالت مآب ﷺ نے فرمایا۔ حضرت جبرائیلؑ گدھے سے بڑا اور خچر سے چھوٹا ایک جانور لے کر حاضر خدمت ہوئے مجھے اس پر سوار کرلیا، وہ ہمیں لے کر بلند ہونے لگا۔ وہ جب بلند ہوتا تو اس کی پچھلی ٹانگیں اگلی ٹانگوں سے جاملتیں اور جب نیچے کو پرواز کرتا تو اس کی اگلی ٹانگیں پچھلی ٹانگوں سے جاملتیں۔

ہم ایک طویل قامت گندم گوں آدمی کے پاس سے گزرے وہ قبیلہ ازشنوءۃ کے مردوں جیسا تھا۔ وہ بلند آواز سے کہنے لگا آپ نے اسے عزت واکرام سے نواز دیا ہے، رسالت مآب ﷺ نے فرمایا ہم ان کے پاس گئے سلام کیا۔ انہوں نے جواب دیا اور حضرت جبرائیلؑ سے دریافت کیا یہ آپ کے ہمراہ کون ہیں، انہوں نے عرض کیا یہ جناب احمد ﷺ ہیں۔ وہ فرمانے لگے اس عربی امی نبی کو خوش آمدید جس نے اپنے پروردگار کا پیغام پہنچا دیا اور اپنی امت کی خیر خواہی کا حق ادا فرما دیا۔

رسالت مآب ﷺ نے فرمایا پھر ہم وہاں سے چل دئیے میں نے حضرت جبرائیلؑ سے کہا یہ کون تھے؟ انہوں نے بتایا یہ حضرت موسیٰ بن عمرانؑ تھے۔ میں نے کہا یہ کس سے سخت انداز میں پیش آرہے تھے؟ حضرت جبرائیلؑ نے بتایا یہ اپنے پروردگار سے ایسا کر رہے تھے۔ میں نے کہا اپنے پروردگار سے آواز بلند کر رہے تھے؟ حضرت جبرائیلؑ نے کہا بلاشبہ اللہ تعالیٰ ان کی گرم مزاجی سے خوب واقف ہے۔

رسالت مآب ﷺ نے فرمایا پھر ہم وہاں سے چل دئیے اور ایک درخت کے پاس سے گزرے اس کا پھل ایسے تھا گویا ہوتا ہے۔ اس کے نیچے ایک بزرگ اپنی عیال کے ساتھ تشریف فرما تھے۔ حضرت جبرائیلؑ نے مجھ سے کہا اپنے جدامجد حضرت ابراہیمؑ سے ملئے، ہم آپؑ کے پاس چلے گئے۔ ہم نے سلام کیا، انہوں نے جواب دیا۔ حضرت ابراہیمؑ نے پوچھا۔ جبرائیل! یہ آپ کے ہمراہ کون ہیں۔ انہوں نے بتایا یہ آپ کے فرزند حضرت

احمدﷺ ہیں۔ حضرت ابراہیمؑ نے فرمایا اس نبی امی کو خوش آمدید جس نے اپنے پروردگار کا پیغام پہنچا دیا اور اپنی امت خیر خواہی کا حق ادا کر دیا۔

اے فرزند! آپ آج رات اپنے پروردگار سے ملنے والے ہیں۔ بلاشبہ آپ کی امت آخری امت ہے اور سب سے کمزور ہے، اپنی امت کے لیے کچھ مانگ سکو تو ضرور مانگ لینا۔ رسالت مآبﷺ فرماتے ہیں پھر ہم وہاں سے چل دیے اور مسجد اقصیٰ پہنچ گئے۔ میں سواری سے اتر آیا اور جانور مسجد کے دروازے پر لگے اسی کڑے سے باندھ دیا جس سے انبیاء (علیہم السلام) باندھا کرتے تھے۔ پھر میں مسجد میں داخل ہوں تو میں نے انبیاء (علیہم السلام) کو دیکھا کوئی رکوع میں ہے کوئی قیام میں اور کوئی سجدہ میں۔

رسالت مآبﷺ نے فرمایا پھر مجھے شہد اور دودھ کے دو پیالے پیش کیے گئے میں نے دودھ لے لیا اور نوش کر لیا۔ حضرت جبرائیل امینؑ نے میرے کندھے پر ہاتھ رکھا اور کہا قسم ہے رب محمدﷺ کی آپ نے فطرت کے عین مطابق کام کیا ہے۔

رسالت مآبﷺ نے فرمایا پھر نماز کھڑی ہو گئی میں نے انبیاء (علیہم السلام) کی امامت کی، پھر ہم واپس لوٹ آئے۔

۳۔ امام احمد بن حنبلؒ نے مسند احمد ۱۸۹۔۱۹۰/۵ میں یہ روایت درج فرمائی ہے حضرت ابن مسعودؓ فرماتے ہیں۔ رسالت مآبﷺ نے فرمایا: میں معراج کی رات حضرت ابراہیم، حضرت موسیٰ اور حضرت عیسیٰ (علیہم السلام) سے ملا۔ آپؐ نے فرمایا کہ ان سب نے قیامت کا تذکرہ کیا۔

۴۔ امام ترمذیؒ نے سنن ترمذی ۱۴ ۔ ۱۵/۱۳ میں یہ روایت درج فرمائی ہے حضرت ابن مسعودؓ فرماتے ہیں رسالت مآب صلی اللہ علیہ وآلہ وسلم نے فرمایا : میں معراج کی رات حضرت ابراہیمؑ سے ملا تو انہوں نے فرمایا اے محمد صلی اللہ علیہ وآلہ وسلم اپنی امت کو میرا سلام دینا اور انہیں بتانا کہ جنت کی مٹی بڑی پاکیزہ ہے، اس کا پانی بڑا خوشگوار ہے وہ چٹیل میدان ہے، اس کی سر سبزی ان الفاظ سے ہے۔ سبحان اللہ والحمد للہ ولا الہ الا اللہ واللہ اکبر۔

۵۔ امام احمد بن حنبلؒ نے مسند احمد ۵/۲۴۳ میں یہ روایت درج فرمائی ہے۔ حضرت ابن مسعودؓ فرماتے ہیں۔ سید البشر فخر رسل صلی اللہ علیہ وآلہ وسلم معراج کی رات سدرۃ المنتہی تک تشریف لے گئے۔ یہ سدرۃ المنتہی چھٹے آسمان پر ہے۔ زمین سے اوپر کی طرف چڑھنے والی چیز جب اس تک پہنچتی ہے تو قبض کرلی جاتی ہے اور سدرۃ المنتہی کے اوپر سے آنے والی چیز بھی جب اس تک پہنچتی ہے تو قبض کرلی جاتی ہے۔

۶۔ امام ترمذیؒ نے اپنی سنن ۸/۲۰۹ میں یہ روایت درج فرمائی ہے حضرت ابن مسعودؓ فرماتے ہیں : رسالت مآب صلی اللہ علیہ وآلہ وسلم نے معراج کے واقعات بیان فرماتے ہوئے فرمایا کہ میں فرشتوں کے جس بھی گروہ کے پاس سے گزرا انہوں نے مجھے کہا کہ آپ اپنی امت کو پچھنے لگوانے کا ضرور حکم کرنا۔

وَقَضَيْنَا إِلَى بَنِي إِسْرَائِيلَ فِي الْكِتَابِ لَتُفْسِدُنَّ فِي الْأَرْضِ مَرَّتَيْنِ وَلَتَعْلُنَّ عُلُوًّا كَبِيرًا (٤) فَإِذَا جَاءَ وَعْدُ أُولَاهُمَا بَعَثْنَا عَلَيْكُمْ عِبَادًا لَنَا أُولِي بَأْسٍ شَدِيدٍ فَجَاسُوا خِلَالَ

الدِّيَارِ وَكَانَ وَعْدًا مَفْعُولا (٥) ثُمَّ رَدَدْنَا لَكُمُ الْكَرَّةَ عَلَيْهِمْ وَأَمْدَدْنَاكُمْ بِأَمْوَالٍ وَبَنِينَ وَجَعَلْنَاكُمْ أَكْثَرَ نَفِيرًا (٦)

اور ہم نے اس کتاب توریت میں بنی اسرائیل کو یہ بات صاف بتا دی تھی کہ تم دو دفعہ فساد برپا کرو گے اور تم بڑی سخت سرکشی کرو گے پھر جب ان دو بار میں سے پہلی بار کا وقت آیا تو ہم نے تمہارے مقابلے میں اپنے وہ بندے بھیجے جو بڑے سخت جنگجو تھے وہ تمہارے شہروں میں پھیل پڑے اور وہ وعدہ پورا ہوا ہی پھر تم کو ان دشمنوں پر ہم نے دوبارہ غلبہ دیا اور تمہاری مال سے اور بیٹوں سے مدد کی اور تم کو لشکر کے اعتبار سے زیادہ کر دیا۔

ا۔ طبری نے جامع ۱۵/ ۱۷ امیں یہ روایت درج فرمائی ہے، حضرت ابن عباس اور حضرت ابن مسعودؓ فرماتے ہیں: بلا شبہ اللہ تعالیٰ نے بنی اسرائیل سے تورات میں یہ فرما دیا تھا کہ تم دو دفعہ زمین میں فساد مچاؤ گے۔ تو ان کا پہلا فساد حضرت زکریاؑ کی شہادت کا سانحہ تھا۔ پھر اللہ تعالیٰ نے صخابین نامی نبطی بادشاہ ان پر مقرر کر دیا، اس نے لشکر کشی کی، اس کا لشکر ایک ہزار گھڑ سواروں پر مشتمل تھا، بنی اسرائیل قلعہ بند ہو گئے، اس لشکر میں سے بخت نصر نامی ایک لڑکا یتیم مسکین بن کر باہر نکلا۔ وہ کھانا لینے نکلا تھا مگر کسی حیلے سے شہر میں جا داخل ہوا اور ان کی مجلسوں میں جا بیٹھا وہاں اس نے سنا کہ وہ کہہ رہے اگر ہمارے دشمن کو پتہ چل جائے کہ ہمارے گناہوں کی وجہ سے ہمارے دلوں پر کتنا رعب چھایا ہوا ہے تو وہ ہمارے ساتھ لڑائی کا سوچے بھی نہ۔ بخت نصر نے یہ باتیں سنیں اور وہاں سے نکل لیا۔ دوسری طرف لشکر کے لئے مزید قیام دشوار ہو گیا یوں وہ واپس لوٹ گئے۔

اس بات کی طرف اللہ تعالیٰ نے یوں اشارہ فرمایا۔فاذا جاء وعد اولاھما بعثنا علیکم عبادا لنا اولی باس شدید فجاسوا خلال الدیار وکان وعدا مفعولا۔ پھر بنی اسرائیل لشکر تیار کر کے نبطیوں سے جنگ کی اور فتحیاب ہو گئے۔ ان سے سب کچھ چھین لیا۔ یہ بات اللہ تعالیٰ نے اپنے اس ارشاد مبارک میں بیان فرمائی۔ ثم رددنا لکم الکرۃ علیہم وامددنا کم ب اموال و بنین وجعلناکم اکثر نفیرا۔ حضرت ابن مسعودؓ فرماتے ہیں۔ نفیراً سے مراد تعداد ہے۔

وَكُلَّ إِنْسَانٍ أَلْزَمْنَاهُ طَائِرَهُ فِي عُنُقِهِ

اور ہر انسان کی برائی بھلائی کو اس کی گردن کے ساتھ وابستہ کر دیا۔

ا۔ سیوطی نے الدر ۱۶۷/۴ میں لکھا ہے کہ ابن ابی حاتم نے یہ روایت نقل کی ہے۔ حضرت ابن مسعودؓ طائرہ فی عنقہ کی تفسیر میں فرماتے ہیں۔ اس سے بدبختی، خوش بختی، رزق اور موت کا وقت مراد ہے۔

وَإِذَا أَرَدْنَا أَنْ نُهْلِكَ قَرْيَةً أَمَرْنَا مُتْرَفِيهَا فَفَسَقُوا فِيهَا۔

اور جب ہم کسی بستی کو ہلاک کرنا تو اس بستی کے خوش عیش لوگوں کو حکم دیتے ہیں ایمان والی طاعت کا پھر وہ حکم ماننے کی بجائے نافرمانی کرتے ہیں۔

ا۔ امام بخاریؒ نے بخاری شریف ۶/۸۴ میں یہ روایت درج فرمائی ہے۔ حضرت ابن مسعودؓ فرماتے ہیں۔ زمانہ جاہلیت کی بات ہے جب کوئی قبیلہ تعداد میں بہت بڑھ جاتا تو ہم یوں کہتے تھے۔ اَمِرَ بنو فلاں۔

وَلا تُبَذِّرْ تَبْذِيرًا (٢٦)إِنَّ الْمُبَذِّرِينَ كَانُوا إِخْوَانَ الشَّيَاطِينِ

اور بے موقعہ اڑایا نہ کرو، اور بلاشبہ مال کو بے موقعہ اڑانے والے شیاطین کے بھائی ہیں۔

ا۔ طبری نے جامع ۵۳۔ ۱۵/۵۳ میں لکھا ہے۔ حضرت ابوالعبیدین نے حضرت ابن مسعودؓ سے اس آیت مبارکہ ولا تبذر تبذیرا کی تفسیر پوچھی تو آپؓ نے فرمایا۔ فضول خرچی یہ ہے کہ جہاں ضرورت نہ ہو وہاں مال خرچ کر دیا جائے۔

وَلا تَجْعَلْ يَدَكَ مَغْلُولَةً إِلَى عُنُقِكَ وَلا تَبْسُطْهَا كُلَّ الْبَسْطِ فَتَقْعُدَ مَلُومًا مَحْسُورًا۔

اور تو بخل کی وجہ سے اپنا ہاتھ گردن سے باندھ کر نہ رکھ لے اور نہ اس ہاتھ کو بالکل کھول دے ورنہ تو الزام دیا ہوا اور خالی ہاتھ بیٹھ رہے گا۔

ا۔ واحدی نے اسباب ۲۹۴ میں یہ روایت درج کی ہے، حضرت ابن مسعودؓ فرماتے ہیں! ایک لڑکا رسالت مآب صلی اللہ علیہ وآلہ وسلم کی خدمت میں حاضر ہوا اور کہا میری والدہ آپ سے فلاں فلاں چیز مانگ رہی ہے۔ آپ صلی اللہ علیہ وآلہ وسلم نے فرمایا آج ہمارے پاس کچھ نہیں۔ لڑکے نے کہا میری والدہ کہتی ہے کہ آپ اپنا کرتہ مبارک مجھے پہنا دیں۔ راوی کہتے ہیں۔ سخیٔ کامل صلی اللہ علیہ وآلہ وسلم نے

اپنا قمیص مبارک اتارا اور اسے عطا فرما دیا اور پھر گھر میں اسی حالت میں بیٹھ گئے۔ تب اللہ تعالیٰ نے یہ آیت مبارکہ نازل فرمائی۔ ولا تجعل یدک مغلولۃ الی عنقک ولا تبسطھا کل البسط۔

۲۔ مسند احمد ۱۳۴۔ ۱۳۵/۶ میں یہ روایت درج ہے حضرت ابن مسعودؓ فرماتے ہیں رسالت مآب ﷺ نے فرمایا: جس نے کفایت شعاری اپنالی وہ غربت کا شکار نہ ہوگا۔

وَإِنْ مِنْ شَيْءٍ إِلا يُسَبِّحُ بِحَمْدِهِ وَلَكِنْ لا تَفْقَهُونَ تَسْبِيحَهُمْ۔

اور سب اس کی پاکی بیان کرتے ہیں لیکن تم ان کی تسبیح سمجھ نہیں سکتے۔

۱۔ امام احمد بن حنبلؒ نے مسند ۱۸۲۔ ۱۸۳/۶ میں یہ روایت درج فرمائی ہے حضرت ابن مسعودؓ نے چاند گرہن کا سنا تو فرمایا ہم صحابہ کرامؓ تو معجزات کو باعث برکت سمجھتے تھے اور تم لوگ انہیں خوف کی علامت گردانتے ہو، ایک دفعہ ہم سرکار دو عالم ﷺ کے ہمراہ تھے۔ ہمارے پاس پانی نہیں تھا۔ آپ ﷺ نے فرمایا کوئی ایسا آدمی تلاش کرو جس کے پاس پانی ہو۔ ہم نے آپ ﷺ کے حکم کی تعمیل کی۔ پانی ایک برتن میں ڈال دیا گیا۔ رسالت مآب ﷺ نے اپنے دونوں ہاتھ مبارک اس میں رکھ دیے تو آپ کی انگلیوں سے پانی جاری ہوگیا۔ آپ ﷺ نے فرمایا بابرکت پانی کی طرف چلے آؤ۔ یہ برکت اللہ تعالیٰ کی طرف سے ہے۔

حضرت ابن مسعودؓ فرماتے ہیں۔ میں نے سیر ہو کے پانی پیا اور سب لوگوں نے پانی لے لیا۔

حضرت ابن مسعودؓ فرماتے ہیں ہم تو کھانے کی تسبیح سنا کرتے تھے جبکہ وہ کھایا جا رہا ہوتا تھا۔

۲۔ سیوطی نے الدر ۱۸۴/۴ میں لکھا ہے کہ ابو نعیم نے یہ روایت نقل کی ہے حضرت ابن مسعودؓ فرماتے ہیں۔ سرکار دو عالم صلی اللہ علیہ وآلہ وسلم نے فرمایا۔ آسمان کا کوئی پرندہ اور پانی کی کوئی مچھلی اسی وقت شکار کی جاتی ہے جب وہ اللہ تعالیٰ کی طرف سے ذمہ لگائی ہوئی تسبیح چھوڑ دیتی ہے۔

قُلِ ادْعُوا الَّذِينَ زَعَمْتُمْ مِنْ دُونِهِ فَلا يَمْلِكُونَ كَشْفَ الضُّرِّ عَنْكُمْ وَلا تَحْوِيلا (٥٦) أُولَئِكَ الَّذِينَ يَدْعُونَ يَبْتَغُونَ إِلَى رَبِّهِمُ الْوَسِيلَةَ أَيُّهُمْ أَقْرَبُ

تم ان کافروں سے فرمادو کہ تم جن کو خدا کے سواء معبود سمجھے بیٹھے ہو۔ ذرا ان کو پکارو تو وہ فرضی معبود نہ تو تم سے کسی تکلیف کو دور کر دینے کا اختیار رکھتے ہیں اور نہ تکلیف کے بدلنے کا اختیار ان کو حاصل ہے جن کو یہ مشرک پکارا کرتے ہیں ان کی خود یہ حالت ہے کہ وہ اپنے رب کی طرف پہنچنے کا ذریعہ تلاش کرتے ہیں کہ ان میں کون زیادہ مقرب ہے۔

۱۔ امام بخاریؒ نے بخاری شریف ۸۵۔ ۸۶/۶ میں لکھا ہے حضرت ابن مسعودؓ نے الی ربھم الوسیلۃ کی تفسیر میں فرمایا: کچھ انسان جنوں کی پوجا کیا کرتے تھے۔ پھر وہ جن تو مسلمان ہو گئے جبکہ وہ انسان اپنے اسی دین پر چمٹے رہے۔

وَإِنْ مِنْ قَرْيَةٍ إِلا نَحْنُ مُهْلِكُوهَا قَبْلَ يَوْمِ الْقِيَامَةِ أَوْ مُعَذِّبُوهَا عَذَابًا شَدِيدًا

اور کوئی نافرمانوں کی بستی ایسی نہیں جس کے رہنے والوں کو ہم قیامت سے پہلے ہلاک نہ کریں یا کسی اور سخت عذاب میں بتلا نہ کریں۔

ا۔ علامہ بغوی نے معالم ۱۳۵/۴میں لکھا ہے حضرت ابن مسعودؓ فرماتے ہیں جب کسی بستی میں زنا اور سود خوری عام ہو جائے تو اللہ تعالیٰ اس بستی کی تباہی کا حکم دے دیتے ہیں۔

وَمَا نُرْسِلُ بِالآيَاتِ إِلا تَخْوِيفًا

اور ہم اس قسم کے معجزات بھیجا نہیں کرتے مگر عذاب سے ڈرانے کو۔

ا۔ طبری نے جامع ۷۵/۱۵میں لکھا ہے حضرت قتادہؒ نے اس آیت مبارکہ کی تفسیر میں فرمایا۔

اللہ تعالیٰ جس نشانی کے ذریعے چاہتے ہیں لوگوں میں ڈر پیدا فرماتے رہتے ہیں تاکہ لوگ عبرت حاصل کریں یا نصیحت پکڑیں یا واپس ہدایت کی طرف لوٹ آئیں۔ ہمیں بتایا گیا کہ حضرت ابن مسعودؓ کے زمانہ میں کوفہ لرزنے لگا تو آپؓ نے فرمایا۔ لوگو! تمہاری پروردگار چاہتا ہے کہ تم توبہ کرلو سو توبہ کرلو۔

أَقِمِ الصَّلاةَ لِدُلُوكِ الشَّمْسِ إِلَى غَسَقِ اللَّيْلِ

(اے پیغمبر!) تم آفتاب کے ڈھلنے کے وقت سے لے کر رات کے اندھیرے تک نماز میں ادا کیا کرو۔

۱۔ طبری نے جامع ۹۱/۱۵ امیں لکھا ہے حضرت اسود فرماتے ہیں میں حضرت ابن مسعودؓ کے ساتھ چھت پر تھا۔ جب سورج غروب ہوا تو آپ نے یہ آیت مبارکہ اقم الصلوۃ پوری تلاوت فرمائی اور ارشاد فرمایا۔ قسم ہے اس ذات کی جس کے قبضہ قدرت میں میری جان ہے بلاشبہ یہ وقت جبکہ سورج غروب ہو گیا ہے اور روزے داروں نے روزہ افطار کر لیا ہے۔ نماز کا وقت ہے۔

۲۔ طبری نے جامع ۹۱۔ ۹۲میں لکھا ہے، جب سورج غروب ہو رہا تھا تو حضرت ابن مسعودؓ نے فرمایادلکت براح۔ اور براحٍ سے جگہ مراد تھی۔

۳۔ طبری نے جامع ۹۱/۱۵ امیں لکھا ہے حضرت ابن مسعودؓ نے فرمایادلوک شمس کا مطلب ہے سورج کا جھک جانا۔

۴۔ حافظ ابن حجر نے کافی ۱۰۱میں یہ روایت درج فرمائی ہے حضرت ابن مسعودؓ فرماتے ہیں حضرت جبرائیل امینؑ سرکار دو عالم ﷺ کی خدمت میں ایسے وقت حاضر ہوئے جب سورج دلوک کر رہا تھا یعنی زوال ہو چکا تھا اور کہا کھڑے ہو جائیے اور نماز ادا فرمائیے چنانچہ رسالت مآب ﷺ کھڑے ہوئے اور نماز ظہر ادا فرمائی۔

۵۔ طبری نے جامع ۹۱/۱۵ امیں لکھا ہے حضرت ابن مسعودؓ نے مشرق کی طرف اشارہ فرما کر ارشاد فرمایا یہ سورج کا دلوک ہے اور مغرب کی طرف اشارہ فرما کر ارشاد فرمایا یہ رات کا غَسق ہے۔

۶۔ سیوطی نے الدر ۴/۱۹۵ میں لکھا ہے حضرت ابن مسعودؓ نے فرمایا غَسَقِ اللیل سے عشاء کی نماز مراد ہے۔

وَقُرْآنَ الْفَجْرِ إِنَّ قُرْآنَ الْفَجْرِ كَانَ مَشْهُودًا

اور صبح کی نماز بھی پڑھا کرو اور فجر (کا قرآن (نماز فجر) حاضر ہونے کا وقت ہے۔

ا۔ طبری نے جامع ۱۵/۹۴ میں لکھا ہے حضرت ابن مسعودؓ نماز فجر کے وقت مسجد تشریف لائے تو دیکھا کہ کچھ لوگ قبلہ کی طرف ٹیک لگا کر بیٹھے ہوئے ہیں آپ نے فرمایا قبلہ سے دور ہو جاؤ فرشتوں اور ان کی نماز میں حائل ہو جاؤ کیونکہ یہ دو رکعتیں فرشتوں کی نماز ہے۔

عَسَى أَنْ يَبْعَثَكَ رَبُّكَ مَقَامًا مَحْمُودًا

امید ہے کہ آپ کا رب آپ کو مقام محمود پر جگہ دے گا۔

ا۔ امام احمد بن حنبلؒ نے مسند احمد بن حنبل ۲۹۷۔ ۲۹۸ : ۵ میں یہ حدیث بیان فرمائی ہے حضرت ابن مسعودؓ فرماتے ہیں رسالت مآب ﷺ نے فرمایا میں قیامت کے دن مقام محمود پر کھڑا ہوں گا۔ ایک انصاری صحابیؓ نے عرض کیا مقام محمود کیا ہے ؟ آپ ﷺ نے فرمایا یہ اس وقت کی بات ہے جب تمہیں بے لباس، بنا جوتے کے اور بغیر ختنہ کی ہوئی حالت میں لایا جائے گا۔ پس سب سے پہلے حضرت ابراہیمؑ کو کپڑے پہنائے جائیں گے اللہ تعالیٰ فرمائیں گے میرے خلیل کو کپڑے پہنا دو تو دو سفید چادریں لائی جائیں گی اور حضرت ابراہیمؑ وہ پہن لیں گے پھر قبلہ رخ ہو کر بیٹھ جائیں گے۔

ان کے بعد مجھے کپڑے پہنائے جائیں گے پھر میں آپ کی دائیں جانب ایسی جگہ کھڑا ہو جاؤں گا کہ میرے سوا وہاں کوئی کھڑا نہ ہو گا سب اولین و آخرین مجھ پر رشک کرنے لگیں گے۔

آپ ﷺ نے فرمایا پھر ایک نہر کوثر سے حوض کی طرف لائی جائے گی۔ منافقوں نے کہا پانی تو جب بھی چلتا ہے تو اس کے کیچڑ اور چھوٹے کنکر ضرور ہوتے ہیں۔ صحابی نے عرض کیا وہ نہر بھی کیچڑ اور چھوٹے کنکروں پر چلے گی؟ آپ ﷺ نے فرمایا اس کا کیچڑ خوشبو کا ہو گا اور اس کی کنکریاں موتی ہوں گے۔

منافق کہنے لگا میں نے تو آج تک نہیں سنا کہ ایسا کوئی پانی چلا ہو اور اس سے کوئی چیز اگی نہ ہو۔ انصاری صحابی نے عرض کیا اے اللہ کے رسول ﷺ کیا اس سے کوئی چیز اگے گی؟ آپ ﷺ نے فرمایا ہاں سونے کے تنکے۔

منافق کہنے لگا میں نے آج جیسی بات نہیں سنی، بہت کم ایسا ہوتا ہے کہ کسی چیز کا تنا تو ہو مگر اس کا پتہ یا پھل نہ ہو، انصاریؓ نے عرض کیا اے اللہ کے رسول ﷺ کیا اس پر پھل بھی لگے گا؟ آپ ﷺ نے فرمایا موتی کے رنگ ہوں گے، اس کا پانی دودھ سے سفید ہو گا اور شہد سے میٹھا ہو گا، جس نے ایک دفعہ اس سے پی لیا اس لیے پھر پیاس نہ لگے گی اور جو محروم رہ گیا وہ پھر کبھی سیر نہ ہو گا۔

۲۔ طبری نے جامع ۹۷/۱۵ میں یہ روایت درج کی ہے حضرت ابن مسعودؓ ایک طویل حدیث کے ذیل میں فرماتے ہیں: پھر جہنم کے دونوں کناروں پر پل رکھ دیا جائے گا۔ لوگ اپنے

اعمال کے مطابق گزریں گے۔ کوئی بجلی کی طرح، کوئی ہوا کی طرح، کوئی پرندے کی طرح اور کوئی جانوروں سے تیز۔ پھر ایک ایسا آدمی آئے گا جو رک رک کر چلے گا حتی کہ آخری آدمی یوں گزرے گا کہ اپنے پیٹ کے بل رینگ رہا ہوگا۔ وہ پوچھے گا میرے پروردگار آپ نے میری رفتار اتنی سست کیوں رکھی۔ اللہ تعالیٰ فرمائیں گے بلاشبہ میں نے تیری رفتار سست نہیں کی بلکہ تیری رفتار تیرے عمل نے سست کردی ہے۔

اس کے بعد سفارش کی اجازت ہوجائے گی۔ قیامت کے دن سب سے پہلے حضرت جبرائیلؑ سفارش کریں گے پھر اللہ کے خلیل حضرت ابراہیمؑ پھر حضرت موسیٰ یا حضرت عیسیٰ علیہما السلام۔ راوی حدیث حضرت ابوالزعراء فرماتے ہیں مجھے نہیں پتہ ان دونوں میں کون ہوگا۔

راوی کہتے ہیں پھر چوتھے نمبر پر تمہارے نبیؐ اٹھ کر سفارش فرمائیں گے، آپ ﷺ کے بعد کوئی سفارش نہ کرے گا۔ اور یہی وہ مقام محمود ہے جس کا تذکرہ اللہ تعالیٰ نے اس آیت مبارکہ میں فرمایا ہے۔ عسی ان یبعثک ربک مقاما محمودا۔

۳۔ علامہ بغوی نے معالم ۱۴۵/۴ میں یہ روایت درج فرمائی ہے حضرت ابن مسعودؓ فرماتے ہیں رسالت مآب ﷺ نے فرمایا: بلاشبہ اللہ تعالیٰ نے حضرت ابراہیمؑ کو اپنا خلیل بنایا اور بلاشبہ تمہارے پیغمبرؐ بھی اللہ کے خلیل ہیں اور اللہ کی مخلوق میں سے سب سے زیادہ صاحب عزت ہیں، یہ فرما کر آپؐ نے یہ آیت مبارکہ تلاوت فرمائی۔ عسی ان یبعثک ربک مقاما محمودا۔

وَقُلْ جَاءَ الْحَقُّ وَزَهَقَ الْبَاطِلُ إِنَّ الْبَاطِلَ كَانَ زَهُوقًا

اور کہہ دو کہ حق آ پہنچا اور شرک بھاگ گیا واقعی باطل زائل ہونے والی چیز ہے۔

ا۔ ابن حنبلؒ نے مسند ۲۰۴۔۲۰۵۔۵ میں یہ روایت درج فرمائی ہے حضرت ابن مسعودؓ فرماتے ہیں جناب رسالت مآب ﷺ کعبۃ اللہ کے اندر داخل ہوئے۔ وہاں تین سو ساٹھ بت تھے۔ رحمت کائنات ﷺ دست مبارک میں پکڑی چھڑی سے انہیں ٹھوکر لگاتے جاتے اور یہ تلاوت فرماتے جاتے۔ جاء الحق و ما يبدئ الباطل وما يعيد۔ (سبا/۴۹)۔ جاء الحق و زهق الباطل ان الباطل كان زهوقا۔

وَيَسْأَلُونَكَ عَنِ الرُّوحِ قُلِ الرُّوحُ مِنْ أَمْرِ رَبِّي وَمَا أُوتِيتُمْ مِنَ الْعِلْمِ إِلا قَلِيلا۔

اور اے پیغمبر وہ لوگ آپ سے روح کی حقیقت دریافت کرتے ہیں آپ ان سے کہہ دیں کہ روح میرے رب کے حکم سے بنی ہے اور تم کو بہت تھوڑا علم دیا گیا۔

ا۔ امام احمد بن حنبلؒ نے مسند ۲۵۴۔۵ میں یہ روایت درج فرمائی ہے۔ حضرت ابن مسعودؓ فرماتے ہیں میں رسالت مآب ﷺ کے ہمراہ مدینہ منورہ کے ایک کھیت میں چل رہا تھا، رسالت مآب ﷺ کھجور سے بنی لاٹھی کے سہارے چل رہے تھے، کچھ یہودیوں کے پاس سے آپ ﷺ کا گزر ہوا تو وہ ایک دوسرے سے کہنے لگے آپ ﷺ سے روح کے بارے میں پوچھیں۔ ان میں سے کسی نے کہا بھی کہ نہ پوچھو مگر انہوں نے پوچھ ہی لیا۔ انہوں نے کہا اے محمد ﷺ۔ روح کیا ہے؟

رسالت مآب صلی اللہ علیہ وآلہ وسلم ٹھہر گئے اور لاٹھی پر ٹیک لگا لی۔ مجھے گمان ہوا کہ آپ صلی اللہ علیہ وآلہ وسلم پر وحی نازل ہو رہی ہے۔ چنانچہ آپ صلی اللہ علیہ وآلہ وسلم نے ان سے فرمایا۔ ویسئلونک عن الروح قل الروح من امر ربی وما اوتیتم من العلم الا قلیلا۔ یہ سن کر ان میں سے ایک نے کہا ہم نے تمہیں کہا تھا کہ آپ صلی اللہ علیہ وآلہ وسلم سے نہ سوال کرو۔

۲۔ سیوطی نے الدر ۲۰۰۔۴ میں لکھا ہے یزید بن زیادہ نے سنا کہ اس آیت مبارکہ وما اوتیتم من العلم الا قلیلا کے بارے میں دو آدمیوں کا اختلاف ہوا ہے۔ ایک نے کہا اس آیت کے مصداق اہل کتاب ہیں۔ دوسرے نے کہا اس سے مراد آپ صلی اللہ علیہ وآلہ وسلم کی ذات اطہر ہے۔ اِن میں سے ایک حضرت ابن مسعودؓ کی خدمت میں چلا گیا آپؓ سے اس بارے میں پوچھا تو آپؓ نے فرمایا۔ تو نے سورۃ بقرہ نہیں پڑھی؟ اس نے کہا کیوں نہیں؟ تب آپؓ نے فرمایا کون سا علم سورۃ بقرہ میں نہیں۔ اصل بات یہ ہے کہ اس سے اہل کتاب ہی مراد ہیں۔

وَلَئِنْ شِئْنَا لَنَذْهَبَنَّ بِالَّذِي أَوْحَيْنَا إِلَيْكَ۔

اور اگر ہم چاہیں تو جس قدر ہم نے آپ پر وحی بھیجی ہے اس سب کو سلب کر لیں۔

۱۔ حاکم نے مستدرک ۵۰۴/۴ میں یہ روایت درج فرمائی ہے حضرت ابن مسعودؓ فرماتے ہیں۔

بلاشبہ تمہارے دین میں سے جو چیز سب سے پہلے ختم ہوگی وہ امانت داری ہوگی اور آخر تک جو چیز باقی رہے گی وہ نماز ہوگی، اور یہ قرآن مجید جو تمہارے پاس ہے قریب ہے کہ یہ بھی اٹھالیا جائے۔

لوگوں نے عرض کیا حضرت! یہ کیسے اٹھالیا جائے گا جبکہ اللہ تعالیٰ نے اسے ہمارے دلوں میں نقش کردیا ہے اور ہم نے اسے اپنے مصاحف میں لکھ دیا ہے؟

آپؓ نے فرمایا ایک رات ایسی آئے گی کہ یہ تمہارے دلوں سے بھی محو ہو جائے گا اور تمہارے مصاحف میں سے بھی۔ یہ فرما کر آپؓ نے یہ آیت مبارکہ تلاوت فرمائی۔ ولئن شئنا لنذھبن بالذی اوحینا الیک۔

وَلا تَجْهَرْ بِصَلاتِكَ وَلا تُخَافِتْ بِهَا۔

اور نہ تو بہت پکار کر پڑھو اور نہ اس میں چپکے چپکے پڑھیے بلکہ جہر و اخفاء کے درمیان۔

۱۔ قرطبی نے احکام ۳۴۴۔ ۱۵ میں لکھا ہے حضرت ابن مسعودؓ نے فرمایا: جس نے اپنے کانوں کو بھی سنایا اس نے آہستہ نہیں پڑھا۔

***

۱۸۔ سورۃ الکھف

وَإِنْ يَسْتَغِيثُوا يُغَاثُوا بِمَاءٍ كَالْمُهْلِ يَشْوِي الْوُجُوهَ

اور اگر وہ کافر فریاد کریں گے تو ان کی فریادرسی ایسے پانی سے کی جائے گی جو پگھلے ہوئے تانبے کی صورت میں ہوگا جو چہروں کو بھون ڈالے گا۔

ا۔ طبری نے جامع ۱۵۸ ۔ ۱۵ میں لکھا ہے حضرت ابن مسعودؓ کی خدمت میں سونے اور چاندی کے برتن ہدیۃً پیش کیے گئے آپؓ نے زمین میں گڑھا کھودنے کا حکم فرمایا۔ اس گڑھے میں بڑی بڑی خشک لکڑیاں ڈالیں پھر یہ برتن اس میں ڈال دیے۔ جب وہ خوب پگھل گئے تو اپنے لڑکے سے فرمایا کوفہ والوں میں سے جو جو آسکتا ہے اسے بلالو۔

لڑکے نے چند لوگوں کو بلالیا وہ جب آپؓ کے پاس آئے تو آپؓ نے فرمایا یہ دیکھ رہے ہو؟ انھوں نے کہا: ہاں، آپؓ نے فرمایا سونا اور چاندی جب خوب پگھل کر مائع بن جائیں تو اس دنیا میں مہل کے زیادہ ہمشکل چیز اس کے سوا اور کوئی نہیں۔

۲۔ علامہ سیوطی نے الدر ۲۲۱/۴میں لکھا حضرت ابن مسعودؓ نے فرمایا: المھل تلچھٹ کو کہتے ہیں۔

وَلَوْلا إِذْ دَخَلْتَ جَنَّتَكَ قُلْتَ مَا شَاءَ اللَّهُ لا قُوَّةَ إِلا بِاللَّهِ

اور تو جس وقت اپنے باغ میں پہنچا تھا تو تو نے یوں کیوں نہ کہا جو اللہ چاہے وہ ہوتا ہے اور اللہ تعالیٰ کی مدد کے بغیر کوئی زور نہیں۔

۱۔ علامہ سیوطی نے الدر ۲۲۴۔ ۴ میں لکھا ہے حضرت ابن مسعودؓ فرماتے ہیں رسالت مآب صلی اللہ علیہ وآلہ وسلم نے فرمایا: حضرت جبرئیلؑ نے مجھے لاحول ولا قوۃ الا باللہ کی یہ تفسیر بتائی ہے کہ اللہ تعالیٰ کی نافرمانی سے بچنے کی طاقت اللہ تعالیٰ ہی کی طرف سے عطا ہوتی ہے اور اللہ تعالیٰ کی فرمانبرداری کی قوت بھی اللہ تعالیٰ ہی عطا فرماتے ہیں۔

والباقیات الصالحات خیر عند ربک ثوابا و خیر املا

اور نیک عمل باقی رہنے والے ہیں وہ آپ کے رب کے ہاں بھی باعتبار ثواب کے بہتر ہیں اور از روئے امید کے بھی بہتر ہیں۔

۱۔ ابن جوزی نے زاد ۱۴۹۔ ۵ میں لکھا ہے الباقیات الصالحات سے مراد پانچ وقت کی نمازیں ہیں۔ حضرت ابن عباسؓ سے بھی یوں ہی مروی ہے اور حضرت ابن مسعودؓ، اور حضرت مسروق و حضرت ابراہیم نے بھی یہی فرمایا ہے۔

قَالُوا يَا ذَا الْقَرْنَيْنِ إِنَّ يَأْجُوجَ وَمَأْجُوجَ مُفْسِدُونَ فِي الأَرْضِ۔

انہوں نے عرض کیا اے ذوالقرنین! یاجوج و ماجوج کی قوم کے لوگ اس سرزمین پر بڑا فساد برپا کرتے ہیں۔

ا۔ طبری نے جامع ۱۹۔۱۶ امیں لکھا ہے حضرت ابن مسعودؓ یاجوج ماجوج کی کثرت پر تعجب فرمایا کرتے تھے اور ارشاد فرماتے تھے کہ یاجوج ماجوج میں سے کوئی بھی اس وقت تک نہ مرے گا جب تک اس کے ایک ہزار بچے پیدا نہ ہو جائیں گے۔

وَعَرَضْنَا جَهَنَّمَ يَوْمَئِذٍ لِلْكَافِرِينَ عَرْضًا۔

اور اس دن ہم جہنم کو کافروں کے سامنے لے آئیں گے۔

ا۔ طبری نے جامع ۲۵۔۱۶ امیں لکھا ہے حضرت ابن مسعودؓ نے فرمایا۔ جب صور پھونکا جائے گا تو تمام مخلوق اللہ تعالیٰ کے سامنے یوں کھڑی ہوگی جیسے ایک آدمی کھڑا ہوتا ہے، پھر اللہ تعالیٰ مخلوق کے سامنے تشریف لائیں گے۔ مخلوق میں سے جس کسی نے بھی اللہ تعالیٰ کے سوا کسی اور کی پوجا کی ہوگی وہ اپنے اپنے معبود کے ہمراہ وہاں حاضر ہوگا۔

یہودی جب حاضر ہوں گے تو اللہ تعالیٰ پوچھیں گے تم کس کی پوجا کرتے تھے؟ یہودی کہیں گے حضرت عزیرؑ کی۔ اللہ تعالیٰ پوچھیں گے تمہیں پانی اچھا لگتا ہے؟ یہودی کہیں گے جی ہاں! اللہ تعالیٰ انہیں جہنم یوں کر کے دکھائیں گے جیسے سراب ہو۔

یہ فرما کر حضرت ابن مسعودؓ نے یہ آیت مبارکہ تلاوت فرمائی وعرضنا جھنم یومئذ للکفرین عرضا۔ پھر عیسائی حاضر ہوں گے تو اللہ تعالیٰ ان سے بھی پوچھیں گے تم کس کی پوجا کرتے تھے؟ وہ کہیں گے ہم حضرت عیسیٰؑ کی عبادت کرتے تھے، اللہ تعالیٰ ان سے پوچھیں گے تمہیں پانی پسند ہے؟ وہ کہیں گے ہاں! اللہ تعالیٰ انہیں بھی جہنم ایسی شکل میں دکھائیں گے جیسے وہ سراب ہو۔

پھر ہر اس آدمی کے ساتھ یہی کچھ ہوگا جو اللہ تعالیٰ کے سوا کسی اور کی عبادت کرتا رہا ہوگا۔ یہ فرما کر حضرت ابن مسعودؓ نے یہ آیت مبارکہ تلاوت فرمائی۔ وقفوھم انھم مسئولون۔ (الصافات۔ ۲۴)

فَمَنْ كَانَ يَرْجُو لِقَاءَ رَبِّهِ فَلْيَعْمَلْ عَمَلا صَالِحًا وَلا يُشْرِكْ بِعِبَادَةِ رَبِّهِ أَحَدًا۔

تو جو شخص اپنے رب سے ملنے کی تمنا کرتا ہو اس کو چاہیے کہ وہ نیک کام کرلے اور اپنے رب کی عبادت میں کسی کو شریک نہ کرلے۔

۱۔ علامہ زمخشری نے کشاف ۴۰۴۔ ۲ میں لکھا ہے یہ آیت مبارکہ حضرت جندب بن زہیرؓ کے بارے میں نازل ہوئی تھی۔ انہوں نے آقا صلی اللہ علیہ وآلہ وسلم سے عرض کیا میں عمل تو اللہ تعالیٰ کی رضا کے لیے کرتا ہوں مگر جب اس عمل سے لوگ باخبر ہو جاتے ہیں تو مجھے خوشی ہوتی ہے۔

یہ سن کر آپ ﷺ نے فرمایا بلاشبہ اللہ تعالیٰ وہ عمل قبول نہیں فرماتے جس میں کسی اور کو شریک بنایا جائے۔ اور یہ بھی مروی ہے کہ آپؐ نے فرمایا آپ کو دوہرا اجر ملے گا۔ ایک خفیہ عمل کرنے کا اجر اور دوسرا علانیہ پتہ چل جانے کا اجر۔

ابن حجر نے فرمایا حضرت ابن مسعودؓ سے بھی یہی مروی ہے۔ طبرانی نے بھی اسے نقل کیا ہے۔

پیدا اس ذات نے کیا ہے۔ پوچھنے والے نے پوچھا پھر کونسا؟ آپ ﷺ نے فرمایا کہ تو اپنی اولاد کو اس ڈر سے قتل کر دے کہ وہ تیرے ساتھ کھانا کھائے گی۔ پوچھنے والے نے پوچھا پھر کونسا! آپ ﷺ نے فرمایا یہ کہ تو اپنے ہمسائے کی بیوی سے زنا کرے۔

***

۱۹۔ سورۃ مریم

کھٰیٰعٓصٓ۔

۱۔ سیوطی نے الدر ۲۵۸/۴ میں لکھا ہے حضرت ابن مسعودؓ اور دیگر کئی صحابہ کرامؓ سے رموی ہے کہ کھیعص حروف ہجاء ہیں۔ الملک کا کاف ہے۔ اللہ کی ھاء ہے، ہاء اور عین العزیز سے ہے اور صاد المصور سے ہے۔

ذِكْرُ رَحْمَةِ رَبِّكَ عَبْدَهُ زَكَرِيَّا (٢)إِذْ نَادَى رَبَّهُ نِدَاءً خَفِيًّا (٣) قَالَ رَبِّ إِنِّي وَهَنَ الْعَظْمُ مِنِّي وَاشْتَعَلَ الرَّأْسُ شَيْبًا وَلَمْ أَكُنْ بِدُعَائِكَ رَبِّ شَقِيًّا (٤) وَإِنِّي خِفْتُ الْمَوَالِيَ مِنْ وَرَائِي وَكَانَتِ امْرَأَتِي عَاقِرًا فَهَبْ لِي مِنْ لَدُنْكَ وَلِيًّا (٥) يَرِثُنِي وَيَرِثُ مِنْ آلِ يَعْقُوبَ وَاجْعَلْهُ رَبِّ رَضِيًّا (٦) يَا زَكَرِيَّا إِنَّا نُبَشِّرُكَ بِغُلَامٍ اسْمُهُ يَحْيَى لَمْ نَجْعَلْ لَهُ مِنْ قَبْلُ سَمِيًّا (٧) قَالَ رَبِّ أَنَّى يَكُونُ لِي غُلَامٌ وَكَانَتِ امْرَأَتِي عَاقِرًا وَقَدْ بَلَغْتُ مِنَ الْكِبَرِ عِتِيًّا (٨) قَالَ كَذَلِكَ قَالَ رَبُّكَ هُوَ عَلَيَّ هَيِّنٌ وَقَدْ خَلَقْتُكَ مِنْ قَبْلُ وَلَمْ تَكُ شَيْئًا (٩)

اے پیغمبر آپ کے رب کی اس مہربانی کا ذکر ہے جو اس نے اپنے بندے زکریا پر کی تھی۔ جب اس نے اپنے رب کو پست اور خفیہ آواز سے پکارا۔ عرض کیا۔ اے میرے رب!

میری ہڈیاں بڑھاپے سے ضعیف ہوگئیں اور سر بڑھاپے کی سفیدی سے چمک اٹھا اور اے میرے رب تجھ سے مانگ کر کبھی محروم نہیں ہوا۔ میں اپنے بعد اپنے رشتہ داروں سے ڈرتا ہوں اور میری بیوی بانجھ ہے سو تو مجھ کو اپنے پاس سے ایک ایسا وارث عطاء کر جو میرا بھی وارث ہو اور اولاد یعقوب کا بھی وارث ہو اے میرے رب اسے اپنا پسندیدہ بنا۔ اے زکریا ہم تجھ کو ایک ایسے لڑکے کی بشارت دیتے ہیں جس کا نام یحییٰ ہوگا اس سے پہلے ہم نے کسی کو اس کا ہم نام نہیں پیدا کیا۔ عرض کیا اے میرے رب! مجھے لڑکا کیوں کر عطاء ہو گا حالانکہ میری بیوی بانجھ ہے اور میں بڑھاپے کے انتہائی درجہ کو پہنچ چکا ہوں۔ جواب دیا اسی طرح ہوگا تیرے رب نے کہا ہے یہ بات (بڑھاپے میں اولاد) مجھ پر آسان ہے اور میں نے اس سے پہلے تجھے پیدا کیا حالانکہ تو کچھ بھی نہ تھا۔

ا۔ حکم نے مستدرک ۲/ ۵۸۹۔ ۵۹۰ میں لکھا ہے حضرت ابن عباس اور حضرت ابن مسعودؓ وغیرہ مفسرین نے فرمایا: بنی اسرائیل کے انبیاء میں سے سب سے آخری پیغمبر حضرت زکریا بن آدن بن مسلم ہیں۔ آپؑ حضرت یعقوبؑ کی اولاد میں سے ہیں۔

حضرت زکریاؑ نے فرمایا تھا ایسا وارث عطا فرمائیں جو میرے ملک کا بھی وارث بنے اور اولاد یعقوبؑ حضرت یعقوبؑ کی اولاد میں سے ہیں۔

حضرت زکریاؑ نے فرمایا تھا ایسا وارث عطا فرمائیں جو میرے ملک کا بھی وارث بنے اور اولاد یعقوبؑ میں چلنے والی نبوت کا بھی وارث بنے۔

۲۔ حاکم نے مستدرک ۲/ ۵۹۰ میں لکھا ہے حضرت ابن عباس اور حضرت ابن مسعودؓ نے فرمایا: حضرت زکریاؑ نے آہستہ سے اپنے پروردگار سے دعا مانگی اور فرمایارب انی وھن العظم منی واشتعل الراس شیبا ولم اکن بدعائک رب شقیا وانی خفت الموالی من ورائی (موالی سے مراد عصبی رشتہ دار ہیں)وکانت امراتی عاقرا فھب لی من لدنک ولیا۔ یرثنی (وہ میری نبوت کا وارث بنے)ویرث من ال یعقوب (وہ آل یعقوبؑ کی نبوت کا وارث بنے)واجعلہ رب رضیا۔

بلاشبہ اللہ تعالیٰ آپ کو خوشخبری دیتے ہیں بغلام اسمہ یحییٰ لم نجعل لہ من قبل سمیا (ان سے پہلے کسی کا نام یحییٰ نہیں رکھا)

جب حضرت زکریاؑ نے یہ آواز سنی تو شیطان وہاں آکر کہنے لگا اے زکریا یہ جو آواز آپ سن رہے ہیں یہ اللہ تعالیٰ کی طرف سے نہیں یہ تو شیطان کی طرف سے ہے جو آپ سے مذاق کر رہا ہے۔ اگر یہ اللہ تعالیٰ کی طرف سے ہوتی تو اللہ تعالیٰ آپ کی طرف وحی نہ کرتے جیسے دوسرے انبیاء (علیھم السلام) کی طرف وحی کرتے ہیں۔

حضرت زکریاؑ شک کا شکار ہو گئے اور فرمانے لگے انی یکون لی غلام یعنی بیٹا کہاں سے آئے گا و قد بلغنی الکبر وامراتی عاقر قال کذلک اللہ یفعل مایشاء (آل عمران/ ۴۰)

وقد خلقتک من قبل ولم تک شیئا۔

وَ اذْكُرْ فِي الْكِتٰبِ مَرْيَمَ ۘ اِذِ انْتَبَذَتْ مِنْ اَهْلِهَا مَكَانًا شَرْقِيًّا -- اٰتٰنِيَ الْكِتٰبَ وَ جَعَلَنِيْ نَبِيًّا(۱۶۔ تا ۳۰)

اور اس کتاب میں مریم کا بھی ذکر کرو جب وہ اپنی قوم سے الگ ہو کر ایک ایسے مکان میں گئی جو جانب مشرق واقع تھا اور اس نے ان لوگوں کے سامنے پردہ تان لیا۔ تو ہم نے اس مریم کے پاس ایک فرشتہ بھیجا جو صحیح سالم بشر کی صورت میں ظاہر ہوا اسے دیکھ کر مریم نے کہا میں تجھ سے رحمان کی پناہ مانگی ہوں اگر تو خدا سے ڈرنے والا ہے اس نے کہا میں تو تیرے رب کا قاصد ہوں اس لیے بھیجا گیا ہوں تاکہ تجھ کو پاکیزہ لڑکا دوں مریم نے جواب دیا میرے ہاں لڑکا کیسے ہو سکتا ہے حالانکہ مجھ کو کسی آدمی نے چھوا تک نہیں اور نہ کبھی بدکار تھی فرشتے نے کہا یوں ہی ہوگا تیرے رب نے فرمایا ہے یہ بات مجھ پر بہت آسان ہے۔ اور اس کو اس لیے پیدا کریں گے تاکہ ہم اس کو لوگوں کے لئے اپنی قدرت کی نشانی بنائیں اور اس کو اپنی رحمت کا ذریعہ بنائیں۔ اور یہ بات ایک طے شدہ امر ہے پھر مریم کو بیٹے کا حمل ہو گیا اور وہ اس حمل کو لیے ایک دور الگ جگہ چلی گئی۔ پھر دردزہ کی تکلیف اسے ایک کھجور کے تنے کے پاس لے گئی کہنے لگی کاش میں اس حالت سے پہلے ہی مر چکی ہوتی اور بھولی بسری ہوتی اس وقت جبرئیل نے مریم کو نشیبی جگہ سے آواز دی اے ریم غم مت کر تیرے نیچے تیرے رب نے ایک چشمہ جاری کر دیا اور کھجور کے تنے کو اپنی جانب حرکت دو وہ تجھ پر تازہ کھجوریں گرائے گا تو کھا اور پی اور اپنی آنکھ ٹھنڈی کر پھر اگر تجھے آدمیوں میں سے کوئی نظر آئے تو اشارہ سے کہہ کہ میں نے رحمان کے لئے روزہ کی نیت کر رکھی ہے۔ لہذا کسی انسان سے بات نہ کروں گی۔ پھر مریم اس لڑکے کو لے کر قوم کے پاس آئی لوگوں

نے کہا اے مریم یہ تو تو نے بہت برا کام کیا اے ہارون کی بہن نہ تو تیرا باپ کوئی بد آدمی تھا اور نہ تیری ماں فاحشہ تھی پس مریم نے اس کی طرف اشارہ کیا۔ تو وہ کہنے لگے ہم اس سے کیسے کلام کریں جو گود کا بچہ ہے اس نے کہا میں اللہ تعالیٰ کا بندہ ہوں اس نے مجھ کو کتاب دی ہے اور اس نے مجھ کو نبی بنایا ہے۔

ا۔ حاکم نے مستدرک ۵۹۳/۲ میں لکھا ہے حضرت ابن عباس اور حضرت ابن مسعودؓ نے فرمایا: حضرت مریم (علیہما السلام) ماہواری کی وجہ سے حجرے کی ایک طرف کو نکلیں تو دیواروں کو لوگوں سے پردہ کے طور پر استعمال فرمایا۔ یہ واقعہ اللہ تعالیٰ نے ان الفاظ میں بیان فرمایا فانتبذت من اهلها مكانا شرقيا فاتخذت من دونهم حجابا۔ یہ حجرے کی مشرقی طرف میں ہو گئی تھیں۔

جب پاک ہو گئیں تو دیکھا کہ ایک آدمی ان کے سامنے کھڑا ہے۔ یہ واقعہ اللہ تعالیٰ نے ان الفاظ میں بیان فرمایا فارسلنا اليها روحنا فتمثل لها بشرا سويا۔ یہ حضرت جبرائیلؑ تھے۔

جب حضرت مریم (علیہا السلام) نے انہیں دیکھا تو گھبرا گئیں اور فرمایا انی اعوذ بالرحمن منک ان کنت تقیا۔ قال انما انا رسول ربک لاهب لک غلاماً زكيا (قالت انى يكون لى غلام ولم يمسسنى بشر ولم اک بغيا۔ بغیا سے مراد زانیہ ہے۔ قال کذالک قال ربک هو على هين ولنجعله اية للناس ورحمة منا وكان امرا مقضيا۔

آپ وہاں سے نکل پڑیں۔ ایک بڑی چادر آپ نے اوڑھ رکھی تھی۔ حضرت جبرائیلؑ نے آپ کی قمیض کا بازو پکڑ کر آپ کے گریبان میں پھونک ماری۔ وہ سامنے سے کھلا ہوا تھا۔ یہ

پھونک آپ کے سینہ مبارک تک پہنچی تو آپ حاملہ ہو گئیں۔ ان کی ہمشیرہ جو کہ حضرت زکریاؑ کی زوجہ تھیں رات کو ان سے ملنے آئیں۔ جب دروازہ کھلا تو یہ ان سے لپٹ گئیں۔ حضرت زکریاؑ کی زوجہ محترمہ فرمانے لگیں اے مریم! آپ کو پتہ ہے میں حاملہ ہوں؟ حضرت مریم نے فرمایا آپ کو پتہ ہے میں بھی حاملہ ہوں؟ حضرت زکریاؑ کی زوجہ محترمہ فرمانے لگیں مجھے یوں معلوم ہوتا ہے جو کچھ میرے پیٹ میں ہے وہ آپ کے بطن والے کو سجدہ کرتا ہے۔

یہ بات اللہ تعالیٰ نے یوں بیان فرمائی مصدقا بکلمۃ من اللہ (آل عمران/۳۹)

حضرت زکریاؑ کی زوجہ محترمہ کو حضرت یحییٰؑ ہوئے۔ جب حضرت مریم (علیہا السلام) کے وضع حمل کا وقت قریب آیا تو آپ حجرے کی مشرقی جانب بالکل آخری جگہ پر تشریف لے گئیں۔ فاجاء ھا المخاض الی جذع النخلۃ۔ مراد یہ ہے کہ دردزہ انہیں کھجور کے تنے تک لے آیا۔ آپ حاملہ تھیں۔ شرما کر چل رہی تھیں اور فرما رہی تھیں۔ یا لیتنی مت قبل ھذا وکنت نسیا منسیا۔ نسیا سے مراد ہے میری یاد بھلادی جائے اور منسیا سے مراد ہے میرا نام ونشان مٹ جائے۔

(فناداھا) یہ پکارنے والے حضرت جبرائیلؑ تھے (من تحتھا الاتحزنی قد جعل ربک تحتک سریا) السری سے مراد نہر ہے۔ (وھزی الیک بجذع النخلۃ (تساقط علیک رطبا جن یا) یہ ٹہنی درخت سے کٹی ہوئی تھی جیسے ہی آپ (علیہا السلام) نے اسے ہلایا تو وہ درخت بن گیا۔ اللہ تعالیٰ نے آپ کے لیے حجرے میں ایک نہر بھی جاری فرمادی۔ اب تروتازہ کھجوریں اس درخت سے گرتی تھیں۔ اور انہیں فرمایا کہ کھائیں پئیں اور آنکھوں کو

ٹھنڈک بخشیں اگر کوئی آدمی آپ کو دیکھے تو کہہ دینا کہ میں نے مہربان رب کی رضا کے لیے روزے کی نذر مانی ہوئی ہے میں آج کسی سے بات نہیں کروں گی۔ اس زمانہ کا رواج تھا کہ جو روزہ رکھتا وہ شام تک کسی سے بات چیت نہ کرتا تھا۔ چنانچہ آپ (علیہا السلام) سے کہا گیا اس سے زیادہ اور کچھ نہ کرنا۔

جب آپ نے حضرت عیسیٰؑ کو جنم دے دیا شیطان نے جا کر بنی اسرائیل کو بتایا کہ حضرت مریم نے بچہ جنا ہے وہ سب دوڑتے ہوئے آئے اور آپ کو بلایا۔ فاتت به قومها تحمله۔ قالوا یا مریم لقدجئت شیئا فریا۔ (فریا سے مراد ہے بڑا) یا اخت ہارون ماکان ابوک امرا سوء وما کانت امک بغیا) ہارون کی بہن! یہ معاملہ کیا ہے؟ آپ حضرت موسیٰؑ کے بھائی حضرت ہارون کی اولاد میں سے تھیں۔ یہ ایسا ہی ہے جیسا کہا جاتا ہے اے فلاں کے خاندان کے بھائی، مراد اس سے رشتہ داری ہوتی ہے۔

چنانچہ حضرت مریم (علیہا السلام) نے ان سے وہی کچھ فرمایا جس کا اللہ تعالیٰ نے انہیں حکم دیا تھا۔ اس کے بعد انہوں نے آپ سے بات کرنے کی کوشش کی تو آپ نے حضرت عیسیٰؑ کی طرف اشارہ کر دیا۔

وہ کہنے لگے اس نے ہمیں بچے سے بات کرنے کہہ کر اپنی بدکاری سے بھی سخت مذاق کیا ہے۔

(قالوا کیف نکلم من کان فی المهد صبیا) چنانچہ حضرت عیسیٰؑ نے بات کی اور فرمایا انی عبد الله اتانی الکتاب وجعلنی نبیا۔ وجعلنی مبارکا اینما کنت۔ بنی اسرائیل نے کہا

انہیں حضرت زکریاؑ کے سوا کسی اور سے حمل ہوا ہی نہیں کیونکہ وہ بھی آپ کے پاس آتے جاتے ہیں۔

انہوں نے حضرت زکریاؑ کو بلایا انہوں نے کسی اور طرف کا ارادہ فرمالیا۔ شیطان ایک چرواہے کی شکل میں آپ کے سامنے آیا اور کہنے لگا زکریا! وہ آپ کو پکڑلیں گے آپ اللہ تعالیٰ سے دعا فرمائیں یہ درخت کھل جائے اور آپ اس کے اندر چلے جائیں۔ آپ ﷺ نے دعا فرمائی۔ درخت کھل گیا آپ اس کے اندر چلے گئے۔ آپ کی چادر کا ایک کونا باہر رہ گیا۔ بنی اسرائیل شیطان کے پاس سے گزرے تو پوچھا کہ اے چرواہے کوئی آدمی تو نہیں دیکھا۔ اس نے کہاں ہاں! اس آدمی نے اس درخت کی طرف اشارہ کیا، یہ درخت کھلا تو وہ اس میں داخل ہو گئے۔ یہ اس کی چادر کا ٹکڑا ہے۔

انہوں نے ارادہ کرلیا اور آروں سے یہ درخت کاٹ دیا جبکہ آپؑ اس درخت کے اندر ہی تھے۔ اب آپ یہودی ایسے ہی لگتے ہیں جیسے چادر کا ایک ٹکڑا ہوں۔ جب حضرت عیسیٰؑ کی ولادت ہوئی دنیا کے تمام جھوٹے معبود آپ کے سامنے سجدہ ریز ہو گئے۔

۲۔ ابن جوزی نے زاد ۵/۲۲۵ میں لکھا ہے حضرت ابن مسعودؓ نے فرمایا حضرت مریم (علیہا السلام) کو خاموشی کا حکم دینے کی وجہ یہ تھی کہ ان کے پاس لوگوں کو پیش کرنے کے لیے کوئی دلیل تو تھی نہیں چنانچہ آپ کو بات کرنے سے روک دیا گیا۔ تاکہ ان کے فرزند ارجمند کی بات ہی انہیں ہر الزام سے بری کرنے کے لیے کافی ہو جائے۔

۳۔ طبری نے جامع ۵۷/۱۶ میں لکھا ہے۔ راوی حدیث حضرت حارثہ فرماتے ہیں میں حضرت ابن مسعودؓ کی خدمت میں حاضر تھا کہ دو آدمی آئے۔ ان میں سے ایک نے سلام کیا دوسرے نے سلام نہیں کیا۔ آپؓ نے دریافت فرمایا تجھے کیا ہے؟ آپ کے شاگردوں نے بتایا کہ اس نے آج کے دن بات نہ کرنے کی قسم کھائی ہے۔
حضرت ابن مسعودؓ نے فرمایا لوگوں سے بات بھی کرو اور انہیں سلام بھی کرو یہ تو اس عورت کے متعلق بات ہے جسے علم تھا کہ کوئی بھی اس کی تصدیق نہیں کرے گا کہ یہ بغیر خاوند کے حاملہ ہوئی ہے۔ آپ کی مراد حضرت مریم (علیہا السلام) تھیں۔ یہ خاموشی کا روزہ اس لیے رکھا گیا تاکہ جب لوگ اس سے پوچھیں تو اس کے پاس جواب نہ دینے کا کوئی عذر ہو۔

وجعلنی مبارکا اینما کنت

اور مجھ کو خدا نے بابرکت کیا ہے جب تک میں زندہ ہوں۔

۱۔ سیوطی نے الدر ۲۷۰/۴ میں لکھا ہے حضرت ابن مسعودؓ نے آقائے دوجہاں ﷺ سے نقل فرمایا ہے کہ مبارکا سے مراد ہے۔ معلم اور مودب۔

وانذرہم یوم الحسرۃ اذ قضی الامر

اور ان کو ڈراؤ حسرت کے دن سے جبکہ معاملے کا فیصلہ ہو جائے گا۔

۱۔ طبری نے جامع ۲۲/۱۶ میں لکھا ہے حضرت ابن مسعودؓ نے ایک قصہ کے ذیل میں فرمایا: ہر ایک اپنا ایک گھر جنت میں دیکھے گا اور ایک گھر جہنم میں۔ یہ حسرت کا دن ہوگا۔

جہنمی جب اپنا وہ گھر دیکھیں گے جو اللہ تعالیٰ نے ان کے لیے تیار کر رکھا ہے۔ وہ ایمان لائے ہوتے۔ تو انہیں کہا جائے گا کہ اگر تم ایمان لائے ہوتے اور نیک عمل کیے ہوتے تو یہ گھر جسے تم جنت میں دیکھ رہے ہو تمہارا ہوتا۔ یوں یہ حسرت کا شکار ہو جائیں گے۔

اور اہل جنت جب آگ والا گھر دیکھیں گے تو انہیں کہا جائے گا تم پر تو اللہ تعالیٰ نے احسان فرما دیا ہے ورنہ۔۔

۲۔ ابن کثیر نے اپنی تفسیر ۲۲۸/۵ میں لکھا ہے حضرت ابن مسعودؓ نے آیت مبارکہ وانذرهم يوم الحسرة اذ قضى الامر کی تفسیر میں فرمایا۔ جب جنتی جنت چلے جائیں گے اور جہنمی جہنم میں داخل ہو جائیں تو موت ایک خوبصورت دنبہ کی شکل میں لائی جائے گی اور جنت اور جہنم کے درمیان کھڑی کر دی جائے گی۔ ایک پکارنے والا پکارے گا۔ اے اہل جنت! یہ وہی موت ہے جو دنیا میں لوگوں کو فنا کے گھاٹ اتارا کرتی تھی۔ جنت کے اعلی درجوں میں رہنے والے اور جنت کے نچلے درجوں میں رہنے والے سب اسے دیکھیں گے۔

پھر وہ آواز دے گا اے جہنم والو! یہ وہی موت ہے جو دنیا میں لوگوں کو آیا کرتی تھی۔ جہنم کے ہر طبقہ میں رہنے والے سب اسے دیکھ لیں گے۔ اس کے بعد جنت اور جہنم کے درمیان موت کو ذبح کر دیا جائے گا۔

پھر وہ پکارے گا۔ اے اہل جنت! اب ہمیشہ ہمیشہ کی زندگی ہے۔ اور اے جہنم والو! اب کبھی موت نہیں آئے گی۔

جنتی اتنے خوش ہو جائیں گے کہ اگر خوشی سے کسی کو موت آتی ہوتی تو یہ سب مرجاتے اور جہنمی اتنا زور سے چیخیں گے کہ اگر چیخ سے کسی کو موت آتی ہوتی تو یہ سب مرجاتے۔ اسی واقعہ کی طرف اشارہ ہے اس فرمان الٰہی میں (وانذرهم يوم الحسرة اذ قضى الامر) حضرت ابن مسعودؓ اذ قضی الامر کی تفسیر میں فرماتے ہیں کہ جب موت ذبح ہو جائے گی۔

فخلف من بعدهم خلف اضاعوا الصلوٰة۔

پس ان کے پیچھے آئے پیچھے آنے والے جنہوں نے نماز کو ضائع کیا۔

۱۔ سیوطی نے الدر ۴/۲۷۷ میں لکھا ہے حضرت ابن مسعودؓ نے آیت مبارکہ فخلف من بعدهم خلف اضاعوا الصلاة کی تفسیر میں فرمایا۔ نماز کا ضائع کرنا یہ نہیں کہ اسے پڑھا نہ جائے کبھی ایسا ہوتا ہے کہ انسان ایک چیز کو ضائع کر دیتا ہے اور ترک نہیں کرتا بلکہ نماز کا ضائع کرنا یہ ہے کہ اسے وقت پر نہ پڑھا جائے۔

واتبعوا الشهوات فسوف يلقون غيا۔

اورانھوں نے نفسانی خواہشات کی پیروی کی تو ایسے لوگ اپنی گمراہی کا پھل پالیں گے۔

۱۔ طبری نے جامع ۱۶/۷۵ میں لکھا ہے حضرت ابن مسعودؓ نے فرمایا۔ غیا جہنم کی ایک وادی ہے۔

۲۔ طبری نے جامع ۱۶/۵،۷ میں لکھا ہے حضرت ابن مسعودؓ نے فرمایا۔ غیا جہنم کی ایک نہر ہے اس کا ذائقہ بہت برا ہے اور یہ بہت گہری ہے۔

۳۔ طبری نے جامع ۱۶/۵،۷ میں لکھا ہے حضرت ابن مسعودؓ نے فرمایا: غیا جہنم کی ایک ایسی نہر ہے جس میں ان لوگوں کو پھینکا جائے گا جو خواہشات کی پیروی میں لگے رہے۔

فَوَرَبِّكَ لَنَحْشُرَنَّهُمْ وَالشَّيَاطِينَ ثُمَّ لَنُحْضِرَنَّهُمْ حَوْلَ جَهَنَّمَ جِثِيًّا (٦٨) ثُمَّ لَنَنْزِعَنَّ مِنْ كُلِّ شِيعَةٍ أَيُّهُمْ أَشَدُّ عَلَى الرَّحْمَنِ عِتِيًّا (٦٩)۔

پس اے پیغمبر قسم ہے آپ کے رب کی ہم ان کو زندہ کر کے جمع کریں گے اور ان کے ساتھ شیاطین کو بھی پر ہم ان سب کو جہنم کے گرداگرد اس حالت سے حاضر کریں گے کہ وہ گھٹنوں کے بل ہوں گے پھر ہم ہر گروہ میں سے ان لوگوں کو کھینچ نکالیں گے جو ان میں سب سے زیادہ رحمان سے سرکشی کرنے والے تھے۔

۱۔ ابن کثیر نے اپنی تفسیر ۲۴۶/۵ میں لکھا ہے سدی نے آیت مبارکہ ثم لنحضرنہم حول جہنم جثیا کی تفسیر میں فرمایا کہ مراد یہ کہ وہ کھڑے کیے جائیں گے۔

اور مروی ہے کہ حضرت ابن مسعودؓ نے بھی یہی فرمایا ہے۔

۲۔ ابن کثیر نے اپنی ۲۴۶/۵ میں لکھا ہے حضرت ابن مسعودؓ نے فرمایا: ایک ایک کر کے سب کو سب روک لیا جائے گا۔ جب تعداد مکمل ہو جائے گی تو اللہ تعالیٰ جلوہ فرمائیں گے۔ پھر جس کا جرم بڑا ہو گا اسے سامنے لایا جائے گا پھر اس کے بعد والے کو۔ اس فرمان الٰہی میں یہی کچھ بیان ہوا ہے ثم لننزعن من کل شیعۃ ایھم اشد علی الرحمن عتیا۔

وان منکم الا واردھا کان علی ربک حتما مقضیا۔

اور تم میں سے کوئی شخص ایسا نہیں ہے جس کا گزر جہنم پر سے نہ ہو یہ ورود آپ کے رب پر لازم شدہ ہے۔

۱۔ طبری نے جامع ۱۶/۸۳ میں لکھا ہے حضرت ابن مسعودؓ نے فرمایا۔ واردھا کا معنی ہے اس میں داخل ہونے والا۔

۲۔ امام احمد بن حنبلؒ نے اپنی مسند ۶/۸۹ میں یہ روایت درج فرمائی ہے۔ حضرت ابن مسعودؓ فرماتے ہیں رحمت مجسم ﷺ نے اس آیت کریمہ وان منکم الا واردھا کی تفسیر میں فرمایا تمام لوگ جہنم پر لائے جائیں گے پھر اپنے اپنے اعمال کی وجہ سے واپس ہوں گے۔

۳۔ ترمذی نے اپنی سنن ۱۲/۱۶ ا میں یہ حدیث ذکر فرمائی ہے۔ حضرت سدی کہتے ہیں میں نے حضرت مرۃ الھمدانی سے آیت مبارکہ وان منکم الا واردھا کی تفسیر پوچھی تو آپ نے فرمایا مجھے حضرت ابن مسعودؓ نے یہ حدیث بیان فرمائی ہے رحمت مجسم ﷺ نے فرمایا: تمام لوگ آگ پر لائے جائیں گے پھر اپنے اپنے اعمال کی بدولت پلٹ جائیں گے جو سب سے پہلے پلٹیں گے وہ بجلی کی چمک کی طرح گزریں گے اس کے بعد والے ہوا کی طرح اس کے بعد والے تیز رو گھوڑے کی طرح اس کے بعد والے آہستہ رفتار گھڑ سوار کی طرح۔ اس کے بعد ایسے گزریں گے جیسے آدمی دوڑتا ہے اور اس کے بعد والے ایسے جیسے آدمی چلتا ہے۔

۴۔ حاکم نے مستدرک ۲/ ۳۳۷۔ ۳۷۶ میں لکھا ہے حضرت ابن مسعودؓ نے فرمایا اللہ تعالیٰ قیامت کے روز لوگوں کو جمع فرمائیں گے۔ لوگ پل صراط سے گزریں گے۔ پل صراط تلوار کی طرح تیز ہے۔ اس کے اوپر ٹھہر جانے کا سوال ہی پیدا نہیں ہوتا۔ حکم ہوگا اپنی اپنی روشنی کے حساب سے نجات پاؤ۔ کچھ ایسے گزریں گے جیسے ستارہ لپکتا ہے۔ کچھ آنکھ جھپکتے ہی گزر جائیں گے۔ کچھ ہوا کی طرح گزریں گے۔ اور کچھ ایسے گزریں گے جیسے آدمی تیز تیز چلتا ہے چنانچہ سب اپنے اپنے اعمال کے حساب سے گزریں گے۔ ایک ادمی ایسا بھی ہوگا جس کے پاؤں کے انگوٹھے پر روشنی ہوگی۔ وہ گرتا پڑتا ٹاما ٹوئیا مارتا جارہا ہوگا، اس کے پہلوؤں کو آگ چھو رہی ہوگی۔

یوں سب نجات پائیں گے اور جب نجات پا جائیں گے تو یہ دعا پڑھیں گے۔
الحمد للہ الذی نجانا منک بعد الذی اراناک۔ لقد اعطانا اللہ مالم یعط احدا۔

۵۔ طبری نے جامع ۱۶/ ۸۶ میں لکھا ہے حضرت ابن مسعودؓ نے حتما مقضیا کی تفسیر میں فرمایا اس سے مراد ہے وہ قسم جسے لازمی پورا کیا جاتا ہے۔

لا یملکون الشفاعۃ الا من اتخذ عند الرحمن عھدا۔
اس دن کسی شخص کو سفارش کا اختیار نہ ہوگا سوائے اس کے جس نے رحمان سے اجازت حاصل کر لی ہو۔

ا۔ حاکم نے مستدرک ۲/ ۳۷۷۔ ۳۷۸ میں لکھا ہے حضرت ابن مسعودؓ نے یہ آیت کریمہ تلاوت فرمائی الا من اتخذ عند الرحمن عهدا۔ پھر فرمایا تم بھی اپنے رب سے وعدہ لے لو کیونکہ اللہ تعالیٰ قیامت کے دن فرمائیں گے جس کا مجھ سے کوئی وعدہ ہے وہ کھڑا ہو جائے۔ لوگوں نے عرض کیا اے ابو عبد الرحمن! ہمیں وہ وعدہ سکھا دیں۔ آپؓ نے فرمایا یہ پڑھا کرو۔

اللهم فاطر السموات والارض عالم الغيب والشهادة انی اعهد اليک فی هذه الحياة الدنيا بانی اشهد ان لا اله الا انت وحدک لاشريک لک وان محمدا عبدک ورسولک۔ فانک ان تكلنی الی نفسی تقربنی من الشروتباعدنی من الخير وانی لاثق الا برحمتک فاجعله لی عهدا توفنيه يوم القيامة۔ انک لا تخلف الميعاد۔

اور انہوں نے کہا رحمان نے بیٹا بنا لیا ہے۔ بیشک تم نے ایک نا معقول بات کی ہے اس بات سے آسمان پھٹ جائیں اور زمین شق ہو کر ٹکڑے ٹکڑے ہو جائے اور پہاڑ پارہ پارہ ہو کر گر پڑیں۔ اس بنا پر کہ انہوں نے رحمان کی طرف اولاد کی نسبت کی ہے۔

ا۔ قرطبی نے احکام ۱۱/ ۱۵۲ میں لکھا ہے حضرت ابن مسعودؓ نے فرمایا۔ بلاشبہ پہاڑ دوسرے پہاڑ سے کہتا ہے اے فلان! آج تیرے پاس سے اللہ کا ذکر کرنے والا کوئی گزرا ہے؟ پس اگر وہ ہاں میں جواب دے تو پہاڑ کو خوشی ہوتی ہے۔

یہ فرما کر حضرت ابن مسعودؓ نے یہ آیت کریمہ تلاوت فرمائی۔ وقالو اتخذ الرحمن ولدا۔ اور پھر فرمایا تمہارا کیا خیال ہے پہاڑ جھوٹی بات سن لیتے ہیں اور سچی بات نہیں سنتے؟

***

۲۰۔ سورۃ طٰہٰ

طٰہٰ۔

۱۔ ابن جوزی نے زاد ۲۶۹/۵ میں لکھا ہے۔ طہ اللہ تعالیٰ کے اسماء مبارکہ سے مرکب ہے طاء لطیف سے لی گئی ہے اور ھاء ھادی سے۔

۲۔ سیوطی نے الدر ۲۸۹/۲ میں لکھا ہے حضرت ابن مسعودؓ حضرت ابن عباسؓ نے فرمایا طہ ایک قسم ہے جو اللہ تعالیٰ نے کھائی ہے اور یہ اللہ تعالیٰ کا نام ہے۔

وَ هَلْ اَتٰىكَ حَدِيْثُ مُوْسٰىۘ اِذْ رَاٰ نَارًا فَقَالَ لِاَهْلِهِ امْكُثُوْۤا اِنِّیْۤ اٰنَسْتُ نَارًا ۔ لَّعَلِّیْۤ اٰتِیْكُمْ مِّنْهَا بِقَبَسٍ اَوْ اَجِدُ عَلَى النَّارِ هُدًى

آپ کو موسیٰ کی خبر بھی پہنچی ہے اور وہ وقت قابل ذکر ہے جب انہوں نے آگ دیکھی پس انہوں نے اپنے گھر والوں سے کہا تم یہیں ٹھہرو میں نے آگ دیکھی ہے۔

۱۔ بغوی نے معالم ۲۱۴/۴ میں لکھا ہے کہ حضرت موسیٰؑ نے سبز درخت دیکھا تھا جس سے سفید رنگ کی آگ نکل رہی تھی۔

حضرت ابن مسعودؓ نے فرمایا یہ کیکر کا سبز درخت تھا۔

فَلَمَّآ اَتٰىهَا نُوْدِيَ يٰمُوْسٰىؕ ﴿١١﴾ اِنِّيْٓ اَنَا رَبُّكَ فَاخْلَعْ نَعْلَيْكَ ۚ اِنَّكَ بِالْوَادِ الْمُقَدَّسِ طُوًىؕ ﴿١٢﴾

پھر جب وہ اس کے پاس پہنچے انہیں آواز آئی کہ اے موسیٰ میں تمہارا پروردگار ہوں تم اپنی جوتیاں اتار دو بیشک تم ایک پاک سرزمین میں ہو یعنی طوی میں ہو۔

ا۔ امام ترمذی نے اپنی سنن ۷/ ۲۴۰۔ ۲۴۲۔ میں یہ روایت درج فرمائی ہے حضرت ابن مسعودؓ نے بیان فرمایا کہ سرکار دو عالم ﷺ نے فرمایا: جس دن حضرت موسیٰؑ کی اللہ تعالیٰ سے ہم کلامی ہوئی اس دن آپؑ نے اون کی چادر، اون کا جبہ، اون کی آستین اور اون کا شلوار زیب تن فرما رکھی تھی اور آپ کے جوتے مردہ گدھے کے چمڑے سے بنے ہوئے تھے۔

اذھبا الی فرعون انہ طغی۔ فقولا لہ قولا لینا لعلہ یتذکر او یخشی۔

فرعون کے پاس تم دونوں جاؤ وہ حد سے تجاوز کر گیا ہے پھر تم اس سے گفتگو کرنا شاید وہ نصیحت قبول کر لے یا ڈر ہی جائے۔

ا۔ طبری نے جامع ۱۹/ ۸۶ میں لکھا ہے حضرت ابن مسعودؓ نے فرمایا: بلاشبہ حضرت موسیٰؑ اون کا جبہ زیب تن فرما کر فرعون کے پاس تشریف لے گئے تھے۔

۲۔ قرطبی نے احکام ۱۱/۲۰۰ میں لکھا ہے حضرت ابن مسعودؓ نے فرمایا۔ نرم بات سے مراد یہ فرمان الٰہی ہے :فقل ھل لک الی ان تزکی واھدیک الی ربک فتخشی (النازعات/۱۹)

۳۔ ابن کثیر نے اپنی تفسیر ۵/۲۸۹ میں روایت نقل فرمائی ہے حضرت ابن مسعودؓ نے فرمایا اللہ تعالیٰ نے جب حضرت موسیٰؑ کو فرعون کی طرف بھیجا تو حضرت موسیٰؑ نے دریافت فرمایا پروردگار! میں اسے کیا کہوں؟ اللہ تعالیٰ نے فرمایا ایسے یوں کہیے (ھیا شراھیا) (یہ عبرانی کے الفاظ ہیں، ترجمہ یہ ہے میں ہی موجود ہوں۔

وقل رب زدنی علما

اور آپ کہیے اے میرے رب میرے علم کو بڑھا دے۔

۱۔ علامہ بغوی نے معالم ۴/۲۲۸ میں لکھا ہے۔ حضرت ابن مسعودؓ جب یہ آیت کریمہ تلاوت فرماتے تو یہ دعا فرماتے اللھم زدنی ایمانا و یقینا۔

ومن اعرض عن ذکری فان لہ معیشۃ ضنکا

اور جو کوئی میری نصیحت سے اعراض کرے گا اس کے لیے تنگی کا جینا ہو گا۔

۱۔ طبری نے جامع ۱۶/۱۶۵ میں لکھا ہے۔ حضرت ابن مسعودؓ نے فرمایا۔ معیشۃ ضنکا سے مراد عذاب قبر ہے۔

***

۲۱۔ سورۃ الأنبیاء

ونضع الموازين القسط ليوم القيامة۔

اور قیامت کے روز ہم میزان عدل قائم رکھیں گے۔

۱۔ سیوطی نے الدر۴/۳۲۰ میں لکھا ہے حضرت ابن مسعودؓ نے فرمایا قیامت کے دن جب لوگوں کو میزان کے پاس لایا جائے گا تو وہاں آپس میں بڑا سخت جھگڑا کریں گے۔

وَتَاللَّهِ لَأَكِيدَنَّ أَصْنَامَكُمْ بَعْدَ أَنْ تُوَلُّوا مُدْبِرِينَ (٥٧) فَجَعَلَهُمْ جُذَاذًا إِلا كَبِيرًا لَهُمْ لَعَلَّهُمْ إِلَيْهِ يَرْجِعُونَ ٥٨) قَالُوا مَنْ فَعَلَ هَذَا بِآلِهَتِنَا إِنَّهُ لَمِنَ الظَّالِمِينَ (٥٩) قَالُوا سَمِعْنَا فَتًى يَذْكُرُهُمْ يُقَالُ لَهُ إِبْرَاهِيمُ (٦٠)

اور بخدا میں تمہارے بتوں کی گت بناؤں گا جب تم پیٹھ پھیر کر چلے جاؤ گے چنانچہ اس نے ان کو ٹکڑے ٹکڑے ہی کر ڈالا۔ بجز ان کے بڑے (بت) کے تاکہ وہ لوگ اس کی طرف رجوع کریں وہ لوگ (آ کر) بولے یہ (حرکت) کس نے ہمارے ٹھاکروں کے ساتھ کی ہے۔ بیشک اس نے تو بڑا غضب کیا بعض بولے کہ ہم نے تو ایک نوجوان کوج سے ابراہیم کہتے ہیں ان کا ذکر برائی سے کرتے سنا ہے۔

۱۔ ابن کثیر نے اپنی تفسیر ۵/۳۴۳ میں لکھا ہے حضرت ابن مسعودؓ نے فرمایا حضرت ابراہیمؑ کی قوم جب میلے کی طرف جانے لگی تو ان کا گزر حضرت ابراہیمؑ کے اس سے ہوا۔ وہ کہنے لگے ابراہیم! آپ ہمارے ساتھ نہیں جائیں گے؟ آپؑ نے فرمایا میں علیل ہوں۔ اس سے ایک دن پہلے جب آپ نے یہ فرمایا تھا وتاللہ لاکیدن اصنامکم بعد ان تولوا مدبرین۔ تو ان میں سے کچھ لوگوں نے یہ بات سن لی تھی۔

۲۔ سیوطی نے الدر ۴/ ۳۲۱ میں لکھا ہے حضرت ابن مسعودؓ نے فرمایا حضرت ابراہیمؑ کی قوم جب میلے کو جانے لگی تو ان کا گزر حضرت ابراہیمؑ کے پاس سے ہوا۔ جب وہ چلے گئے تو حضرت ابراہیمؑ اپنے گھر تشریف لائے کھانا لیا اور ان کے بتوں کے پاس تشریف لائے کھانا ان کے سامنے رکھ کر فرمایا تم کھاتے کیوں نہیں؟ پھر ان کے بڑے کو چھوڑ کر باقی سب کو توڑ پھوڑ دیا۔ جس چیز سے ان کے بت توڑے تھے اسے بڑے کے ہاتھ میں باندھ دیا۔ جب قوم میلے سے لوٹی تو اپنے بتوں کے پاس آئے وہاں دیکھا تو سب کا چورا بنا پڑا تھا اور بڑے کے ہاتھ میں وہ ہتھیار تھا جس سے ان خداؤں کی درگت بنی تھی کہنے لگے ہمارے خداؤں کا یہ حشر کس نے کیا ہے؟ جن لوگوں نے حضرت ابراہیمؑ کو فرماتے سنا تھا کہ تاللہ لاکیدن اصنامکم انہوں نے کہا ہم نے ایک نوجوان کو ان بتوں کا تذکرہ کرتے سنا تھا۔ یوں اس موقع پر حضرت ابراہیمؑ نے ان سے بحث فرمائی۔

وَدَاوُد وَسُلَيْمَانَ إِذْ يَحْكُمَانِ فِي الْحَرْثِ إِذْ نَفَشَتْ فِيهِ غَنَمُ الْقَوْمِ وَكُنَّا لِحُكْمِهِمْ شَاهِدِينَ (۷۸) فَفَهَّمْنَاهَا سُلَيْمَانَ وَكُلا آتَيْنَا حُكْمًا وَعِلْمًا وَسَخَّرْنَا مَعَ دَاوُد الْجِبَالَ

يُسَبِّحْنَ وَالطَّيْرَ وَكُنَّا فَاعِلِينَ (٧٩) وَعَلَّمْنَاهُ صَنْعَةَ لَبُوسٍ لَكُمْ لِتُحْصِنَكُمْ مِنْ بَأْسِكُمْ فَهَلْ أَنْتُمْ شَاكِرُونَ (٨٠)

اور داؤد و سلیمان کا بھی ذکر کرو) جب وہ کھیت کے بارے میں فیصلہ کر رہے تھے جبکہ اس پر لوگوں کی بکریاں رات کو جا پڑیں اور ہم ان لوگوں سے متعلق فیصلہ کو دیکھ رہے تھے پس ہم نے اس فیصلہ کی سمجھ سلیمان کو دے دی اور حکمت و علم تو ہم نے ہر ایک کو دیا تھا۔

ا۔ طبری نے جامع ۱۷/۳۸ میں لکھا ہے حضرت ابن مسعودؓ نے اس آیت کریمہ کی تفسیر یوں فرمائی کہ: انگور کا باغ تھا جس نے خوشے نکالے ہوئے تھے۔ بکریوں نے اسے اجاڑ دیا۔ حضرت داؤدؑ نے فیصلہ فرمایا کہ بکریاں باغ والے کو دے دی جائیں۔ حضرت سلیمانؑ نے فرمایا اے اللہ کے نبی فیصلہ یوں نہیں ہونا چاہیے۔ حضرت داؤد نے دریافت فرمایا کہ پھر کیسے ہونا چاہیے؟ حضرت سلیمانؑ نے فرمایا انگور کا باغ اس کے حوالے کیا جائے جس کی بکریاں ہیں تاکہ وہ اس کی نگہداشت کرے اور اسے اسی پہلے والی حالت پر لوٹائے۔ جبکہ بکریاں باغ والے کو دے دی جائیں تاکہ وہ ان سے فائدہ اٹھائے حتیٰ کہ جب باغ اپنی پہلی حالت پر لوٹ آئے تو یہ بکریاں ان کے مالک کو لوٹا دی جائیں۔

یہ مطلب ہے۔ ففہمناها سلیمان۔

وَأَيُّوبَ إِذْ نَادَى رَبَّهُ أَنِّي مَسَّنِيَ الضُّرُّ وَأَنْتَ أَرْحَمُ الرَّاحِمِينَ (٨٣) فَاسْتَجَبْنَا لَهُ فَكَشَفْنَا مَا بِهِ مِنْ ضُرٍّ وَآتَيْنَاهُ أَهْلَهُ وَمِثْلَهُمْ مَعَهُمْ۔

اور ایوب کا تذکرہ کرو) جب انہوں نے اپنے پروردگار کو پکارا کہ مجھ کو تکلیف پہنچ رہی ہے اور تو توسب مہربانوں سے بڑھ کر مہربان ہے۔ ہم نے ان کی دعا قبول کی اور ان کی تکلیف کو دور کردیا۔ اور ہم نے انہیں ان کا کنبہ عطاء کردیا اور ان کے ساتھ ان کے برابر اور بھی۔

١۔ طبری نے جامع ١٧/٥٨ میں لکھا ہے حضرت ابن مسعودؓ نے اس آیت مبارکہ کی تفسیر میں فرمایا حضرت ایوبؑ کے اصل اہل خانہ لوٹائے گئے۔

٢۔ قرطبی نے احکام ١١/٣٢٦ میں لکھا ہے حضرت ابن مسعودؓ نے فرمایا حضرت ایوبؑ کے تمام اہل خانہ وفات پا گئے سوائے آپ کی بیوی کے پھر اللہ تعالیٰ نے انہیں لمحہ بھر میں زندہ فرمادیا اور اتنے ہی اور بھی عطا فرمائے۔

حضرت ابن مسعودؓ نے فرمایا حضرت ایوبؑ کے ساتھ بیٹے اور سات بیٹیاں وفات پا چکی تھیں۔ جب حضرت ایوبؑ پر خصوصی نظر کرم ہوگئی تو ان سب کو زندگی عطاء فرمادی گئی۔ اب کی بار بھی آپؑ کی زوجہ محترمہ کے ہاں سات بیٹے اور سات بیٹیاں دوبارہ پیدا ہوئیں۔

وَذَا النُّونِ إِذْ ذَهَبَ مُغَاضِبًا فَظَنَّ أَنْ لَنْ نَقْدِرَ عَلَيْهِ فَنَادَى فِي الظُّلُمَاتِ أَنْ لا إِلَهَ إِلا أَنْتَ سُبْحَانَكَ إِنِّي كُنْتُ مِنَ الظَّالِمِينَ۔

اور مچھلی والے جب کہ وہ ناراض ہو کر چلے گئے اور نہ سمجھے کہ ہم ان پر تنگی نہ کریں گے پھر انہوں نے اندھیروں میں کہا تیرے سواء کوئی معبود نہیں تو سبحان ہے بیشک میں ہی قصوروار ہوں۔

۱۔ رازی نے مفاتیح ۱۲۷/۶ میں لکھا ہے کہ اکثر مفسرین کی رائے یہی ہے کہ حضرت یونسؑ اپنے رب سے ناراض ہو کر چل دیے تھے، اور بتایا گیا ہے کہ حضرت ابن مسعودؓ اور حضرت ابن عباسؓ وغیرہ کی رائے بھی یہی ہے۔

۲۔ قرطبی نے احکام ۳۳۳/۱۱ میں لکھا ہے حضرت ابن مسعودؓ نے فرمایا: مچھلی نے جب حضرت یونسؑ کو نگل لیا تو وہ آپ کو لے کر نیچے زمین کی تہہ کی طرف لے گئی وہاں حضرت یونسؑ نے کنکریوں کو تسبیح کرتے سنا تو تین اندھیروں۔ مچھلی کے پیٹ کا اندھیرا، رات کا اندھیرا، سمندر کا اندھیرا۔ میں پکار اٹھے لا الہ الا انت سبحانک انی کنت من الظالمین۔

حَتَّى إِذَا فُتِحَتْ يَأْجُوجُ وَمَأْجُوجُ وَهُمْ مِنْ كُلِّ حَدَبٍ يَنْسِلُونَ (٩٦) وَاقْتَرَبَ الْوَعْدُ الْحَقُّ فَإِذَا هِيَ شَاخِصَةٌ أَبْصَارُ الَّذِينَ كَفَرُوا الخ۔

یہاں تک کہ یاجوج و ماجوج کھول دیے جائیں اور وہ جگہ سے نکل پڑیں اور سچا وعدہ قریب آ لگے تو بس یک بیک کافروں کی نگاہیں پھٹی رہ جائیں گی۔

۱۔ امام احمد بن حنبلؒ سے اپنی مسند ۱۸۹/۵۔ ۱۹۰ میں یہ روایت نقل فرمائی ہے۔ حضرت ابن مسعودؓ فرماتے ہیں رسالت مآب ﷺ نے فرمایا: میں معراج کی رات حضرت ابراہیم، حضرت موسیٰ اور حضرت عیسیٰ (علیہم السلام) سے ملا، سب نے قیامت کا تذکرہ کیا، سب نے قیامت کی بابت حضرت عیسیٰؑ کی طرف کردی۔ تو حضرت عیسیٰؑ نے فرمایا وہ کب واقع

ہوگی، اس کا علم تو صرف اللہ تعالیٰ کو ہے البتہ میرے رب نے جو چیز مجھے بتلائی ہے وہ یہ ہے کہ دجال ضرور نکلے گا۔

آپ نے فرمایا لوگ اپنے اپنے شہروں اور گھروں کو لوٹ جائیں گے اس موقع پر یاجوج ماجوج نکلیں گے۔ وہ لوگوں کے شہروں کو روند ڈالیں گے، جہاں سے گزریں گے تباہی مچاتے جائیں گے، جس پانی کے پاس سے گزریں گے اسے پی جائیں گے۔

پھر لوگ میرے پاس لوٹ آئیں گے اور ان کی شکایت کریں گے چنانچہ میں ان کے لیے بد دعا کروں گا تو اللہ تعالیٰ انہیں تباہ فرما دیں گے اور موت کے گھاٹ اتار دیں گے۔ حتیٰ کہ زمین ان کی بدبو سے متغیر ہو جائے گی۔ آپ نے فرمایا۔ پھر اللہ تعالیٰ بارش برسائیں گے جو ان کی لاشیں بہا کر لے جائے گی اور سمندر کے حوالے کر دے گی۔

حضرت عبداللہ بن احمد فرماتے ہیں میرے والد محترم حضرت امام احمد نے فرمایا۔ یہاں ایک لفظ (کادیم) ایسا ہے جو مجھے سمجھ نہیں آیا۔

حضرت یزید بن ہارون نے فرمایا پھر پہاڑ اڑا دیئے جائیں گے اور زمین چمڑے کی مانند بچھا دی جائے گی۔

حضرت امام احمد بن حنبل پھر ہشیم کی حدیث بیان کرنے لگے کہ: حضرت عیسیٰ نے فرمایا میرے رب نے مجھے یہ بتلایا ہے کہ یہ سب اس وقت ہوگا جب قیامت اتنی قریب ہو جائے گی جیسے ولادت کے قریب پہنچی کوئی حاملہ ہوتی ہے کہ اس کے گھر والوں پتہ نہیں ہوتا کہ یہ آج رات بچہ جنے گی یا دن کو۔

۲۔ طبری نے جامع، ۱/۲، میں لکھا ہے حضرت ابن مسعودؓ نے فرمایا: یاجوج ماجوج نکلیں گے وہ زمین ہی اکڑتے پھریں گے اور فساد مچاتے پھریں گے اس موقع پر حضرت ابن مسعودؓ نے یہ آیت مبارکہ تلاوت فرمائیوهم من كل حدب ينسلون۔ آپ نے فرمایا پھر اللہ تعالیٰ اونٹ بکریوں کے ناک میں رہنے والے کیڑے کی طرح کا ایک کیڑا بھیجیں گے جوان کے کانوں اور نتھنوں میں داخل ہوجائے گا جس سے یہ مرجائیں گے کہ زمین ان کی بدبو سے اٹ جائے گی۔ پھر اللہ تعالیٰ بارش برسائیں گے جس سے زمین ان کی گندگی سے پاک ہوجائے گی۔

لَوْ كَانَ هَؤُلَاءِ آلِهَةً مَا وَرَدُوهَا وَكُلٌّ فِيهَا خَالِدُونَ (۹۹) لَهُمْ فِيهَا زَفِيرٌ وَهُمْ فِيهَا لَا يَسْمَعُونَ (۱۰۰)۔

اگر یہ لوگ واقعی خدا ہوتے تو اس میں کیوں جاتے (لیکن اب تو) سب کو اس میں ہمیشہ رہنا ہے۔ اس میں ان کا شور ہوگا اور اس میں وہ اور کوئی بات سنیں گے (بھی) نہیں۔

۱۔ طبری نے جامع، ۱/۵، میں لکھا ہے حضرت ابن مسعودؓ نے یہ آیت مبارکہ تلاوت فرمائی۔ لہم فیھا زفیر وھم فیھا لایسمعون۔ اور فرمایا جب ایسے لوگ جہنم میں ڈالے جائیں گے جنھوں نے ہمیشہ جہنم میں رہنا ہے تو انہیں آگ کے صندوقوں میں رکھا جائے گا پھر وہ صندوق اور صندوقوں میں رکھے جائیں گے اور پھر یہ صندوق بھی اور صندوقوں کے اندر رکھے

جائیں گے یہ صندوق آگ کی میخوں سے بنے ہوں گے چنانچہ ان میں سے کسی کو بھی پتہ نہیں چلے گا کہ اس کے علاوہ بھی کسی کو عذاب ہو رہا ہے۔

یہ فرما کر حضرت ابن مسعودؓ نے یہ آیت مبارکہ تلاوت فرمائی۔ لهم فيها زفير وهم فيها لا يسمعون۔

***

۲۲۔ سورۃ الحج

يَا أَيُّهَا النَّاسُ إِنْ كُنْتُمْ فِي رَيْبٍ مِنَ الْبَعْثِ فَإِنَّا خَلَقْنَاكُمْ مِنْ تُرَابٍ ثُمَّ مِنْ نُطْفَةٍ ثُمَّ مِنْ عَلَقَةٍ ثُمَّ مِنْ مُضْغَةٍ مُخَلَّقَةٍ وَغَيْرِ مُخَلَّقَةٍ لِنُبَيِّنَ لَكُمْ وَنُقِرُّ فِي الأَرْحَامِ مَا نَشَاءُ إِلَى أَجَلٍ مُسَمًّى۔

اے لوگو اگر تم دوبارہ اٹھنے کے متعلق شک میں ہو تو (غور کرو) ہم نے تم کو مٹی سے پیدا کیا۔ پھر نطفہ سے پھر خون کے لوتھڑے سے پھر بوٹی سے کہ بعض پوری ہوتی ہے بعض ادھوری تاکہ ہم تمہارے سامنے ظاہر کر دیں اور ہم رحم میں جس کو چاہتے ہیں ٹھہرائے رکھتے ہیں ایک مدت مقرر تک۔

ا۔ امام احمد بن حنبلؒ نے مسند ۵/۲۲۳ میں یہ حدیث مبارکہ نقل فرمائی ہے حضرت ابن مسعودؓ فرماتے ہیں صادق و مصدوق پیغمبر ﷺ نے فرمایا: تم میں سے ہر ایک کو اس کی ماں کے پیٹ میں چالیس دن تک اکٹھا کر کے رکھا جاتا ہے پھر چالیس دن تک لوتھڑا رہتا ہے پھر اسی طرح چالیس دن تک گوشت کا ٹکڑا رہتا ہے پھر اللہ تعالیٰ اس کی طرف فرشتہ بھیجتے ہیں کہ وہ اس میں روح پھونکے اور اسے چار باتیں لکھنے کا حکم ہوتا ہے۔ بچہ کا رزاق۔ اس کی موت کا وقت۔ اس کے اعمال۔ اور یہ کہ وہ بدبخت ہو گا یا خوش بخت۔

۲۔ قرطبی نے احکام ۱۲/۷، میں لکھا ہے اعمش سے پوچھا گیا کہ اکٹھا کرنے سے کیا مراد ہے ؟ انہوں نے کہا حضرت ابن مسعودؓ نے فرمایا ہے۔ نطفہ جب رحم مادر میں جاتا ہے اور اللہ تعالیٰ ارادہ فرماتے ہیں کہ اس سے کوئی انسان پیدا ہو تو وہ نطفہ عورت کے جسم کے ہر ناخن اور ہر بال پر طاری ہو جاتا ہے، چالیس دن تک یوں ہی رہتا ہے پھر رحم میں خون کی شکل میں آجاتا ہے جمع کرنے سے یہی مراد ہے، اور یہی وہ وقت ہے جب وہ لوتھڑا بن جاتا ہے۔

۳۔ طبری نے جامع ۹۰/۱۷ میں لکھا ہے حضرت ابن مسعودؓ نے فرمایا: جب نطفہ رحم مادر میں پہنچتا ہے تو اللہ تعالیٰ ایک فرشتہ بھیجتے ہیں۔ فرشتہ عرض کرتا ہے پروردگار! اس نے پیدا ہونا ہے یا نہیں؟ اگر اللہ تعالیٰ فرمائیں کہ اس نے پیدا نہیں ہوتا تو فرشتہ اسے رحم میں خون کی شکل دے دیتا ہے اور اگر فرمائیں کہ اس نے پیدا ہونا ہے تو فرشتہ عرض کرتا ہے پروردگار اس نطفہ سے لڑکا بنے گا یا لڑکی؟ اس کا رزق کتنا ہوگا؟ اس کی موت کا وقت کیا ہوگا اور یہ بد بخت ہوگا یا خوش بخت؟

اسے حکم ہوتا ہے کہ ام الکتاب کی طرف جاؤ اور وہاں سے اس نطفہ کے سارے حالات لکھ لاؤ۔ فرشتہ وہاں جا کر لکھ لاتا ہے اور پھر وہ اس نطفہ کے آخری حال تک اس کے ہمراہ رہتا ہے۔

۴۔ امام ابن حنبلؒ نے مسند ۱۰۰/۶۔ ۲۰۰ میں یہ روایت درج فرمائی ہے حضرت ابن مسعودؓ فرماتے ہیں۔ ایک یہودی سرکار دو عالم ﷺ کے پاس سے گزرا تو کہنے لگا اے محمد! ﷺ

انسان کس چیز سے پیدا کیا جاتا ہے؟ سرکار دو عالم ﷺ نے فرمایا۔ مرد عورت دونوں کے نطفہ سے پیدا ہوتا ہے۔ مرد کا نطفہ گاڑھا ہوتا ہے اس سے ہڈیاں اور پٹھے بنتے ہیں اور عورت کا نطفہ گاڑھا ہوتا ہے اس سے ہڈیاں اور پٹھے بنتے ہیں اور عورت کا نطفہ پتلا ہوتا ہے اس سے گوشت خون بنتا ہے۔

إِنَّ الَّذِينَ كَفَرُوا وَيَصُدُّونَ عَنْ سَبِيلِ اللَّهِ وَالْمَسْجِدِ الْحَرَامِ الَّذِي جَعَلْنَاهُ لِلنَّاسِ سَوَاءً الْعَاكِفُ فِيهِ وَالْبَادِ وَمَنْ يُرِدْ فِيهِ بِإِلْحَادٍ بِظُلْمٍ نُذِقْهُ مِنْ عَذَابٍ أَلِيمٍ (٢٥)۔

بیشک جو لوگ کافر ہیں اور لوگوں کو اللہ کی راہ سے روکتے ہیں اور مسجد حرام سے جس کو ہم نے مقرر کیا اس واسطے کہ اس میں رہنے والا اور باہر سے آنے والا برابر ہیں اور جو کوئی اس میں بے چینی کا ارادہ ظلم سے کرے گا ہم اسے دردناک عذاب چکھائیں گے۔

۱۔ امام احمد بن حنبلؒ نے اپنی مسند ۶/۶۵۔ ۶۶ میں لکھا ہے حضرت ابن مسعودؓ نے ومن یرد فیہ بالحا بظلم کی تفسیر یوں فرمائی کہ اگر کوئی آدمی (یمن کے شہر) عدن ابین میں ہو اور مسجد حرام میں الحاد کا ارادہ کرے تو اللہ تعالیٰ ضرور اسے دردناک عذاب سے دوچار فرمائیں گے۔

واذن فی الناس بالحج یاتوک رجالا وعلی کل ضامر یاتین من کل فج عمیق۔ لیشہدوا منافع لھم ویذکروا اللہ فی ایام معلومات علی ما رزقھم من بھیمۃ الانعام فکلوا منہا واطعموا البائس الفقیر۔

اور لوگوں میں حج کا اعلان کر دو لوگ تمہارے پاس پیدل بھی آئیں گے اور دبلی اونٹنیوں پر بھی جو دور دراز راستوں سے پہنچی ہوں گی۔ تاکہ اپنے فوائد کے لئے آ موجود ہوں تاکہ ایام

معلوم میں اللہ تعالیٰ کا نام لیں ان مویشی چوپایوں پر جو اللہ تعالیٰ نے ان کو عطا کیے پس تم بھی اس میں سے کھاؤ اور مصیبت زدہ محتاج کو بھی کھلاؤ۔

۱۔ امام احمد بن حنبلؒ نے اپنی مسند ۶/۲۸ میں یہ روایت درج فرمائی ہے ابن سخبرہ کہتے ہیں میں حضرت ابن مسعودؓ کے ہمراہ منیٰ سے عرفات جا رہا تھا آپؓ تلبیہ کہہ رہے تھے کہ لوگوں کا ایک ہجوم اپ کے پاس آگیا اور کہا اے اعرابی! یہ تلبیہ کا دن تو نہیں ہے یہ تو تکبیر کا دن ہے۔

حضرت ابن مسعودؓ میری طرف متوجہ ہوئے اور فرمایا لوگوں کو پتہ نہیں یا بھول گئے ہیں۔ قسم اس ذات کی جس نے جناب محمد رسول اللہ ﷺ کو حق دے کر بھیجا میں آپ ﷺ کے ہمراہ تھا آپ ﷺ نے تلبیہ کہنا اس وقت تک نہیں چھوڑا جب تک آپ ﷺ نے جمرہ عقبہ کی رمی نہیں فرمائی ہاں البتہ آپ ﷺ تلبیہ کے ساتھ تکبیر کہتے اور کبھی لا الہ الا اللہ پڑھتے۔

۲۔ امام احمد بن حنبلؒ نے اپنی مسند ۵/۳۴۳ میں یہ حدیث مبارکہ نقل فرمائی ہے حضرت ابن مسعودؓ نے سرکار دو عالم ﷺ کا تذکرہ کیا تو فرمایا کہ آپ ﷺ تلبیہ یوں پڑھتے تھے۔
لبیک اللہم لبیک، لبیک لا شریک لک لبیک، ان الحمد والنعمۃ لک۔

۳۔ سیوطی نے الدر ۱/۲۲۸ میں لکھا ہے حضرت ابن مسعودؓ نے فرمایا جو مرد یا عورت عرفہ کی رات یہ دس کلمات ایک ہزار مرتبہ پڑھے اور اللہ تعالیٰ سے کسی کام کی دعا کرے تو اللہ تعالیٰ اس کی دعا پوری فرمائیں گے سوائے اس کے کہ وہ قطع رحمی یا کہیں گناہ کی دعا نہ ہو۔

وہ کلمات یہ ہیں۔

سبحان الذی فی السماء عرشہ، سبحان الذی فی الارض موطنہ، سبحان الذی فی البحر سبیلہ، سبحان الذی فی النار سلطانہ، سبحان الذی فی الجنۃ رحمتہ، سبحان الذی فی القبور قصائدہ، سبحان الذی فی الهواء روحہ، سبحان الذی رفع السماء، سبحان الذی وضع الارض، سبحان الذی لاملجاء ولا منجی منہ الا الیہ۔

۴۔ علامہ زمخشری نے کشاف ۳/۳۰ میں لکھا ہے حضرت ابن مسعودؓ نے ھدی کا جانور بھیجا تو فرمایا جب تو اسے ذبح کرلے تو خود بھی کھانا دوسروں کو بھی کھلانا اور عتبہ کی طرف بھی بھیج دینا۔ اس سے مراد ان کے بیٹے تھے۔

ثم لیقضوا تفثہم ولیوفوا نذورهم ولیطوفوا بالبیت العتیق۔ ذلک و من یعظم حرمات اللہ فهو خیر لہ عند ربہ۔

پھر لوگوں کو چاہیے کہ وہ اپنا میل کچیل دور کریں اور اپنے واجبات کو پورا کریں اور چاہیے کہ اس قدیم گھر کا طواف کریں یہ بات ہو چکی اور جو کوئی بھی اللہ تعالیٰ کے محترم احکام کا ادب کرے گا پس یہ اس کے حق میں اس کے پروردگار کے پاس سے بہتر ہوگا۔

۱۔ امام شافعیؒ نے اپنی مسند ۱/۲۲۹۔ ۳۴۰ میں درج کیا ہے کہ حضرت ابن مسعودؓ نے ختمی مرتبت صلی اللہ علیہ وآلہ وسلم کو دیکھا کہ آپ صلی اللہ علیہ وآلہ وسلم نے طواف کی ابتدا حجر اسود کے استلام سے فرمائی پھر اس کی دائیں جانب ہو گے تین چکر تیز قدموں سے پورے فرمائے اور چار آہستہ چل کر۔ پھر مقام ابراہیم پر تشریف لائے اور وہاں دو رکعات ادا فرمائیں۔

فَاجْتَنِبُوا الرِّجْسَ مِنَ الْاَوْثَانِ وَ اجْتَنِبُوْا قَوْلَ الزُّوْرِ ﴿۳۰﴾

اور تم بچے رہو بتوں کی گندگی سے اور بچے رہو جھوٹی بات سے۔

ا۔ ربیع نے اپنی مسند ۲/۴ میں یہ روایت درج فرمائی ہے حضرت ابن مسعودؓ نے فرمایا جھوٹی گواہی شرک کے برابر ہے۔ یہ فرما کر آپؐ نے یہ آیت مبارکہ تلاوت فرمائی فاجتنبو الرجس من الاوثان واجتنبوا قول الزور۔

وَ الْبُدْنَ جَعَلْنٰهَا لَكُمْ مِّنْ شَعَآئِرِ اللّٰهِ لَكُمْ فِيْهَا خَيْرٌ ۖۗ

اور قربانی کے جانوروں کو ہم تمہارے لیے اللہ تعالیٰ کے دین کی یادگار بنایا ہے۔ تمہارے لیے ان کے اندر بھلائی لکھ دی ہے۔

ا۔ قرطبی نے احکام ۱۲/۶۱ میں لکھا ہے کہ علماء کی رائے میں اختلاف ہے کہ بدن کا لفظ اونٹ کے علاوہ گائے وغیرہ کے لیے بھی بولا جا سکتا ہے یا نہیں! حضرت ابن مسعودؓ اور حضرت عطاءؒ اور حضرت امام شافعیؒ کی رائے یہ ہے کہ نہیں بولا جا سکتا۔

يٰۤاَيُّهَا الَّذِيْنَ اٰمَنُوا ارْكَعُوْا وَ اسْجُدُوْا وَ اعْبُدُوْا رَبَّكُمْ وَ افْعَلُوا الْخَيْرَ لَعَلَّكُمْ تُفْلِحُوْنَ ۚ۩ ﴿۷۷﴾

اے ایمان والو! رکوع کیا کرو اور سجدہ کیا کرو اور اپنے پروردگار کی عبادت کرتے رہو اور نیکی کرتے رہو تاکہ تم فلاح پاؤ۔

۱۔ علامہ بغویؒ نے معالم ۲۳/۵ میں لکھا ہے اس آیت کریمہ کی تلاوت کے بعد سجدہ تلاوت کے بارے میں اہل علم کا اختلاف ہے۔ چند لوگوں کا خیال ہے یہاں سجدہ تلاوت کرنا چاہیئے۔

حضرت عمر فاروق اور حضرت ابن مسعودؓ کی رائے یہی ہے۔

۲-حاکم نے مستدرک ۲۲۰-۲۲۱/ ا میں لکھا ہے حضرت ابن مسعودؓ نے فرمایا سب سے پہلے سورۃ حج مین سجدہ تلاوت فرمائی تو سجدہ تلاوت کیا صحابہ کرامؓ نے بھی سجدہ کیا ہاں ایک آدمی ایسا تھا کہ اس نے مٹی ہاتھ میں لی اور اس پر سر ٹیک لیا۔ میں نے اسے دیکھا کہ وہ کفر کی حالت میں قتل ہو گیا۔

* * *

۲۳۔ سورۃ المؤمنون

قد افلح المومنون۔ الذین ھم فی صلاتھم خاشعون۔

۲۔ امام ابوداؤد نے اپنی سنن ۱/۶۵ میں یہ حدیث درج فرمائی ہے حضرت ابن مسعودؓ فرماتے ہیں رحمت للعلمین صلی اللہ علیہ وآلہ وسلم نے فرمایا: جس نے نماز میں شلوار وغیرہ ٹخنوں سے نیچے رکھی تکبر کے طور پر اللہ تعالیٰ کو اس سے کوئی سروکار نہیں۔

۲۔ سیوطی نے الدر ۵/۴ میں لکھا ہے حضرت ابن مسعودؓ نے فرمایا: نماز ادا کرتے ہوئے اپنی نظریں آسمان کی طرف بلند کرنے والے لوگ باز آجائیں یہ نہ ہو کہ ان کی آنکھیں واپس ہی نہ آسکیں۔

ولقد خلقنا الانسان من سلالۃ من طین۔ ثم جعلناہ نطفۃ فی قرار مکین۔ ثم خلقنا النطفۃ علقۃ فخلقنا العلقۃ مضغۃ فخلقنا المضغۃ عظاما فکسونا العظام لحما ثم انشاناہ خلقا آخر۔ فتبارک اللہ احسن الخالقین۔

اور یقیناً ہم نے انسان کو پیدا کیا مٹی کے جوہر سے پھر ہم نے اسے نطفہ بنایا ایک محفوظ مقام میں پھر ہم نے نطفہ کو خون کا لوتھڑا بنا دیا پھر ہم نے خون کے لوتھڑے کو بوٹی بنا دیا

پھر ہم نے بوٹی کو ہڈیاں بنا دیا پھر ہم نے ہڈیوں پر گوشت چڑھایا پھر ہم نے اس کو ایک دوسری ہی مخلوق بنا دیا پس کیسی شان والا ہے اور ہے بڑا تمام صناعوں سے بڑھ کر۔

۱۔ ابن حنبلؒ نے اپنی مسند ۱۸۸۔۱۷۸/۵ میں یہ حدیث مبارکہ درج فرمائی ہے۔ حضرت ابن مسعودؓ فرماتے ہیں۔ ھادی عالم ﷺ نے فرمایا! بلاشبہ نطفہ چالیس دن تک رحم مادر میں ایسی حالت میں پڑا رہتا ہے کہ اس میں کوئی تبدیلی نہیں آتی۔ جب چالیس دن گزر جاتے ہیں تو وہ لوتھڑا بن جاتا ہے پھر یونہی چالیس دن بعد گوشت کا ٹکڑا بن جاتا ہے پھر یونہی چالیس دن بعد ہڈی بن جاتا ہے۔

پھر جب اللہ تعالیٰ ارادہ فرماتے ہیں کہ اس سے بچہ بنائیں تو اس کی طرف فرشتہ بھیجتے ہیں۔ فرشتہ پوچھتا ہے کہ بچہ ہو گا یا بچی؟ بد بخت ہو گا یا خوش بخت؟ پست قد ہو گا یا طویل قامت؟ ناقص الخلقت ہو گا یا پورا؟ اس کا رزق کتنا ہو گا؟ اس کی موت کب آئے گی؟ سحت مند ہو گا یا بیمار؟ چنانچہ وہ یہ سب کچھ لکھ لیتا ہے۔

فاذا نفخ فی الصور فلا انساب بینھم یومئذ ولا یتساءلون۔ (پھر جب صور پھونکا جائے گا تو اس روز نہ ان کے درمیان رشتے ناطے ہوں گے اور نہ کوئی کسی کو پوچھے گا)

۱۔ طبری نے ۴۲/۱۸ میں لکھا ہے حضرت زاذان فرماتے ہیں میں نے حضرت ابن مسعودؓ کو فرماتے ہوئے سنا کہ: قیامت کے دن ایک مرد یا ایک عورت کو ساری دنیا کے سامنے لایا جائے گا آواز آئے گی اس پر جس کسی کا کوئی حق ہے وہ آ جائے۔ آپ نے فرمایا عورت

اس دن خوش ہوگی کہ اس کا کوئی نہ کوئی حق اس کے بیٹے یا باپ یا بھائی یا خاوند پر ہوگا مگر (فلا انساب بینهم یومئذ ولا یتساء لون)

تلفح وجوههم النار وهم فيها كالحون۔
اور آگ ان کے چہروں کو جھلس دے گی اور وہ اس میں بد شکل ہوں گے

۱۔ طبری نے جامع ۱۸/۴۳ میں لکھا ہے حضرت ابن مسعودؓ نے یہ آیت مبارکہ تلاوت فرمائی اور ارشاد فرمایا کیا تم نے آگ سے جھلسا ہوا سر نہیں دیکھا جس کے ہونٹ سکڑ چلے ہوں اور دانت سامنے نظر آرہے ہوں۔

۲۔ سیوطی نے الدر ۵/۱۶ میں لکھا ہے حضرت ابن مسعودؓ نے تلفح وجوههم النار کی تفسیر یوں فرمائی کہ آگ ان کو ایسا جلائے گی کہ ان کا سارا گوشت پگھل کر ان کی ایڑیوں پر آجائے گا۔

قالوا ربنا غلبت علينا شقوتنا و كنا قوما ضالين۔ ربنا اخرجنا منها فان عدنا فانا ظالمون۔ قال اخسئوا فيها ولا تكلمون۔
وہ کہیں گے اے ہمارے رب ہماری بدبختی نے ہم کو گھیر لیا تھا اور ہم گمراہ لوگ تھے اے ہمارے پروردگار ہمیں جہنم سے نکال دے اب اگر ہم پھر ایسا کریں تو بیشک ہم قصور وار ہوئے ارشاد ہوگا دھتکارے ہوئے اسی میں پڑے رہو اور مجھ سے بات نہ کرو۔

۱۔ طبری نے جامع ۱۸/۴۵۔ ۴۶ میں لکھا ہے حضرت ابن مسعودؓ نے شفاعت کا تذکرہ کرتے ہوئے فرمایا۔ اللہ تعالیٰ جب ارادہ فرمائیں گے کہ اب جہنم سے کسی کو نہیں نکالنا تو ان کے چہرے اور ان کا رنگ بھی بدل دیں گے پھر ایک آدمی آئے گا تو وہ دیکھے گا سہی مگر کسی کو پہچانے گا نہیں۔ وہ آواز لگائے گا او فلاں! او فلاں! وہ کہے گا میں تجھے نہیں پہچان پا رہا۔ اس موقع پر اہل جہنم کہیں گے ربنا اخرجنا منہا فان عدنا فانا ظالمون۔ اللہ تعالیٰ فرمائیں گے اخسئوا فیہا ولا تکلمون۔

یہ فرمان جاری ہونے کے بعد جہنم ان پر بند کر دی جائے گی پھر کوئی اس میں سے نہیں نکل سکا۔

۲۔ سیوطی نے الدر میں لکھا ہے حضرت ابن مسعودؓ نے فرمایا جب یہ اخسئوا فیہا ولا تکلمون فرما دیا جائے گا تو اس کے بعد کوئی بھی جہنم سے نکل سکے گا۔

افحسبتم انما خلقنکم عبثا وانکم الینا لا ترجعون۔ فتعالی اللہ الملک الحق لا الہ الا ھو رب العرش الکریم۔ و من یدع مع اللہ الھا آخر لا برھان لہ بہ فانما حسابہ عند ربہ انہ لایفلح الکافرون۔ وقل رب اغفر وارحم وانت خیر الراحمین۔

ہاں تو کیا تمہارا خیال تھا کہ ہم نے تمہیں یوں ہی بلا مقصد پیدا کر دیا ہے۔ اور تم ہمارے پاس لوٹا کر نہ لائے جاؤ گے (پس اللہ تعالیٰ بڑا ہی عالی شان ہے۔ بادشاہ حقیقی ہے اس کے سوا کوئی بھی معبود نہیں وہ عرش بزرگ کا مالک ہے۔ اور جو کوئی اللہ تعالیٰ کے ساتھ کسی اور خدا کو بھی پکارے حالانکہ اس کے پاس کوئی دلیل نہیں پس اس کا حساب اس کے رب کے ہاں

ہو گا یقیناً کافروں کو فلاح نہیں ہونے کی۔ اور آپ کہیے کہ اے میرے پروردگار میری مغفرت کر اور میرے اوپر رحم کر اور تو تو سب رحم کرنے والوں سے بڑا رحم کرنے والا ہے۔

ا۔ علامہ بغوی نے معالم ۳۸/۵ میں لکھا ہے حضرت ابن مسعودؓ کا گزر ایک مریض کے پاس سے ہوا تو آپ نے اس کے کانوں میں یہ آیات (افحسبتم سے سورۃ کے آخر تک) دم کے طور پڑھیں وہ تندرست ہو گیا۔

رسالت مآب ﷺ نے آپ سے دریافت فرمایا کہ آپ نے کیا پڑھ کے دم کیا ہے؟ حضرت ابن مسعودؓ نے ساری بات بتائی تو آپؐ نے فرمایا اگر کوئی یقین کامل سے یہ آیات کسی پہاڑ پر پڑھے گا تو وہ بھی اپنی جگہ سے ہٹ جائے گا۔

***

۲۴۔ سورۃ النور

الزانیۃ والزانی فاجلدوا کل واحد منہما مئۃ جلدۃ ولا تاخذکم بہما رافۃ فی دین اللہ۔

زنا کار عورت اور زنا کار مرد کا حکم یہ ہے کہ ان میں سے ہر ایک کے سو سو کوڑے مارو اور تم لوگوں کو ان دونوں پر اللہ کے معاملہ میں ذرا رحم نہ آنے پائے۔ اگر تم اللہ اور روز آخرت پر ایمان رکھتے ہو۔

۱۔ قرطبی نے احکام ۱۲/۱۶۳ میں لکھا ہے کوڑے ایسے انداز سے مارے جائیں گے کہ اسے درد ہو مگر زخم نہ لگے اور نہ ہی گوشت نوچا جائے۔

جمہور کا یہی مسلک ہے اور حضرت علی اور حضرت ابن مسعودؓ کی رائے بھی یہی ہے۔

۲۔ قرطبی نے احکام ۱۲/۱۶۲ میں لکھا ہے حضرت ابن مسعودؓ نے فرمایا۔۔

۳۔ امام رازی نے مفاتیح ۶/۲۱۸ میں لکھا ہے حضرت امام شافعی نے فرمایا آقا کو اپنے غلام پر شرعی سزا لاگو کرنے کا اختیار ہے۔

حضرت ابن مسعودؓ اور حضرت ابن عمرؓ کی رائے بھی یہی ہے۔

۳۔ امام ترمذی نے اپنی صحیح ۶/۲۳۳۔ ۲۳۴ میں لکھا ہے علماء کی رائے ایسے شخص کے بارے میں مختلف ہے جس نے اپنی بیوی کی لونڈی سے زنا کر لیا ہو۔

حضرت ابن مسعودؓ نے فرمایا ہے کہ اس پر نہ حد ہے نہ تعزیر۔

الزانی لا ینکح الا زانیۃ او مشرکۃ والزانیۃ لا ینکحھا الا زان او مشرک

زنا کار مرد نکاح بھی کسی کے ساتھ نہیں کرتا سوائے زنا کار عورت یا مشرک عورت کے اور زنا کار عورت کے ساتھ بھی کوئی نکاح نہیں کرتا سوائے زانی یا مشرک کے۔

۱۔ علامہ بغوی نے معالم ۵/۴۰ میں لکھا ہے حضرت ابن مسعودؓ زانی عورت سے نکاح حرام قرار دیتے تھے اور فرماتے تھے کہ جب زانی مرد نے زانی عورت سے نکاح کر لیا تو وہ ہمیشہ کے لیے زنا ہی کریں گے۔

۲۔ امام رازی نے مفاتیح ۶/۲۲۲ میں لکھا ہے کہ یہاں مراد نہی ہے اور معنی یہ ہے کہ زانی کے لیے یہی بات مناسب ہے کہ وہ ذاتی عورت سے ہی شادی کرے۔ باقی ایمان والے لوگوں پر یہ حرام ہے۔ حتی کہ زانی مرد اور زانی عورت پر حرام ہے کہ وہ کسی پاکدامن سے شادی کریں اور اسی طرح پاکدامن عورت پر بھی حرام ہے کہ وہ کسی زانی سے شادی کریں۔ کہا گیا ہے کہ یہ حضرت ابو بکر اور حضرت ابن مسعودؓ کا مسلک اور رائے ہے۔

والذین یرمون المحصنات ثم لم یاتوا باربعۃ شھداء فاجلدوھم ثمانین جلدۃ

اور وہ لوگ جو تہمت لگائیں پاک دامن عورتوں کو اور پھر چار گواہ نہ لا سکیں تو ان کو اسی کوڑے لگاؤ۔

۱۔ قرطبی نے احکام ۱۲/۳، ۱۷ میں لکھا ہے کہ جمہور علماء کی رائے یہ ہے کہ غلام جب تہمت زنا لگائے کسی آزاد پر تو اسے چالیس کوڑے مارے جائیں گے کیونکہ غلامی کی وجہ سے اس کی سزا آدھی ہوجاتی ہے جیسا کہ زنا کی سزا میں ہوتا ہے۔ مگر حضرت ابن مسعودؓ اور حضرت عمر بن عبدالعزیزؒ سے مروی ہے کہ اسے اسی کوڑے مارے جائیں گے۔

الا الذين تابوا من بعد ذالک واصلحوا فان الله غفور رحيم۔

ہاں البتہ جو لوگ اس کے بعد توبہ کرلیں اور اپنی اصلاح کرلیں پس اللہ تعالیٰ بڑا مغفرت کرنے والا بڑا رحم کرنے والا ہے۔

۱۔ طبری نے جامع ۱۸/۶۰۔ ۶۱ میں لکھا ہے حضرت ابن مسعودؓ نے فرمایا جب تہمت زنا لگانے والا توبہ کرلے تو اسے کوڑے لگائے جائیں گے اور اس کی گواہی قبول کی جائے گی۔

والذين يرمون ازواجهم ولم يكن لهم شهداء الا انفسهم فشهادة احدهم اربع شهادات بالله انه لمن الصادقين۔ والخامسة ان لعنة الله عليه ان كان من الكاذبين۔ ويدرء عنها العذاب ان تشهد اربع شهادات بالله انه لمن الكاذبين۔ والخامسة ان غضب الله عليها ان كان من الصادقين۔

اور جو لوگ اپنی بیویوں کو تہمت لگائیں اور ان کے پاس اپنے علاوہ اور کوئی گواہ نہ ہو تو ان کی شہادت یہ ہے کہ چار بار وہ مرد اللہ کی قسم کھا کر کہے کہ میں سچا ہوں اور پانچویں بار یہ کہے کہ مجھ پر اللہ کی لعنت ہو اگر میں جھوٹا ہوں اور عورت سے سزا اس طرح ٹل سکتی ہے کہ وہ اللہ کی

قسم چار بار کھا کر کہے کہ بیشک مرد جھوٹا ہے اور پانچویں بار یہ کہے کہ مجھ پر اللہ کا غضب و اگر مرد سچا ہو۔

۱۔ امام احمد بن حنبل نے اپنی مسند ۶/۴۲ میں یہ روایت درج فرمائی ہے۔ حضرت ابن مسعودؓ بیان فرماتے ہیں کہ۔ ہم جمعہ کی رات مسجد میں بیٹھے تھے ایک انصاری صحابی کہنے لگے اگر کوئی آدمی اپنی بیوی کے ساتھ غیر آدمی دیکھے اور اسے قتل کردے تو تم اسے قتل کر دیتے ہو۔ اور اگر وہ یہ واقعہ زبان پر لائے تو تم اسے کوڑے مارتے ہو اور اگر وہ خاموش رہے تو شدید غصے پر قابو پا کر خاموش رہے گا۔ قسم بخدا اگر میں کل صبح صحیح سلامت رہا تو رسالت مآب صلی اللہ علیہ وآلہ وسلم سے اس کے متعلق ضرور دریافت کروں گا۔ حضرت ابن مسعودؓ فرماتے ہیں کہ انہوں نے یہ سوال آپ صلی اللہ علیہ وآلہ وسلم سے کیا انہوں نے عرض کیا اے اللہ کے رسول! صلی اللہ علیہ وآلہ وسلم اگر کوئی آدمی اپنی بیوی کے ساتھ کوئی اجنبی بندہ دیکھے اور قتل کردے تو تم اسے کر دیتے ہو اگر یہ بات بیان کرے تو تم اسے کوڑے مارتے ہو اور اگر وہ خاموش رہے تو شدید غصہ پی کر ہی خاموش رہے گا۔ اللہ کے لیے کچھ فیصلہ فرمائیے۔

حضرت ابن مسعودؓ فرماتے ہیں اس واقعہ پر لعان کی آیت نازل ہوئی نیز آپ نے فرمایا سب سے پہلے اسی آدمی کو لعان والے معاملے کا سامنا کرنا پڑا۔

۲۔ امام رازی نے مفاتیح ۶/۲۳۴ میں لکھا ہے حضرت علی، حضرت عمر اور حضرت ابن مسعودؓ سے روایت ہے کہ جن دو میاں بیوی نے لعان کیا ہو وہ آپس میں بھی دوبارہ کبھی نکاح نہیں کر سکتے۔

وليعفوا وليصفحوا الا تحبون ان يغفر الله لكم والله غفور رحيم۔

اور چاہیے کہ وہ درگزر اور عفو سے کام لیں کیا تم پسند نہیں کرتے کہ اللہ تعالیٰ تم کو بخش دے اللہ غفور رحیم ہے۔

۱۔ امام احمد بن حنبل نے اپنی مسند ۶/۱۰۰ میں یہ روایت درج فرمائی ہے حضرت ابن مسعودؓ فرماتے ہیں سب سے پہلے جس آدمی کے ہاتھ کاٹے گئے وہ مجھے یاد ہے، ایک چور لایا گیا تو حکم ہوا کہ اس کے ہاتھ کاٹ دیے جائیں۔ ایسے لگتا تھا گویا رسالت مآب ﷺ افسردہ ہیں، صحابہؓ نے عرض کیا اے اللہ کے رسول! ﷺ یوں لگتا ہے جیسے آپ کو یہ ہاتھ کاٹنا پسند نہیں آیا؟ آپ ﷺ نے فرمایا مجھے کیا چیز اس کام سے روک سکتی تھی۔ اپنے بھائی کے خلاف شیطان کے معاون نہ ہو! امام کے لیے یہی مناسب ہے کہ جب شرعی حد قائم ہو رہی ہو تو اسے قائم کر دے۔ بلاشبہ اللہ تعالیٰ معاف کرنے والے ہیں اور معاف کر دینے کو پسند فرماتے ہیں۔ وليعفوا وليصفحوا الا تحبون۔ ان يغفر الله لكم والله غفور رحيم۔

الخبيثات للخبيثين والخبيثون للخبيثات والطيبات للطيبين والطيبون للطيبات۔

اور گندیاں گندوں ہی کے لائق ہوتی ہیں اور گندے گندیوں کے لائق ہوتے ہیں اور ستھریاں ستھروں کے لائق ہوتی ہیں اور ستھرے ستھریوں کے لائق ہوتے ہیں۔

ا۔ امام ابن کثیر نے اپنی تفسیر ۳۵/۶ میں لکھا ہے حضرت ابن مسعودؓ فرماتے ہیں میں نے ولید بن عقبہ سے ایک بات سنی جو مجھے بڑی عمدہ لگی۔ انہوں نے مجھے کہا بلاشبہ کسی نیک آدمی کے دل میں کوئی بری بات ہوتی ہے وہ اس کے سینے میں مچلتی رہتی ہے یہاں تک کہ وہ اسے زبان پر لے آتا ہے چنانچہ یوں اس سے وہ بات کوئی اور آدمی سن لیتا ہے. جس کے سامنے اس نے وہ بات کی ہوتی ہے اور آدمی اسے اپنے ساتھ چمٹا لیتا ہے۔

اسی طرح کسی برے آدمی کے دل میں ایک اچھی بات ہوتی ہے وہ جب تک اس کے سینے میں رہتی ہے مچلتی رہتی ہے یہاں تک کہ وہ اسے ہونٹوں پر لے آتا ہے پھر اسے وہ آدمی سن لیتا ہے. جس کے پاس اس نے یہ بات کی ہوتی ہے اور یوں وہ اسے اپنے ساتھ لگا لیتا ہے۔

یہ فرما کر حضرت ابن مسعودؓ نے یہ آیت مبارکہ تلاوت فرمائی۔ الخبیثات للخبیثین والخبیثون للخبیثات والطیبات للطیبین والطیبون للطیبات۔

یا ایها الذین امنوا لا تدخلوا بیوتا غیر بیوتکم حتی تستانسوا وتسلموا علی اهلها

اے ایمان والو! اپنے گھروں کے سواء دوسروں کے گھروں میں مت داخل ہو جب تک کہ اجازت حاصل نہ کر لو اور ان کے رہنے والوں کو سلام نہ کر لو۔

ا۔ امام احمد بن حنبل نے اپنی مسند ۱۴۱/۶۔ ۱۴۲ میں لکھا ہے حضرت عمرو بن وابصہ الاسدی کہتے ہیں میرے والد صاحب نے بتایا کہ میں کوفہ میں اپنے گھر پر موجود تھا کہ گھر کے

دروازے پر کسی نے کہا السلام علیکم کیا میں اندر آ سکتا ہوں؟ میں نے وعلیکم السلام تشریف لے آئیے۔ جب وہ شخص اندر تشریف لائے تو وہ حضرت ابن مسعودؓ تھے۔
(یہی واقعہ ایک اور سند کے ساتھ بھی منقول ہے)
۲۔ طبری نے جامع ۱۸/۸۸ میں لکھا ہے حضرت ابن مسعودؓ کی زوجہ محترمہ فرماتی ہیں کہ حضرت ابن مسعودؓ کسی کام سے لوٹتے تو گھر کے دروازے پر آ کر کھنکھنانے اور تھو کتے تاکہ ایسا نہ ہو کہ وہ ہمارے پاس ایسی حالت میں نہ آئیں جو ان کو نا پسند ہو۔

قل للمومنين يغضوا من ابصارهم ويحفظوا فروجهم ذلك ازكى لهم
ایمان والوں کو کہہ دو کہ وہ اپنی نگاہیں نیچی رکھیں اور اپنی شرمگاہوں کی حفاظت کریں یہ ان کے حق میں زیادہ صفائی کی بات ہے۔
۱۔ ابن کثیر نے اپنی تفسیر ۶/۵۴ پر لکھا ہے حضرت ابن مسعودؓ فرماتے ہیں۔ رحمت دو عالم ﷺ نے فرمایا (حدیث قدسی)
بلا شبہ نظر شیطان کے تیروں میں سے زہر میں بجھا ہوا ایک تیر ہے۔ جس نے میرے خوف کی وجہ سے غیر محرم کو دیکھنا چھوڑ دیا میں اسے اس کے عوض ایسا ایمان عطا فرماؤں گا جس کی حلاوت وہ اپنے دل میں محسوس کرے گا۔

وقل للمومنات يغضضن من ابصارهن ويحفظن فروجهن ولا يبدين زينتهن الا ما ظهر منها وليضربن بخمرهن على جيوبهن ولا يبدين زينتهن الا لبعولتهن الخ۔

اور مومنات سے کہہ دو کہ وہ بھی اپنی نگاہوں کو نیچا رکھیں اور اپنی شرمگاہوں کی حفاظت رکھیں اور اپنا بناؤ سنگار ظاہر نہ کریں مگر ہاں جو اس میں سے کھلا ہی رہتا ہو اور وہ اپنے دوپٹے اپنے سینوں پر ڈالے رہا کریں اور اپنی نہ ظاہر ہونے دیں مگر ہاں اپنے شوہر پر اور یا اپنے باپ پر اور یا اپنے شوہر کے باپ پر اور یا اپنے بیٹوں پر اور یا اپنے شوہروں کے بیٹوں پر اور یا اپنے بھائیوں پر اور یا اپنے بھائیوں کے لڑکوں پر اور یا اپنی بہنوں کے لڑکوں پر اور یا اپنے ہم مذہب عورتوں پر اور یا اپنی باندیوں پر اور یا ان مردوں پر جو خدمتی ہوں عورت کی طرف ان کو ذرا توجہ نہ ہو۔ یا ان لڑکوں پر جو ابھی عورتوں کی پردہ کی بات سے واقف نہیں ہوئے اور عورتیں اپنے پاؤں زور سے نہ رکھیں کہ ان کا مخفی زیور معلوم ہو جائے۔

۱۔ طبری نے جامع ۱۸/۹۲ میں لکھا ہے حضرت ابن مسعودؓ نے فرمایا زیب و زینت کی دو قسمیں ہیں کپڑوں کا تعلق ظاہری زینت سے ہے اور خفیہ زینت میں پازیبیں ہیں، کان کی بالیاں ہیں اور کنگن ہیں۔

۲۔ طبری نے جامع ۱۸/۸۵ میں لکھا ہے حضرت ابن مسعودؓ نے ولا يبدين زينتهن الا لبعولتهن کی تفسیر یوں فرمائی کہ اس سے مراد گلے کا ہار اور بالیاں ہیں۔

۳۔ علامہ سیوطی نے الدر ۵/۴۴ میں فرمایا کہ حضرت ابن مسعودؓ ليعلم ما يخفين من زينتهن سے مراد پازیب لیتے تھے۔

۴۔ امام احمد بن حنبل نے اپنی مسند ۵/۲۱۶ میں یہ روایت درج فرمائی ہے حضرت ابن مسعودؓ فرماتے ہیں سرور دوجہاں صلی اللہ علیہ وآلہ وسلم نے فرمایا: کوئی عورت کسی عورت کے ساتھ یوں نہ رہے

کہ اگر وہ اپنے خاوند کو اس کی بدنی کیفیت بتائے تو اس کے خاوند کو یوں لگے جیسے وہ اس عورت کو دیکھ رہا ہے۔

۵۔ امام رازی نے مفاتیح ۲۵۶/۶ میں لکھا ہے حضرت ابن مسعودؓ اور حضرت مجاہد نے فرمایا ہے غلام اپنی مالک عورت کے بال نہیں دیکھ سکتا۔

وتوبوا الی اللہ جمیعا ایھا المومنون لعلکم تفلحون

تم توبہ کرو اللہ تعالیٰ کی بارگاہ میں تمام اے ایمان والو! تاکہ تم کامیاب ہو جاؤ۔

ا۔ علامہ سیوطی نے الدر ۴۴/۵ میں لکھا ہے حضرت ابن مسعودؓ فرماتے ہیں میں نے سرکار دو عالم صلی اللہ علیہ وآلہ وسلم کو سنا آپ صلی اللہ علیہ وآلہ وسلم نے فرمایا: شرمندہ ہو جانا توبہ ہے۔

وانکحوا الایامی منکم والصالحین من عبادکم و امائکم

اور تم اپنے بے نکاحوں کا نکاح کردو اور اپنے غلاموں اور لونڈیوں میں سے نیکوں کا۔

ا۔ علامہ بغوی نے معالم ۶۰/۵ میں لکھا ہے اس آیت میں اس بات کی دلیل ہے کہ یتیم عورتوں کے نکاح کا اختیار ان کے ورثاء کے پاس ہے کیونکہ اللہ تعالیٰ نے ان کو ہی مخاطب بنایا ہے یہ ایسے ہی ہے جیسے غلام مردوں اور عورتوں کے نکاح کا اختیار ان کے آقا کے پاس ہے۔ اس کی دلیل یہ فرمان الٰہی ہے والصالحین من عبادکم وامائکم۔

صحابہ کرامؓ اور ان کے بعد کے اکثر اہل علم کی یہی رائے ہے۔ حضرت عمر اور حضرت ابن مسعودؓ وغیرہ سے بھی یہی مروی ہے۔

ان يكونوا فقراء يغنهم الله من فضله والله واسع عليم

اگر وہ تنگدست ہوں گے تو اللہ تعالیٰ ان کو اپنے فضل سے غنی کر دے گا اللہ تعالیٰ وسعت والے علم والے ہیں۔

ا۔ طبری نے جامع ۹۸/۱۸ میں لکھا ہے حضرت ابن مسعودؓ نے فرمایا: تونگری نکاح میں تلاش کرو۔ اللہ تعالیٰ کا ارشاد مبارک ہے۔ ان یکونوا فقراء یغنھم اللہ من فضلہ۔

وليستعفف الذين لايجدون نكاحا حتى يغنيهم الله من فضله

اور جو نکاح کی گنجائش نہیں پاتے وہ پاکدامنی اختیار کریں یہاں تک کہ اللہ تعالیٰ ان کو اپنے فضل سے غنی کر دے۔

ا۔ امام احمد بن حنبلؒ نے اپنی مسند ۷۹/۶ میں یہ حدیث درج فرمائی ہے۔

حضرت ابن مسعودؓ فرماتے ہیں سرکار دوعالم ﷺ نے فرمایا۔ اے نوجوان طبقہ! تم میں سے جو طاقت رکھتا ہے اسے چاہیے شادی کر لے کیونکہ شادی نگاہ نیچی رکھنے اور شرمگاہ کی حفاظت کرنے میں مدد و معاون ہے اور جو طاقت نہیں رکھتا اس پہ لازم ہے کہ وہ روزہ رکھے کیونکہ روزہ۔

۲۔ ابن حجر نے کافی ۱۱۹ میں یہ حدیث مبارکہ ذکر کی ہے رحمت دوعالم ﷺ نے فرمایا لوگوں پر ایک وقت ایسا بھی آئے گا کوئی دین والا اپنا دین نہیں پائے گا مگر یوں کہ وہ اپنا

دین لے کر یہاں سے وہاں بھاگا پھرے گا۔ یہ وہ وقت ہوگا جب مجرد (اکیلے) رہنا حلال ہو جائے گا۔

خطابی نے العزلہ میں یہ حدیث مبارکہ حضرت ابن مسعودؓ کے حوالے سے ذکر کی ہے مگر اس سند میں محمد بن یونس الکردیمی موجود ہے اور وہ ضعیف ہے۔

والذين يبتغون الكتاب مما ملكت ايمانكم فكاتبوهم ان علمتم فيهم خيرا واتوهم من مال الله الذى اتاكم

اور تمہارے غلاموں میں جو مکاتب بننے کے خواہاں ہوں ان کو مکاتب بنا لو اگر ان میں بھلائی پاؤ اور ان کو اس مال میں سے دو جو اللہ تعالیٰ نے تم کو دیا ہے۔

۱۔ قرطبی نے احکام ۱۲/۲۴۸ میں لکھا ہے حضرت ابن مسعودؓ نے فرمایا: غلام جب اس رقم کا تہائی حصہ ادا کر دے جو اس کے آقا نے اسے آزادی دینے کے لیے اس پر مقرر کی ہو تو وہ غلام آزاد ہو جائے گا البتہ باقی رقم کا ذمہ دار ہوگا۔

۲۔ قرطبی نے احکام ۱۲/۲۴۸ میں لکھا ہے حضرت ابن مسعودؓ نے فرمایا اگر آزاد دینے کے لیے مقرر کی گئی رقم دو سو دینار ہو اور غلام کی قیمت ایک سو دینار ہو اور غلام نے یہ ایک سو دینار ادا کر دیئے ہوں تو وہ آزاد ہو جائے گا۔

۳۔ قرطبی نے احکام ۱۲//۲۴۸ میں لکھا ہے حضرت ابن مسعودؓ نے فرمایا اگر آزاد دینے کے لیے مقرر کی گئی رقم دو سو دینار ہو اور غلام کی قیمت ایک سو دینار اور غلام نے یہ ایک سو دینار ادا کر دیئے ہوں تو وہ آزاد ہو جائے گا۔

۳۔ قرطبی نے احکام ۱۲/۲۵۳۔ ۲۵۴ میں لکھا ہے۔ رقم ادا کر کے آزادی حاصل کرنے والے غلام کی میراث کا یہ ہو گا اس کا وارث اس کے مال میں سے اس پر عائد کی ہوئی تمام رقم ادا کرے گا اور اسے ایسا سمجھا جائے گا جیسے وہ آزاد ہو کر فوت ہوا ہے۔ اس کی تمام اولاد اس کی وراثت سے حصہ پائے گی۔

اس کے تمام بچے اس حکم میں برابر ہیں چاہے وہ ایسے ہوں جو اس کے مرنے سے پہلے آزاد ہوئے ہوں یا وہ ایسے ہوں جو رقم دے کر آزاد ہوئے ہوں یا پھر ایسے ہوں کہ وہ جب رقم ادا کر رہا تھا تو وہ اس وقت پیدا ہوئے ہوں۔ وجہ یہ ہے کہ جب ان کی طرف سے رقم ادا کر دی گئی ہے تو وہ سب آزاد ہیں۔

حضرت علی اور حضرت ابن مسعودؓ سے یہ رائے منقول ہے۔

ولا تكرهوا فتياتكم على البغاء ان اردن تحصنا لتبتغوا عرض الحياة الدنيا ومن يكرههن فان الله من بعد اكراههن غفور رحيم

اور اپنی باندیوں کو زنا پر مت مجبور کرو جبکہ وہ پاکدامن رہنا چاہیں۔ محض اس لیے کہ دنیوی زندگی کا کچھ فائدہ تمہیں حاصل ہو جائے اور جو ان کو مجبور کرے گا پس اللہ تعالیٰ ان کے مجبور کیے جانے کے بعد بخشنے والے مہربان ہیں۔

ا۔ ابن کثیر نے اپنی تفسیر ۶/۵۹ میں لکھا ہے حضرت ابن مسعودؓ کی قرأت میں یہ آیت مبارکہ یوں ہے فان الله من بعد اكراههن لغفور الرحيم۔ ان عورتوں کا گناہ اسی پر ہو گا جس نے انہیں مجبور کیا۔

اللہ نور السموات والارض

اللہ تعالیٰ ہی آسمان وزمین کا نور ہے۔

ا۔ ابن کثیر نے اپنی تفسیر ۶/ ۶۱ میں لکھا ہے حضرت ابن مسعودؓ نے فرمایا بلاشبہ تمہارا پروردگار ایسا ہے کہ اس کے ہاں دن اور رات نہیں ہیں۔ عرش کا نور اس کی چہرہ مبارک کے نور سے ہے

رجال لا تلهيهم تجارة ولا بيع عن ذكر الله واقام الصلوٰة وايتاء الزكاة۔

ایسے لوگ جنہیں نہ تجارت غفلت میں ڈال دیتی ہے اور نہ فروخت اللہ تعالیٰ کی یاد سے اور نماز کو قائم کرنے اور زکوٰۃ ادا کرنے سے۔

ا۔ طبری نے جامع ۶/ ۱۱۳ میں لکھا ہے حضرت ابن مسعودؓ نے بازار میں کچھ لوگ ایسے دیکھے کہ جب اذان ہوئی تو انہوں نے اپنے کاروبار چھوڑنے اور نماز کو دوڑ لیے تو آپؓ نے فرمایا۔ یہی وہ لوگ ہیں جن کا اللہ تعالیٰ نے اپنی کتاب مقدس میں ذکر فرمایا ہے۔ رجال لا تلهيهم تجارة ولا بيع عن ذكر الله۔

يخافون يوما تتقلب فيه القلوب والابصار

وہ ایسے دن سے ڈرتے ہیں جس میں دل اور آنکھیں پلٹ جائیں گی۔

۱۔ حاکم نے مستدرک ۳۹۹/۲ میں لکھا ہے حضرت علقمہ فرماتے ہیں حضرت ابن مسعودؓ نے پانی طلب فرمایا۔ پانی لایا گیا۔ آپؓ نے فرمایا لوگ بھی پانی پی لیں۔ لوگوں نے عرض کیا ہمارا روزہ ہے۔ آپؓ نے فرمایا لیکن میرا تو روزہ نہیں ہے چنانچہ آپ نے پانی نوش فرمایا اور ارشاد فرمایا۔ یخافون یوما تتقلب فیہ القلوب والابصار۔

وعد اللہ الذین امنوا منکم وعملوا الصالحات لیستخلفنہم فی الارض کما استخلف الذین من قبلھم ولیمکنن لھم دینھم الذی ارتضی الخ

اور جو لوگ تم میں سے ایمان لائیں اور نیک عمل کریں ان سے اللہ تعالیٰ وعدہ کرتا ہے کہ ضرور انہیں زمین میں خلافت عطاء کر کے رہے گا جیسا کہ ان سے پہلے لوگوں کو خلافت دے چکا اور جس دین کو ان کے لیے پسند کیا اس کو ان کے واسطے ضرور قوت دے گا اور ان کے خوف کے بعد ضرور اس کو امن سے تبدیل کر کے رہے گا بشرطیکہ وہ میری عبادت کرتے رہیں اور کسی کو میرا شریک نہ بنائیں گے اور جس نے اس کے بعد کفر کیا ایسے لوگ تو نافرمان ہیں۔

۱۔ طبری نے جامع ۱۲۳/۱۸ امیں لکھا ہے حضرت حبیب بن شعثاء فرماتے ہیں میں حضرت حذیفہ اور حضرت ابن مسعودؓ کی محفل میں بیٹھا تھا۔ حضرت حذیفہؓ فرمانے لگے منافقت ختم ہو گئی ہے۔ وہ تو رسالت مآب ﷺ کے زمانہ اطہر تک تھی اب تو اسے ایمان کے بعد کفر کا نام دے سکتے ہیں۔ حضرت ابن مسعودؓ مسکرا یے اور فرمایا آپ یہ بات کیوں فرما رہے ہیں؟

حضرت حذیفہؓ نے فرمایا مجھے یہ بات معلوم ہے۔ پھر آخر تک یہ آیت مبارکہ تلاوت فرمائی۔

وعد اللہ الذین امنوا منکم وعملوا الصالحات لیستخلفنہم فی الارض۔

واذا بلغ الاطفال منکم الحلم فلیستاذنوا کما استاذن الذین من قبلھم۔

اور جب بچے بلوغت کی عمر کو پہنچ جائیں تو ان کو اجازت لینی چاہیے جیسا ان سے پہلے لوگ اجازت لیا کرتے تھے۔

ا۔ علامہ رازی نے مفاتیح ۲۹۱/۶ میں لکھا ہے۔ حضرت ابن مسعودؓ نے فرمایا جب بچہ دس سال کا ہو جاتا ہے تو اس کی نیکیاں لکھنی شروع ہو جاتی ہیں مگر برائیاں اس وقت نہیں لکھی جاتیں جب تک وہ بالغ نہ ہو جائے۔

۲۔ طبری نے جامع ۸۷/۱۸۔۸۸ میں لکھا ہے حضرت ابن مسعودؓ فرماتے ہیں جب تم پر لازم ہے کہ اپنی ماؤں اور بہنوں سے بھی اجازت لیا کرو۔

والقواعد من النساء اللاتی لا یرجون نکاحا فلیس علھن جناح ان یضعن ثیابھن غیر متبرجات بزینۃ

اور بوڑھی عورتیں جن کو نکاح کی امید نہ رہی ہو ان کو کوئی گناہ نہیں کہ وہ اپنے زائد کپڑے اتاریں بشرطیکہ وہ زینت کو دکھانے والیاں نہ ہوں۔

۱۔ طبری نے جامع ۱۸/۲۷۱ میں لکھا ہے حضرت ابو وائل کہتے ہیں میں نے حضرت ابن مسعودؓ سے اس آیت مبارکہ کی تفسیر میں سنا کہ آپؓ نے فرمایا ثیابھن سے مراد بڑی چادر ہے۔

۲۔ طبری نے جامع ۱۸/۲۷۱ میں لکھا ہے حضرت ابن مسعودؓ نے اس آیت مبارکہ کی تفسیر میں فرمایا کہ مراد بڑی چادر ہے۔

۳۔ طبری نے جامع ۱۸/۲۷۱ میں لکھا ہے حضرت ابن مسعودؓ نے اس آیت مبارکہ کی تفسیر یوں فرمائی کہ ثیابھن سے مراوہ بڑی چادر ہے جو پورے جسم کے ارگرد لپیٹ لی جاتی ہے۔

***

۲۵۔ سورۃ الفرقان

وَ اَعۡتَدۡنَا لِمَنۡ کَذَّبَ بِالسَّاعَةِ سَعِیۡرًا ﴿۱۱﴾ اِذَا رَاَتۡهُمۡ مِّنۡ مَّکَانٍۭ بَعِیۡدٍ سَمِعُوۡا لَهَا تَغَیُّظًا وَّ زَفِیۡرًا ﴿۱۲﴾

اور ہم نے قیامت کو جھٹلانے والے کے لئے بھڑکتی آگ تیار کر رکھی ہے جب وہ آگ ان کو دور جگہ سے دیکھے گی تو وہ اس کا جوش و خروش سنیں گے۔

ا۔ ابن کثیر نے اپنی تفسیر ۱۰۴/۶ میں لکھا ہے حضرت ابو وائل کہتے ہیں ہم لوگ حضرت ابن مسعودؓ کے ہمراہ تھے۔ آپؓ کا گزر فرات کے کنارے ایک گڑھے پر سے ہوا آپؓ نے جب دیکھا کہ آگ اس کے اندر شعلہ زن ہے تو آپ نے یہ آیت مبارکہ تلاوت فرمائی۔ اذا راتهم من مكان بعيد سمعوا لها تغيظا وزفيرا۔

وَ اِذَاۤ اُلۡقُوۡا مِنۡهَا مَکَانًا ضَیِّقًا مُّقَرَّنِیۡنَ دَعَوۡا هُنَالِکَ ثُبُوۡرًا ﴿۱۳﴾

اور جب وہ اس میں کسی تنگ جگہ ہاتھ پاؤں جکڑ کر ڈال دیے جائیں گے تو وہاں موت کو پکاریں گے۔

قرطبی نے احکام ۱۳/۸ میں لکھا ہے حضرت قتادہ کہتے ہیں ہمیں بتایا گیا کہ حضرت ابن مسعودؓ فرمایا کرتے تھے بلاشبہ جہنم کافر پر ایسے تنگ کر دی جائے گی جیسے چکی کے نیچے لگا لوہا چکی پر تنگ کر دیا جاتا ہے۔

اصحاب الجنۃ یومئذ خیر مستقرا و احسن مقیلا

اہل جنت اس دن قیام گاہ میں بھی اچھے رہیں گے اور آرام گاہ میں بھی خوب اچھے۔

۱۔ طبری نے جامع ۲۳/۴۲ میں لکھا ہے حضرت ابن مسعودؓ فرمایا کرتے تھے قسم ہے اس ذات کی جس کے قبضہ قدرت میں میری جان ہے قیامت کے دن دوپہر سے پہلے پہلے اہل جنت جنت میں قیلولہ کر رہے ہوں گے اور جہنمی جہنم میں پہنچ چکے ہوں گے۔ یہ فرما کر آپ نے یہ آیت مبارکہ تلاوت فرمائی اصحاب الجنۃ یومئذ خیر مستقرا واحسن مقیلا۔

وَ هُوَ الَّذِیْٓ اَرْسَلَ الرِّیٰحَ بُشْرًاۢ بَیْنَ یَدَیْ رَحْمَتِهٖ ۚ وَ اَنْزَلْنَا مِنَ السَّمَآءِ مَآءً طَهُوْرًا ۙ﴿۴۸﴾
لِّنُحْیِۦَ بِهٖ بَلْدَةً مَّیْتًا وَّ نُسْقِیَهٗ مِمَّا خَلَقْنَآ اَنْعَامًا وَّ اَنَاسِیَّ كَثِیْرًا ﴿۴۹﴾ وَ لَقَدْ صَرَّفْنٰهُ بَیْنَهُمْ
لِیَذَّكَّرُوْا ۖ ۫ فَاَبٰۤی اَكْثَرُ النَّاسِ اِلَّا كُفُوْرًا ﴿۵۰﴾

اور ہم آسمان سے پانی برساتے ہیں پاک وصاف (کرنے والا) تاکہ ہم اس کے ذریعہ سے مردہ بستی میں جان ڈال دیں اور اپنے پیدا کیے ہوؤں میں بکثرت مویشیوں اور انسانوں کو سیراب کر دیں ہم اس پانی کو ان میں تقسیم کر دیتے ہیں تاکہ وہ غور کریں تاہم اکثر لوگ ناشکر گزار ہوئے بغیر نہیں رہتے۔

۱۔ طبری نے جامع ۱۹/۱۵ میں لکھا ہے حضرت ابو حجیفہ فرماتے ہیں میں نے حضرت ابن مسعودؓ کو فرماتے سنا کہ کوئی خاص سال کسی دوسرے سال کی نسبت زیادہ بارش والا نہیں ہے بلکہ اللہ تعالیٰ اسے پھیرتے رہتے ہیں۔ یہ فرما کر آپ نے یہ آیت مبارکہ تلاوت فرمائی ولقد صرفناہ بینھم۔

۲۔ علامہ بغوی نے معالم ۵/۸۶ میں لکھا ہے حضرت ابن مسعودؓ نے فرمایا: کوئی خاص سال کسی دوسرے سال کی نسبت زیادہ بارش والا نہیں ہے بلکہ اللہ تعالیٰ نے یہ روزیاں تقسیم فرما رکھی ہیں۔ انہیں آسمان دنیا کے اس دائرے میں رکھا ہوا ہے۔ ہر سال ان میں سے ایک خاص پیمانے اور وزن کے مطابق نازل فرماتے ہیں اور جب کوئی قوم گناہ کرنے لگ جاتی ہے تو اللہ تعالیٰ یہ بارش کہیں اور لے جاتے ہیں۔ جب سب لوگ ہی گناہ کرنے لگیں تو اسے دریاؤں کی طرف لے جاتے ہیں۔

وَ الَّذِيْنَ لَا يَدْعُوْنَ مَعَ اللّٰهِ اِلٰهًا اٰخَرَ وَ لَا يَقْتُلُوْنَ النَّفْسَ الَّتِيْ حَرَّمَ اللّٰهُ اِلَّا بِالْحَقِّ وَ لَا يَزْنُوْنَ ۚ وَ مَنْ يَّفْعَلْ ذٰلِكَ يَلْقَ اَثَامًا ﴿۶۸﴾ يُّضٰعَفْ لَهُ الْعَذَابُ يَوْمَ الْقِيٰمَةِ وَ يَخْلُدْ فِيْهٖ مُهَانًا ﴿۶۹﴾

اور وہ لوگ جو کسی اور معبود کو نہیں پکارتے اور جس انسان کی جان کو اللہ تعالیٰ نے محفوظ قرار دیا اسے قتل نہیں کرتے مگر حق پر اور نہ وہ زنا کرتے ہیں اور جو کوئی یہ حرکتیں کرے گا اس کو سزا سے سابقہ پڑے گا اور قیامت کے دن اس کا عذاب بڑھتا جائے گا اور اس میں ذلیل ہو کر پڑا رہے گا۔

۱۔ حضرت امام احمد بن حنبلؒ نے اپنی مسند ۵/ ۲۱۷ میں لکھا ہے حضرت ابن مسعودؓ روایت فرماتے ہیں رحمت دو عالم صلی اللہ علیہ وآلہ وسلم سے پوچھا گیا سب سے بڑا گناہ کونسا ہے؟ آپ صلی اللہ علیہ وآلہ وسلم نے فرمایا یہ کہ تو اللہ تعالیٰ کا کوئی شریک بنائے حالانکہ تجھے پیدا اس ذات نے کیا ہے، پوچھنے والے نے پوچھا پھر کونسا؟ آپ صلی اللہ علیہ وآلہ وسلم نے فرمایا یہ کہ تو اپنی اولاد کو اس ڈر سے قتل کر دے کہ وہ تیرے ساتھ کھانا کھائے گی۔ پوچھنے والے نے پوچھا پھر کونسا! آپ صلی اللہ علیہ وآلہ وسلم نے فرمایا یہ کہ تو اپنے ہمسائے کی بیوی سے زنا کرے۔

حضرت ابن مسعودؓ نے فرمایا اس کی تصدیق کے لیے یہ آیات نازل ہوئیں۔

قل ما يعبا بكم ربي لولا عاء كم فقد كذبتم فسوف يكون لزاما۔ (۷۷)

۲۔ طبری نے جامع ۱۹/ ۳۶ میں لکھا ہے حضرت ابن مسعودؓ نے فرمایا لزام کی نشانی بھی گزر چکی ہے۔ یہ بدر کے دن ہوا تھا۔ ستر مارے گئے ستر پکڑے گئے۔

۳۔ قرطبی نے احکام ۱۳/ ۸۶ میں لکھا ہے حضرت ابن مسعودؓ نے فرمایا لزام کا مطلب ہے خو کو جھٹلانا اس سے توبہ کرنے کی توفیق نہیں ملتی۔

علامہ زہراوی نے اسے ذکر کیا ہے۔

* * *

۲۶۔ سورۃ الشعراء

وَ اَوْحَيْنَآ اِلٰى مُوْسٰۤى اَنْ اَسْرِ بِعِبَادِيْٓ اِنَّكُمْ مُّتَّبَعُوْنَ ﴿۵۲﴾ فَاَرْسَلَ فِرْعَوْنُ فِي الْمَدَآئِنِ
حٰشِرِيْنَۚ ﴿۵۳﴾ اِنَّ هٰٓؤُلَآءِ لَشِرْذِمَةٌ قَلِيْلُوْنَۙ ﴿۵۴﴾

اور ہم نے موسیٰ کو وحی بھیجی کہ شباشب میرے بندوں کو لے کر نکل جاؤ۔ تم لوگوں کا پیچھا کیا جائے گا فرعون نے شہروں میں ہر کارے بھیجے کہ یہ لوگ ایک چھوٹی سی جماعت ہیں اور انہوں نے ہم کو بہت غصہ دلایا ہے۔

ا۔ طبری نے جامع ۱۹/۴۸ میں لکھا ہے حضرت ابن مسعودؓ نے فرمایا۔ الشر ذمۃ جنھیں کہا گیا ہے وہ چھ لاکھ ستر ہزار تھے۔

وانا لجميع حذرون

اور ہم سب کو ان سے خطرہ ہے۔

ا۔ قرطبی نے احکام ۱۳/۱۰۲ میں لکھا ہے حضرت ابن مسعودؓ نے فرمایا حاذرون کا مطلب ہے اسلحہ چلانے میں طاقتور ہیں۔

فاوحينا الی موسیٰ ان اضرب بعصاک البحر فانفلق فکان کل فرق کالطود العظیم

اور ہم نے موسیٰ کو وحی کی کہ اپنی لاٹھی سمندر پر مار دو۔ پس وہ پھٹ گیا پس ہر حصہ ایک بڑے ٹیلے کی طرح تھا۔

۱۔ علامہ سیوطی نے الدر ۵/۶۸ میں لکھا ہے حضرت ابن مسعودؓ نے فرمایا۔ رسالت مآب صلی اللہ علیہ وآلہ وسلم نے اس وقت پڑھی جب آپ نے دریا کو چیرا تھا! میں نے عرض کیا ضرور آپ صلی اللہ علیہ وآلہ وسلم نے فرمایا یوں کہا کریں۔

اللهم لک الحمد والیک المتکل وبک المستغاث و انت المستعان ولا حول ولا قوة الا باللہ۔

۲۔ علامہ سیوطی نے الدر ۵/۸۶ میں لکھا ہے حضرت ابن مسعودؓ نے فرمایا الطود سے مراد پہاڑ ہے۔

ان هذا الا خلق الاولین

بس یہ تو اگلے لوگوں کی رسم ہے۔

۱۔ طبری نے جامع ۱۹/۶۰ میں لکھا ہے حضرت ابن مسعودؓ یہ آیت مبارکہ یوں تلاوت فرماتے تھے ان هذا الا خلق الاولین۔

وَ الشُّعَرَآءُ يَتَّبِعُهُمُ الْغَاوٗنَؕ ﴿۲۲۴﴾ اَلَمْ تَرَ اَنَّهُمْ فِیْ كُلِّ وَادٍ یَّهِیْمُوْنَۙ ﴿۲۲۵﴾ وَ اَنَّهُمْ یَقُوْلُوْنَ مَا لَا یَفْعَلُوْنَۙ ﴿۲۲۶﴾ اِلَّا الَّذِیْنَ اٰمَنُوْا وَ عَمِلُوا الصّٰلِحٰتِ وَ ذَكَرُوا اللّٰهَ كَثِیْرًا وَّ انْتَصَرُوْا مِنْۢ بَعْدِ مَا ظُلِمُوْا ؕ وَ سَیَعْلَمُ الَّذِیْنَ ظَلَمُوْۤا اَیَّ مُنْقَلَبٍ یَّنْقَلِبُوْنَ ﴿۲۲۷﴾

اور رہے شاعر تو ان کی پیروی تو وہ لوگ کرتے رہتے ہیں جو بدراہ ہوں کیا تجھ کو خبر نہیں کہ وہ ہر میدان میں حیران پھرتے ہیں اور وہ وہ کہتے ہیں جو وہ کرتے نہیں البتہ جو لوگ ایمان لائے اور نیک عمل کیے اور بکثرت اللہ تعالیٰ کو یاد کیا اور ان پر ظلم ہو چکا تو اس کا بدلہ لیا۔

ا۔ حضرت امام احمد بن حنبلؒ نے اپنی مسند ۶/ ۶۲ ا میں یہ حدیث درج فرمائی ہے حضرت ابن مسعودؓ نے فرمایا میں سرکار دوعالم ﷺ کو یہ فرماتے سنا کہ بلاشبہ کئی بیان جادو اثر ہوتے ہیں۔

۲۔ امام ترمذی نے اپنی صحیح ۱۰/ ۲۸۸ میں حدیث درج فرمائی ہے حضرت ابن مسعودؓ نے فرمایا رحمت مجسم ﷺ نے ارشاد فرمایا۔ بلاشبہ کئی اشعار حکمت سے لبریز ہوتے ہیں۔

۳۔ علامہ سیوطی نے الدر ۵/ ۱۰۰ میں لکھا ہے دیلمی نے حضرت ابن مسعودؓ سے مرفوعاً نقل فرمایا ہے۔

جو شاعر اسلام کی حالت میں فوت ہوں گے اللہ تعالیٰ انہیں حکم فرمائیں گے کہ ایسے شعر کہو جنہیں حوریں جنت میں اپنے خاوندوں کے لیے گائیں۔ اور جو شعراء شرک کی حالت میں مریں گے وہ جہنم میں یوں کہیں گے ہائے تباہی! ہائے ہلاکت!

***

۲۷۔ سورۃ النمل

قَالَ الَّذِیْ عِنْدَهٗ عِلْمٌ مِّنَ الْكِتٰبِ اَنَا اٰتِیْكَ بِهٖ قَبْلَ اَنْ یَّرْتَدَّ اِلَیْكَ طَرْفُكَ ؕ الآیۃ ﴿۴۰﴾

اور اس نے کہا جسے علم کتاب حاصل تھا کہ میں اسے آپ کے پاس لے آوں گا قبل اس کے کہ آپ کی پلک جھپک لے۔

ا۔ علامہ رازی نے مفاتیح ۳۸۰/۶ میں لکھا ہے حضرت ابن مسعودؓ نے فرمایا: یہ علم والی شخصیت حضرت خضرؑ تھے۔

وَ اِذَا وَقَعَ الْقَوْلُ عَلَیْهِمْ اَخْرَجْنَا لَهُمْ دَآبَّةً مِّنَ الْاَرْضِ تُكَلِّمُهُمْ ۙ اَنَّ النَّاسَ كَانُوْا بِاٰیٰتِنَا لَا یُوْقِنُوْنَ ﴿۸۲﴾

اور جب ان پر بات ثابت ہو جائے گی تو ہم ان کے لیے زمین سے ایک جانور نکالیں گے جو ان سے باتیں گے بیشک لوگ ہماری آیات پر یقین نہ رکھتے تھے۔

ا۔ قرطبی نے احکام ۲۳۴/۱۳ میں لکھا ہے حضرت ابن مسعودؓ نے فرمایا۔ اس سے پہلے کہ بیت اللہ شریف اٹھا لیا جائے اور لوگ اس کی جگ تک بھول جائیں۔ کثرت سے اس کی زیارت کر لو اور قرآن مجید کی تلاوت کر لو اس سے پہلے کہ یہ بھی اٹھا لیا جائے۔

لوگوں نے عرض کیا حضرت! یہ مصحف تو اٹھا لیے جائیں گے مگر لوگوں کے سینوں سے کیسے نکالا جائے گا ؟

حضرت ابن مسعودؓ نے فرمایا ایک دن صبح ہوگی تو لوگ کہیں گے ہم کوئی کلام پڑھا کرتے تھے اور کوئی بات کہا کرتے تھے پھر وہ جاہلیت کے اشعار اور واقعات کی طرف پلٹ جائیں گے یہ وہ وقت ہوگا جب فیصلہ ان پر لاگو کر دیا جائے گا۔

۲۔ ابن جوزی نے زاد ۶/ ۱۹۱ میں لکھا ہے۔ یہ جانور صفا پہاڑی سے نکلے گا۔

***

۲۸۔ سورۃ القصص

وَ اَصْبَحَ فُؤَادُ اُمِّ مُوْسٰى فٰرِغًا ؕ اِنْ كَادَتْ لَتُبْدِيْ بِهٖ لَوْ لَاۤ اَنْ رَّبَطْنَا عَلٰى قَلْبِهَا ....﴿۱۰﴾

اور موسیٰؑ کی ماں کا دل بے قرار ہوا قریب تھا کہ وہ موسیٰ کا حال ظاہر کر دیتیں اگر ہم اس کے دل کو مضبوط نہ کیے رہتے۔

۱۔ قرطبی نے احکام ۱۳/۲۵۵ میں لکھا ہے حضرت ابن مسعودؓ اور حضرت ابن عباسؓ وغیرہ نے فرمایا:

فارغا سے مراد یہ ہے ان کا دل حضرت موسیٰؑ کی یاد کے سوا دنیا کی ہر چیز کی یاد سے خالی تھا۔

۲۔ قرطبی نے احکام ۱۳/۲۵۶ میں لکھا ہے حضرت ابن مسعودؓ نے فرمایا حضرت موسیٰؑ کی والدہ محترمہ یہ کہنے ہی والی تھیں کہ میں ان کی والدہ ہوں۔

وَ لَمَّا وَرَدَ مَآءَ مَدْيَنَ وَجَدَ عَلَيْهِ اُمَّةً مِّنَ النَّاسِ يَسْقُوْنَ ۚ۬ وَ وَجَدَ مِنْ دُوْنِهِمُ امْرَاَتَيْنِ تَذُوْدٰنِ ۚ قَالَ مَا خَطْبُكُمَا ؕ قَالَتَا لَا نَسْقِيْ حَتّٰى يُصْدِرَ الرِّعَآءُ ٚ وَ اَبُوْنَا شَيْخٌ كَبِيْرٌ ﴿۲۳﴾ فَسَقٰى لَهُمَا ثُمَّ تَوَلّٰۤى اِلَى الظِّلِّ ....

جب وہ مدین کے کنوئیں پر پہنچے تو اس پر ایک جماعت کو پایا جو پانی پلا رہے تھے اور ان کے ایک طرف دو عورتوں کو پایا جو اپنی بکریوں کو روکنے والی تھیں اس نے کہا تمہارا کیا معاملہ ہے دونوں نے کہا کہ ہم پانی نہیں پلاتیں انہوں نے جواب دیا جب تک یہ چرواہے اپنے جانور پانی پلا کر واپس نہ لے جائیں اور ہمارے والد بوڑھے ہیں پس آپ نے ان کے جانوروں کو پانی پلا دیا پھر وہاں سے ہٹ کر سایہ میں جا بیٹھے۔

١۔ قرطبی نے احکام ۱۳/۲۶۹ میں لکھا ہے اللہ تعالیٰ کے اس فرمان ثم تولی الی الظل میں سایہ سے مراد کیکر کا سایہ ہے۔

یہ تفسیر حضرت ابن مسعودؓ سے منقول ہے۔

٢-طبری نے جامع ۲۰/۳۷ میں لکھا ہے حضرت ابن مسعودؓ نے فرمایا:

میں اپنے اونٹ پر مسلسل دو راتیں سفر کر کے مدین پہنچا۔ میں نے اس درخت کے بارے میں پوچھا جس کے نیچے حضرت موسیٰؑ ٹھہرے تھے۔ وہ ایک سر سبز درخت تھا جو لہک رہا تھا۔ میں نے اپنا اونٹ اس کے نیچے بٹھایا اسے بھوک تھی اس نے درخت سے کچھ لیا، کچھ دیر اسے چبایا پھر باہر ڈال دیا۔

میں نے اللہ تعالیٰ سے حضرت موسیٰؑ کے لیے دعا کی اور لوٹ آیا۔

قَالَتْ اِحْدٰىهُمَا يٰۤاَبَتِ اسْتَاْجِرْهُ ۫ اِنَّ خَيْرَ مَنِ اسْتَاْجَرْتَ الْقَوِيُّ الْاَمِيْنُ ﴿٢٦﴾

ان میں سے ایک نے کہا اے ابا جی! اس کو اجیر بنالیں بیشک ان میں سے بہتر جن کو آپ اجیر بنائیں یہ قوی و امین ہے۔

۱۔ علامہ سیوطی نے الدر ۵/۱۲۶ میں لکھا ہے حضرت ابن مسعودؓ نے فرمایا جب اس لڑکی نے اپنے والد محترم سے کہا یا ابت استاجرہ ان خیر من استاجرت القوی الامین۔ تو والد محترم نے پوچھا وہ کتنے طاقتور تھے؟ لڑکی نے جواب دیا حضرت موسیٰؑ جب کنوئیں پر آئے تو وہاں ایک چٹان تھی جسے بڑے سے بڑا طاقتور بھی نہیں ہٹا سکتا تھا مگر حضرت موسیٰؑ نے اسے اٹھا دیا۔ والد محترم نے پوچھا ان کی امانتداری کا کیا واقعہ ہے؟ لڑکی نے کہا میں ان کے آگے آگے چل رہی تھی تو انہوں نے فرمایا میرے پیچھے پیچھے چلو۔

۲-طبری نے جامع ۲۲/۱۹ میں لکھا ہے حضرت ابن مسعودؓ نے فرمایا:

تین بندے بڑے ہی گوہر شناس ہیں۔ ایک عزیز مصر کہ اس نے حضرت یوسفؑ کی صلاحیتوں کا اندازہ لگا کر اپنی بیوی سے کہا اکرمی مثواہ عسی ان ینفعنا او نتخذہ ولدا (یوسف ۲۱) دوسرے حضرت سیدنا ابو بکر صدیقؓ کہ آپ نے حضرت عمر فاروقؓ کی صلاحیتوں کا اندازہ کر لیا اور تیسری یہ لڑکی جس نے کہا یا ابت استاجرہ ان خیر من استاجرت القوی الامین۔

فَلَمَّآ اَتٰىهَا نُوْدِیَ مِنْ شَاطِیِٴ الْوَادِ الْاَیْمَنِ فِی الْبُقْعَةِ الْمُبٰرَكَةِ مِنَ الشَّجَرَةِ ....﴿۳۰﴾

جب وہ موسیٰ (اس آگ کے پاس) پہنچے تو اس کو ایک درخت میں سے جو میدان کے دائیں جانب زمین کے ایک مبارک قطعہ میں تھا یہ آواز آئی۔

۱۔ طبری نے جامع ۲۰/۴۶ میں لکھا ہے حضرت ابن مسعودؓ نے فرمایا میں نے وہ درخت دیکھا ہے جس کے پاس حضرت موسیٰؑ کو ندا دی گئی۔ وہ کیکر کا سر سبز درخت تھا جو لہلہا رہا تھا۔

وَ كَمْ اَهْلَكْنَا مِنْ قَرْيَةٍ بَطِرَتْ مَعِيْشَتَهَا ۚ فَتِلْكَ مَسٰكِنُهُمْ لَمْ تُسْكَنْ مِّنْۢ بَعْدِهِمْ اِلَّا قَلِيْلًا ؕ وَ كُنَّا نَحْنُ الْوٰرِثِيْنَ ﴿۵۸﴾

اور ہم نے کتنی ہی بستیوں کو ہلاک کر ڈالا جن کے باشندے اپنے سامان عیش پر فخر کرتے تھے پس اب ان کے یہ مکانات پڑے ہیں جن کو ان ہلاک ہونے والوں کے بعد بسنا ہی نصیب نہیں ہوا مگر بہت کم اور آخر کار ان سب کے ہم ہی وارث ہوئے۔

علامہ سیوطی نے الدر ۵/۱۰۳ میں ذکر کیا ہے کہ حضرت مسعودؓ فرماتے ہیں ہم لوگ حضرت عمر فاروقؓ کی خدمت میں حاضر تھے کہ حضرت کعب الخیر وہاں آئے اور عرض کیا اے امیر المومنین! ایک بہت عجیب بات نہ آپ کو بتاؤں جو میں نے انبیاءؑ کی باتوں میں پڑھی ہے۔ وہ یہ کہ ایک الو حضرت سلیمانؑ کی خدمت میں حاضر ہوا تو عرض کیا اے اللہ کے نبی! سلام ہو۔ حضرت سلیمانؑ نے فرمایا الو! تجھ پر بھی سلامتی ہو ذرا یہ تو بتا تو پانی کیوں نہیں پیتا؟ الو نے کہا اے اللہ کے نبی! کیونکہ اللہ تعالیٰ نے قوم نوح کو پانی میں ہی غرق کیا تھا اس لیے میں نے پانی پینا چھوڑ دیا ہے۔

حضرت سلیمانؑ نے دریافت فرمایا تو آبادیوں کو کیوں چھوڑ گیا ہے اور ویرانے میں کیوں سکونت اختیار کرلی ہے؟ کہا کیونکہ ویرانہ اللہ کی وراثت ہے میں نے اللہ تعالیٰ کی وراثت میں سکونت اختیار کرلی ہے۔ یہ بات اللہ تعالیٰ نے اپنی کتاب میں ذکر فرمائی ہے۔ اللہ تعالیٰ نے فرمایا ہے وکم اھلکنا من قریۃ بطرت معیشتھا سے آخر تک وکنا نحن الوارثین۔

وَ يَوْمَ يُنَادِيْهِمْ فَيَقُوْلُ مَا ذَآ اَجَبْتُمُ الْمُرْسَلِيْنَ ﴿۶۵﴾

ا۔ علامہ سیوطی نے الدر ۵/۱۳۵ میں لکھا ہے حضرت ابن مسعودؓ نے سرکار دو عالم ﷺ سے حدیث بیان فرمائی ہے آپ ﷺ نے فرمایا:

ہر انسان سے اللہ تعالیٰ اکیلے ملیں گے جیسے تم میں سے کوئی چودھویں رات چاند سے اکیلے مل سکتا ہے۔ اللہ تعالیٰ فرمائیں گے اے ابن آدم! تجھے کس چیز نے میرے متعلق دھوکے میں ڈالا؟ اے ابن آدم! تو نے اپنے علم پر کتنا عمل کیا؟ ابن آدم! تو نے پیغمبروں کو کیا جواب دیا؟

***